성서

거룩한 글들의 도서관

e시대의 절대사상

성서

거룩한 글들의 도서관

| 이원우 |

살림

e시대의 절대사상을 펴내며

고전을 읽고, 고전을 이해한다는 것은 비로소 교양인이 되었다는 뜻일 것입니다. 또한 수십세기를 거쳐 형성되어 온 인류의 지적 유산을 제대로 이해하고, 그 바탕 위에서 새로운 자기만의 일을 개척할 때, 그 사람은 그 방면의 전문가가 될 수 있을 것입니다. 프랑스의 대입제도 바칼로레아에서 고전을 중요하게 취급하는 까닭도 그와 같은 이유 때문이겠지요.

그러나 예전에도, 현재에도 고전은 유령처럼 우리 주위를 떠돌기만 했습니다. 막상 고전이라는 텍스트를 펼치면 방대한 분량과 난해한 용어들로 인해 그 내용을 향유하지 못하고 항상 마음의 부담만 갖게 됩니다. 게다가 지금 우리는 고전을 읽기에 더 악화된 시대를 살고 있습니다. 변하지 않고 있는 교육제도와 새 미디어의 홍수가 우리를 그렇게 만들고 있는 것입니다.

고전을 읽어야 하지만 읽기 힘든 것이 현실이라면, 고전에 친근하게 다가갈 수 있는 새로운 방법을 응당 고민해야 하지 않을까요? 살림출판사의 e시대의 절대사상은 이러한 문제의식을 가지고 기획되었습니다. 고전에 대한 지나친 경외심을 버리고, '아무도 읽지 않는 게 고전'이라는 자조를 함께 버리면서 지금 이 시대에 맞는 현대적 감각의 고전을 만들고자 했습니다.

고전의 내용이 지나치게 주관적으로 해석되어 전달되는 위험을 피할 수 있도록 그 분야에 대해 가장 정통하면서도 오랜 연구 업적을 쌓은 학자들이 자신의 경험을 응축시켜 새로운 고전으로의 길을 열고자 했습니다. 마치 한 편의 잘 짜인 다큐멘터리 프로그램을 보듯 고전이 탄생할 수 있었던 시대적 배경과 작가의 주변 환경, 그리고 고전에 담긴 지혜를 재미있게 습득할 수 있도록 내용을 구성했고, 난해한 전문용어나 개념어들은 최대한 알기 쉽게 설명했습니다.

이전에 경험하지 못했던 새로운 감각의 고전 *e시대의 절대사상*은 지적 욕구로 가득 찬 대학생·대학원생들과 교사들, 학창시절 깊이 있고 폭넓은 교양을 착실하게 쌓고자 하는 청소년들, 그리고 이 시대의 리더를 꿈꾸는 모든 사람들에게 생생하게 살아 숨쉬는 인류 최고의 지혜를 전달할 것이라고 확신합니다.

기획위원
서강대학교 철학과 교수 강영안
이화여자대학교 중문과 교수 정재서

들어가는 글

성서는 수시로 변하는 현 시대를 바쁘게 살아가는 많은 현대인들로 하여금 삶의 진정한 의미와 참된 가치를 찾도록 도와주는 안내서로서 누구나 손쉽게 구입해서 읽을 수 있는 책이다. 그럼에도 불구하고 성서에 '관한' 성서 소개서들이 필요한 것은, 이 책의 세계가 현대인들에게는 근본적으로 이국적이기 때문이다.

먼저 성서는 한 저자에 의해 일관적으로 씌어진 책이 아니라, 다수의 저자가 서로 다른 사회·정치·문화·경제적 배경 속에서 나름대로 경험한 '신(神)'의 활동을 각자의 독특한 시각과 문체로 표현한 작품들로 구성된 집합체이다. 뿐만 아니라 이들의 작품이 현대인이 사용하지 않는 '죽은 언어'들인 히브리어, 아람어, 헬라어로 씌어졌고, 신앙공동체들에 의해 서기 90년에 24권이, 서기 369년에 또 다른 27권이 '정경(正經)'으로 확정되었다.

유대교는 전자의 24권만을 그들의 경전으로 삼았고, 이에 비해 기독교는 전자와 후자를 포함한 51권을 경전으로 채택하되, 개신교는 전자를 세분화한 39권을 구약성서로, 후자의 27권을 신약성서로 구분해서 명칭했다. 특히 가톨릭교회는 개신교와 같이 신약성서의 27권을 그대로 받아들이지만, 구약성서의 39권에 14권을 더한 53권을 구약성서로 인정한다. 이처럼 성서가 '거룩한 하나님의 말씀'으로 고백하는 신앙공동체들에 의해 보존되고 해석되어 왔기 때문에 일반인들에게는 이해하기 어려운 책으로 남아 있을 수도 있다. '경전'이라는 성서의 위치가 현대인들로 하여금 이 책을 쉽게 접근하지 못하게 하는 것이다.

한마디로 성서는 다양한 문화를 배경으로 여러 시대를 거쳐 다수의 관점에 의해 씌어진 신의 활동이 경전화된 것으로, 현대인들에게는 이국적인 세계상을 드러낸다. 이런 이유로 해서 많은 연구들이 성서 안에 포함된 내용들을 '언제, 어디서, 누가, 무엇을, 어떻게, 왜'에 초점을 두어 소개하고 있다. 이외에 성서 안의 책들이 현재까지 어떻게 해석되어 왔으며, 특히 현대인들에게 시사하는 의미가 무엇인지를 밝히는 연구들도 있다.

그러나 이 책은 성서가 어떤 방식으로 경전화되었는가를 묻는 책이 아니다. 성서가 신앙공동체에 의해 어떻게 해석되어 왔는가를 캐내는 것도 아니다. 성서의 다양한 문화와 역사적 배경을 설명하려는 것도 아니다. 성서에 포함된 책들을 한 권 한 권 따로따로 분리해서 소개하려는 개론서는 더더욱 아니다.

이 책에서는 성서의 다양한 내용들의 상호연관성에 초점을 두어 성서 전체가 드러내는 하나님 이야기를 소개하고자 한다. 전체를 구성하는 각 개체들의 다양성을 존중하면서, 그들을 하나로 묶고 있는 내재된 사상을 재구성하려는 것이 이 책의 의도이다.

또한 이 책에서는 성서를 하나하나 쪼개는 방법으로 성서를 해석하는 것을 지양하고, 지금까지 얻어진 학문 연구의 열매들을 붙이는 방법으로 연구하고자 한다. '쪼개다' 라는 단어는 연구의 대상을 이미 벌써 '죽은 것' 으로 간주하는 반면에, 개체의 상호연관성을 찾는 본서의 연구는 각각의 요소를 붙이는 연습이고, 이는 연구 대상인 성서를 '살아 있는' 유기체로 인정하는 태도이다.

따라서 이 책에서는 성서를 성서답게 만드는 근본적인 핵심을 '하나님의 관점(theocentric perspective)' 이라 부른다.

이 관점을 통해 본 성서는 하나님과의 관계가 깨어져 소외된 상태로 전락한 이 세상을 향해 그 관계를 회복하고자 끊임없이 찾아오시는 하나님 이야기이다.

| 차례 | 성서

e 시대의 절대사상을 펴내며   04
들어가는 글   06

1부 시대·작가·사상

1장 성서란 무엇인가
성서를 읽어야 하는 이유   18
성서란 어떤 책인가   25
성서를 어떻게 읽어야 할까   45

2장 구약성서와 신약성서의 핵심
하나님의 사랑 이야기   62

거룩한 글들의 도서관
성서

2부 하나님 이야기 : 성서

1장 토라(율법) : 하나님의 계획

하나님과 세상의 보상원칙 관계	78
하나님의 세상에 대한 무조건적 참여 관계	89
선택받은 개인들	99
선택받은 공동체들	111

2장 이스라엘의 역사 : 실패와 회복의 역사

실패의 역사	136
회복의 역사	171

3장 성문서

성문서의 역할	188
시편	191
지혜서	211

4장 예언서

바벨론 포로 이전 시대	230
바벨론 포로 시대	257
바벨론 포로 후기 시대	276

5장 복음서

복음서란 무엇인가	288
마태복음서	294
마가복음서	304
누가복음서	318
요한복음서	335

거룩한 글들의 도서관
성서

6장 초대 교회 역사
신약시대의 교회　　　　　　　　　　　348

7장 서신서
교회의 사명　　　　　　　　　　　　368

8장 묵시록: 요한계시록
예언의 책　　　　　　　　　　　　　398

3부 관련서

관련서　　　　　　　　　　　　　　410

1부 시대·작가·사상

성서를 '경전(經典)' 또는 '어떤 한 신앙 공동체의 책'으로 인정하지 않는 많은 현대인들이 성서를 필연적으로 읽어야만 하는 이유는 무엇인가? 가장 분명하고도 이해하기 쉬운 대답은 성서가 유대교와 기독교의 '거룩한 책'으로서, 서양 세계의 정체성을 수립하고 규정하는 데 절대적인 영향을 주었다는 사실에서 찾을 수 있다. 성서는 이미 서양세계 전반에 깊이 스며들어 있다. 서양의 사회제도, 국가, 정치, 문화, 예술, 삶 등 그 어떤 영역에도 성서의 원리가 적용되지 않는 곳은 없다. 그러므로 서양의 과거를 이해하고 현재를 분석하며 미래를 관측하려면, 반드시 그 뿌리가 되는 성서의 가르침과 세계관을 알아야 한다.

1장

성서란 무엇인가

성서를 읽어야 하는 이유

여러분이 기독교 신자라면 성서를 반드시 읽어야 한다는 주장에 대해 별 반론이 없을 것이다. 기독교인이라면 성서를 하나님의 말씀으로 고백하고 꾸준히 읽으며 공부해서 그 의미를 발견해 나아가야 한다. 그뿐 아니라 그 가르침과 기본 원리들을 의도적으로 자신의 삶에 적용하며 살아야 한다. 여러분이 어떤 교파에 속해 있든지, 보수적인 성향을 띠든지, 진보적인 해석을 좋아하든지, 성서의 권위에 대해 어떤 태도를 취하든지, 여러분이 기독교인이라면 성서를 읽는 것은 그리스도를 닮아가도록 배우며, 나아가 세상에서 빛과 소금의 역할을 감당할 수 있게 해 주는 에너지 공급원이라는 데에 동의할 것이다.

그러나 성서를 '경전(經典)', 또는 '어떤 한 신앙 공동체의 책'으로 인정하지 않는 많은 현대인들의 경우, 그들이 성서를 필연적으로 읽어야만 하는 이유는 무엇인가? 가장 분명하고도 이해하기 쉬운 대답은, 성서가 유대교와 기독교의 '거룩한 책'으로서 서양 세계의 정체성을 수립하고 규정하는 데 절대적인 영향을 주었다는 사실에서 찾을 수 있다.

성서의 영향력은 성서에서 증언하는 내용들이 역사적으로 고증된 사실인지의 여부나, 그것이 현대인의 삶을 풍요롭게 하고 새로운 의미를 제공할 진실한 책인지의 여부와는 상관없이, 이미 서양세계 전반에 깊이 스며들어 있다. 서양의 사회제도, 국가, 정치, 문화, 예술, 삶 등 그 어떤 영역에도 성서의 원리가 적용되지 않는 곳은 없다. 그러므로 서양의 과거를 이해하고 현재를 분석하며 미래를 관측하려면, 반드시 그 뿌리가 되는 성서의 가르침과 세계관을 알아야 하는 것이다.

쉬운 예로 서양 예술의 역사를 살펴보자. 미술, 음악, 소설, 시, 영화, 건축 등 모든 예술의 영역에서 우리는 성서의 입김을 확인할 수 있다. 미켈란젤로(Michelangelo)의 「천지 창조 *Creation*」, 헨델(Handel)의 「메시아 *Messiah*」, 엘리어트(T.S. Eliot)의 「황무지 *The Wasteland*」, 헤르만 멜빌(Herman Melville)의 『모비딕 *Moby Dick*』, 앤드류 로이드 웨버(Andrew Lloyd Weber)의 「지저스 슈퍼스타 *Jesus Superstar*」, 미국 3대방송국 중의 하나인 CBS의 「Touched by an Angel」, 로마의 베드로 성당 등 서양의 모든 삶의 구석구석에서 성서는 재해석되고 응용되고 있음을 볼 수 있다.

또한 서양의 역사가 보여 주듯이, 성서가 한 시대의 상황과 문화를 반영하는 데에 그치는 것이 아니라, 때로는 그 시대를 비판하는 도구로도 사용되어 왔음을 알 수 있다. 바티칸의 시스틴(Sistine) 채플에 소장되어 있는 미켈란젤로의 작품들이 16세기의 가톨릭 전통과 많은 분쟁을 일으킨 것처럼, 1999년 뉴욕 미술관에 전시된 「분뇨로 뒤덮인 성모 마리아상」은 현대 종교의 가식을 질타한 작품으로 평가된다. 「그리스도의 마지막 유혹 *The Last Temptation of Christ*」이라는 영화도 예수의 신성만을 절대시한 현 신학에 대해 예수의 인성을 부각시켜 참 인간인 예수를 되찾고자 시도한다.

어쩌면 이런 현대 작품들도 시간이 지나고 세대가 변함에 따라 '고전'으로 정착될지 모른다. 왜냐하면 '고전'이라는 것은 그 자체에 생명력이 있어서 시대에 따라 그 역동성을 드러내기 때문이다. 그러므로 우리는 고전을 감상할 때, 고전을 하나의 과거의 산물로 보거나 시·공간에 갇혀 있는 것으로 이해해서는 안 된다. 그보다는 한 시대를 반영하되 다가올 미래와의 연속과 불연속 속에서 살아 꿈틀거리는 역동체로 보아야 한다.

둘째로, 서양 국가를 이해하는 데도 성서에 대한 기본적인 이해가 반드시 필요하다. 미국을 비롯한 서양 대부분 국가의 법률제도나 정부구조에는 성서적 원리가 그 중심을 차지하고 있다. 서양 정부의 특징 중 한 가지는 정부가 법에 의해서 정책을 이행하는 기구이지, 사람에 의해서 좌우되는 기관이 아니라는 데 있다. 이러한 서양 정부의 법적 정체성은 바로 성서의 원리를 적용한 것이라 할 수 있다. 성서에 의하면 그 어떤 사람도 법의 근원이 될 수 없기 때문이다. 심지어 왕이나 황제라 해도 법 앞에서는 여느 일반인들과 동등하기 때문에 반드시 법을 준수해야만 한다. 비록 세속화되어서 쉽게 드러나지는 않지만, 서양 법률제도의 기초라 할 만한, '법 앞에서의 만인 평등'의 꿈은 바로 성서의 윤리적·신학적 세계관에서 비롯된 것이다. 이스라엘의 강력한 왕으로서 이스라엘의 열두 지파를 최초로 통일한 다윗도 법 앞에서는 자신의 범죄를 고백하지 않을 수 없었고, 그에 응당한 처벌을 받아야만 했다. 우리는 이 같은 사실을 성서에서 확인할 수 있다.

이 부분과 관련해서는 좀더 자세한 논의를 해보도록 하자. 미국의 사회학자 로버트 벨라(Robert Bellah)는 1970년에 「미국에서의 시민 종교 *Civil Religion in America*」라는 논문을 통해서 미국 사회의 구조가 성서로부터 얼마나 많은 영향을 받고 있는지 보여 주었다. 그는 다음과 같은 전제에서 출발한다. 모든 국가체제는 스스로를 '국가'로 합법화하기 위해 조직화된 상징들을 개발한다. 실제로 유럽의 많은 국가들은 전통적인 기독교에서 국가이념을 확정짓는 상징을 빌려 왔다. 그 예로 흔히 유럽을 "기독교국(Christendom: the Land of Christianity)"으로 지칭하는데, 이것도 바로 이러한 이유에서 비롯된 것이다. 그런데 벨라는 이에 비해 미국은 한 특정 종교의 상징에 의존하기보다는 성서, 특히 구약성서에서 상징적인 주제를 따왔다고 주장한다.

그 예로 미국의 창시자들은 미국이 유럽으로부터 독립한 것을 이스라엘이 이집트의 압제에서 해방된 것과 같은 것으로 보고, 이스라엘이 약속의 땅에 들어간 것을 그들이 신대륙에 정착한 것에 대한 모형으로 삼았다는 것이다. 다시 말하면 미국의 창시자들은 미국을 '새 이스라엘'로 믿었던 것이다. 그렇기에 그들은 스스로를 새로운 국가 건설이라는 역사적 사명을 위해 하나님으로부터 선택받은 사람들이라 믿고 미국이라는 한 국가를 건설해 갔던 것이다.

벨라는 또한 미국의 시민전쟁을 신약성서에서 말하는 '고통과 희생'을 통한 새로운 탄생으로 이해한다. 이렇듯 미국의 일반 신앙은 어느 특정한 교단이나 종파의 영향을 배제하면서도 성서의 주제들을 그 뼈대로 삼고 있기 때문에, 우리가 미국을 비롯한 서구의 사회구조와 이와 연관된 여러 변화들을 이해하기 위해서는 성서를 연구하지 않을 수 없는 것이다.

셋째로, 개인의 가치를 존중하고 존엄하게 여기는 서양의 인간존중 사상도 성서에 뿌리를 두고 있다. 창세기 1장에 표현된 인간의 존엄성(하나님이 인간을 그의 형상대로[imago Dei] 만드셨다)은 성서 전체를 통해서 지속적으로 나타나고 있다. 물론 서양 역사에서 이러한 인간존엄 사상은 시간이 지남에 따라 개인의 권리와 가치만을 지나치게 강조한 '개인주의'나 '개별주의'로 변질되기도 한 것이 사실이다. 그러나 공동체의 유익을 위해서, 심지어 몇몇 특권층의 편리와 이익을 위해서, 개인의 권리, 자유, 생명 자체를 희생시켜서는 안 된다는 서양의 기본적인 사회 이념과 제도는 궁극적으로 성서적이라 할 수 있다. 개인의 생명을 존중하는 이러한 원칙으로 인해 임신중절이나 사형 제도들이 심각한 사회 이슈로 등장하는 것도 성서의 세계관과 관련이 있는 것이다.

끝으로 성서의 영향은 21세기의 주요 이슈들에도 스며들어 있다. 인구팽창, 인종차별 정책, 커뮤니케이션의 혁신, 타 종교 타 문화와의 대화 등은 21세기의 전 세계, 특히 서양 국가들에서 중요한 이슈들인데, 이것들도 상당 부분 성서와 밀접한 관계가 있다. 그러므로 이러한 사회적·윤리적 문제들을 해결하기 위해서는 반드시 성서를 읽어야 한다.

이렇듯 성서는 현대 사회, 특히 서양 사회에 지속적인 영향력을 미치고 있다. 그리고 서양 사회의 영향력은 서양 사회 안에서뿐 아니라 전 세계의 거의 모든 현대인들에게도 미치고 있다. 그러므로 이러한 성서에 시선을 집중하는 것은 현대를 살아가는 모든 사람들, 특히 교양인들에게는 필수적인 것이다. 또한 우리가 어디에서 왔고, 무슨 문제로 고민하고 있으며, 어디로 가야 할지를 심각하게 생각하는 현대 지성인들에게는, 그들이 신앙적 입장을 취하든 또는 가치중립적 입장을 취하든간에, 성서는 반드시 읽어야 할 책들 중 하나임에 틀림없다.

성서란 어떤 책인가

표면적으로 보면 성서는 단지 한 권의 책으로만 보인다. 그러나 사실 성서는 여러 종류의 글들이 모여 있는 하나의 도서관과 같다. 성서의 영어 표기인 The Bible은 'books'라는 뜻의 헬라어 'biblia'에서 유래한 것이다. 한마디로 성서(聖書)는 유대교와 기독교 공동체들에 의해 "거룩한 글들로 고백된, 여러 종류의 문학들이 집합된 도서관"이다. 기독교는 이 '도서관'에 소장된 많은 책들을 구약성서와 신약성서라는 범주 안에 구분하고 있다. 로마 가톨릭교회와 동방정교회 그리고 개신교는 모두 27권의 책들로 구성된 신약성서를 공통적으로 가지고 있지만, 구약성서를 구성하는 책들에 대해서는 서로 다른 견해를 표명하고 있다.

출애굽기 14:28~15:14. 레닌그라드 사본 (A.D. 1008년), 구약성서 전체 본문을 담고 있는 가장 오래된 사본.

반면에 유대교에는 신약성서가 없고 그들이 보유하고 있는 24권의 책들을 토라(Torah, 법), 느비임(Neviim, 예언서), 케투빔(Kethuvim, 성문서)이라는 세 부분으로 나눈다. 그리고 이 세 부분의 히브리어 첫 글자를 따서 그들의 성서를 '타낙(TaNaK)'이라고 부른다.

이렇듯 유대교가 경전으로 삼는 성서와 기독교가 경전으로 삼는 성서 사이에는, 그것을 구성하는 책들에서 많은 차이점이 있다.(42~44쪽에 나온 도표를 참조하라) 각 권의 내용을 굳이 따지지 않더라도 책의 분량, 순서, 체계, 편집 등에 크게 차이가 있음을 볼 수 있다. 신앙공동체의 유형에 따라 서로 다른 책들을 '정경' 혹은 '경전'으로 삼고 있다는 것은 그들이 고백하는 신앙의 색채도 다르다는 것을 암시한다.

TaNaK이 창세기로부터 시작해서 역대기로 끝나는 것은 아마도 유대인들이 예루살렘의 회복이란 희망을 안고, 그 소망의 성취를 염원하는 신앙인들임을 증거하기 위한 것일 것이다.

바사 왕 고레스가 알린다. 하늘의 하나님 여호와께서 온 땅의 나라들을 모두 내 손에 넘겨 주셨다. 그리고 그분은 유대 땅 예루살렘에 그분의 성전을 지을 임무를 내게 맡겨 주셨다. 그러므로 내가 지시하노니, 너의 백성들 가운데 하나님께 속한 자는 누구든지 자기 하나님의 보호를 받으며 너희 나라로 돌아가라.

―역대하 36:23

이에 비하면 개신교의 구약성서는 말라기로 끝나고 곧이어 그것에 신약성서가 연결되어 있다. 말라기에서는 오랫동안 기다리던 하나님께서 오시기 전에 이를 알릴 선지자, 엘리야가 먼저 올 것을 예언한다.

내가 나의 특사를 보내겠다. 그가 나의 길을 닦을 것이다. 너희가 오랫동안 기다린 주가 문득 자기의 궁궐에 이를 것이다. 너희가 오랫동안 기다린 그 언약의 특사가 이를 것이다. 나 만군의 주가 말한다.

―말라기 3:1

주의 크고 두려운 날이 이르기 전에 내가 너희에게 선지자 엘리야 예언자를 보내겠다.

―말라기 4:5

그런데 이 두 번째 예언 구절을 보면 하나님이 오시는 날이 진노와 심판의 날이 될 것이라고 선언한다. 따라서 구약성서 전체는, 앞으로 다가올 두렵고 무서운 하나님의 심판의 날을 고대하는 것으로 끝을 맺는다.

그러나 기독교인들은 하나님 이야기가, 신약성서를 통한 계시가 첨가됨으로 인해 새로운 국면을 맞았다고 이해한다. 즉, 엘리야의 자리에 세례 요한이, 하나님 대신에 예수 그리스도가 오심으로 인해 말라기의 예언 중 한 부분은 성취되었다. 이보다 더 중요한 것은, 말라기 예언의 내용인 하나님의 심판이 예수 그리스도의 회개와 복음의 기쁜 소식으로 대체되었다는 사실이다.

> 때가 찼다. 하나님의 나라가 가까이 왔다. 회개하여라. 복음을 믿으라.
>
> —마가복음 1:15

따라서 신약성서는 구약성서를 마감하는 하나님의 심판이 연기되었음을 보여 준다. 한걸음 더 나아가 신약성서는 인류에 대한 하나님의 심판이 예수의 죽음으로 인해 해결되었다고 선언한다. 다시 말하면 기독교인들은 예수의 사역과 죽음과 부활에서 하나님의 인류구원의 역사가 완성되었다고 고백한다. 구약성서에서 이스라엘을 선택하신 것처럼 하나님은 신약성서를 통해 그리스도 안에서 '새 이스라엘'인 교회를 세우시고 모든 이방인들도 구원의 대상으로 삼으셨다. 이것이 바로 구약과 신약 모두를 하나님의 거룩한 말씀으로 믿는 기독교인들의 관점이다.

그러면 가톨릭 성서는 어떤 해석의 관점을 전제로 성서를 이해하고 있는가? 그들 역시 구약·신약 성서를 경전으로 삼고 있다. 따라서 개신교의 관점(그리스도가 하나님 역사의 절정이며 완성임)을 공유한다. 차이점이 있다고 한다면, 가톨릭의 구약성서는 개신교에서는 볼 수 없는 많은 책들이 포함되어 있다는 것이다. 개신교는 이 책들을 외경(apocrypha)이라 부르며, 이는 신앙인들의 영적 성장을 위해서는 도움이 되지만, 구약성서의 다른 책들과 비교할 때, 그 책들과 같은 수준의 권위를 갖지는 못한다고 주장한다.

그러나 이러한 외경은 개신교의 구약성서와 신약성서 사이의 시대적·정신적·문화적 공백을 메우는 데(소위 말하는 중간사 연구) 큰 공헌을 하고 있다는 점에서 주목할 필요가 있다. 외경은 유대인들의 삶과 사고의 패턴, 규범적 유대주의(Normative Judaism)의 발생·성장 과정, 바리새파나 사두개파라는 유대 종파들의 탄생, 세상 끝의 임박을 고대하는 사상들, 천사나 귀신들의 활동을 찬양하는 민간 신앙, 메시아의 도래를 꿈꾸는 집단들, 육체의 부활과 의로운 자들의 승리 등 많은 주제들을 다룸으로써 구약과 신약 사이의 400여 년의 시간적 공백을 연결하는 데 결정적으로 필요한 책들이다.

이렇듯 현대인들은 성서를 읽을 때 자신들이 어떤 성서를 선택하느냐에 따라 나름대로 특이한 관점을 취하게 된다는 사실을 염두에 두어야 한다. 이 책에서는 개신교의 경전을 선택해서 그 속에 드러난 거룩한 이야기를 연구해 보고자 한다.

필자는 미국 미시간의 그랜드 래피즈에 있는 칼빈대학(Calvin College)에서 9년째 성서를 가르쳐 오고 있다. 매 학기마다 교양필수 과목으로 성서개론(Biblical Literature and Theology)을 가르치는데, 마지막 학기말 시험 문제로 반드시 묻는 질문이 있다. 그것은 "구약·신약 66권 전체를 관통하고 있는 하나님 이야기의 핵심을 규정하고, 그것을 성서의 문학구조(Literary framework)와 연관하여 서술하라"는 것이다. 이 질문은 한 학기 동안에 배웠던 모든 것을 종합해서 그것을 체계적이면서도 일관성 있게 논술할 수 있는가를 알아보기 위한 시험이다. 많은 답안 중에서 기억에 남는 두 가지를 소개해 보고자 한다. 한 학생은 답안을 50자로 간략히 요약하고 3시간 시험을 20분도 채 넘기지 않고 시험장을 나가 버렸다. 그의 대답은 인터넷에 유행하고 있는 소위 성경표(Bible Tag)였다.

God made	하나님의 세상 창조(창세기 1~2)
Adam bit	인류 타락(창세기 3)
Noah arked	홍수 이야기(창세기 6:5~9:28)
Abraham split	믿음으로 산 아브라함(창세기 12~25)
Jacob fooled	투쟁이 가득한 야곱의 삶(창세기 26~36)
Joseph ruled	이집트를 다스리는 요셉 이야기(창세기 37~50)
Bush talked	불에 타지 않는 가시덤불 이야기(출애굽기 3:1~6)
Moses balked	모세의 소명 이야기(출애굽기 3:7~7:7)
Paraoh plagued	바로왕에 대한 열 가지 재앙(출애굽기 7:8~11:10)
Sea divided	홍해 바다가 갈라진 이야기(출애굽기 13~14)
People walked	이스라엘 백성이 홍해를 건넌 이야기(출애굽기 13~14)
Tablets guided	십계명을 포함한 율법을 받은 이야기(출애굽기 19~24)
Promise landed	약속의 땅 정복 이야기(여호수아)
Saul freaked	이스라엘의 첫 왕인 사울 이야기(사무엘상 9~15장)
David peeked	다윗왕 이야기(사무엘상 16~열왕기상 2)
Prophets warned	예언자들의 경고 말씀(예언서)
Jesus born	예수 탄생, 성육신 사건(복음서)
God walked	초월하신 하나님이 예수를 통해서 이 세상에서 활동하심(복음서)
Love talked	예수의 지상 사역(복음서)
Anger crucified	하나님의 인류를 향한 분노가 예수의 십자가 위에서의 죽음으로 인해 소멸됨(복음서)
Hope died	인류 스스로가 자신을 구원할 수 있다는 희망이 사라짐(복음서)
Love rose	예수의 부활을 통해 하나님의 사람이 새롭게 탄생함(복음서)
Spirit flamed	성령의 강림(사도행전 2)
Word spread	하나님 말씀이 온 세상으로 전파됨(사도행전 3~28)
God remained	영원불변하신 하나님이 인류와 함께 계심

왼쪽 칼럼은 학생이 적은 것이고, 오른쪽 칼럼은 필자가 각 란에 해당되는 성서본문을 첨부한 것이다. 한편으로 이 답은 간단 명료하게 하나님 이야기를 그리고 있어서 한눈에 그 전체를 쉽게 볼 수 있는 장점이 있다. 또한 기본적으로 중요한 사건들이 순차적으로 나열되어 있어서 성서가 하나님 이야기라는 점을 은연중에 시사하고 있다. 특히 이 대답은 구약·신약의 양적 비율(39권: 27권)도 잘 반영하고 있다. 그러나 이 답안은 많은 문제점을 안고 있기도 하다. 먼저 내용을 살펴보면, 이 대답은 구약 39권 중 창세기와 출애굽기에 대한 의존도가 절대적으로 높다. TaNaK에서 한 부분을 차지하고 있는 케투빔(성문서)에 대한 언급은 전혀 없다. 뿐만 아니라 이스라엘의 출애굽 사건은 5항목으로 확대해서 세밀히 설명하고 있는 반면에, 15권에 달하는 예언서는 단 한 항목으로 요약하고 있다.

또한 신약성서의 내용을 보면 예수의 탄생, 사역, 죽음, 부활의 내용을 6항목으로 요약하고 있는데, 이것은 9항목으로 표시된 신약 전체의 항목들 중에서 2/3나 차지하는 것이다. 물론 예수 사건이 신약 신학의 바탕이며 성서 전체를 통한 하나님 이야기의 결정적인 위치를 차지함에는 이의가 없다. 그러나 이 대답은 21권의 서신서를 단 하나의 항목으로 간추려서 적고 있기 때문에, 예수 부활과 승천 이후의 그리스도인의 삶에 대해서는 신중하게 생각하고 있지 않는 것 같다. 결론적으로 말하자면, 이 대답은 하나님 이야기를 스냅(snap) 사진으로 중요한 부분만을 포착한 것이기 때문에 전체를 파악하기에는 미흡한 면이 많다.

필자의 기억에 남는 또 다른 답안은 구약성서 중에서 느헤미야 9장에 기록되어 있는 에스라의 기도문과 신약성서의 사도행전 7장에 기록된 스데반의 설교문을 종합해서 쓴 것이다. 느헤미야 9장과 사도행전 7장을 읽어보자.

느헤미야 9장	내용	사도행전 7장	내용
6절	하나님의 천지 창조		
7~8절	아브라함을 통한 땅의 약속	2~8절	
		9~16절	애굽에서 성공한 요셉 이야기
		17~35절	모세 소명기사
9~11절	출애굽 사건	36절	
12~23절	광야 여정	37~44절	
24~25절	약속의 땅 정복	45a절	
26~35절	약속의 땅에서의 불순종의 삶	45b~50절	
36~37절	현재(바벨론 포로에서 돌아온 후)의 절망적 상태		
		51~53절	예수 죽인 것을 질타함

이 학생의 대답에는 일관된 주제가 있다. 그것은 선택을 받은 이스라엘이 계속적으로 하나님에게 반항하고 불순종하는 삶을 살았다는 것이다. 그 증거로 그는 느헤미야 9장이 광야 여정(12~23절)을,

    A. 하나님의 은혜로운 섭리
      → B. 이스라엘의 반항
        → C. 하나님의 지속적인 섭리

라는 패턴으로 묘사한 것과, 약속의 땅에서 이스라엘의 삶(24~35절)이

    A. 하나님의 축복
      → B. 이스라엘의 불순종
        → C. 하나님의 심판
          → D. 이스라엘 회개
            → E. 하나님의 구원

의 패턴으로 계속 반복되고 있는 것을 들고 있다.

사도행전에서는 스데반이 적나라하게 표현한 것을 증거로 삼았다.

이교도처럼 목이 뻣뻣한 사람들이여! 당신들은 언제까지 성령을 거역할 셈입니까? 당신들의 조상이 한 짓을 당신들도 똑같이 되풀이할 셈입니까?

—사도행전 7:51

이에 반해 하나님은 "은혜로우시며 긍휼히 여기시며 더디 노하시며 인자가 풍부하시므로"(느헤미야 9:17b), 하나님은 자신이 선택한 백성을 위해 그들이 어떻게 살아가야 할 것인가를 알려주는 법(Torah)을 주셨고, 시시때때로 선지자를 통해서 그들의 잘못을 일깨워 주셨다. 뿐만 아니라 하나님은 율법을 완성하기 위해 예수를 보낼 정도로 그들을 사랑하셨다. 이제 그들은 목이 곧은 자들, 즉 율법을 받았지만 율법을 지키지 않은 자들로, 심지어 예수를 죽인 자들로 정죄될 수밖에 없었다. 이것이 그 학생이 대답한 골자이다.

이스라엘의 불순종과 그럼에도 불구하고 지속적으로 그들을 사랑하시는 하나님의 신실하심이 하나님 이야기의 핵심임에는 틀림없다. 또한 이 대답은 성서의 한 부분으로 성서 전체를 이해하려고 했다는 장점도 있다. 하지만 여기에도 집고 넘어가야 할 단점들이 있다.

먼저 첫 번째 학생의 대답에서도 문제가 되었듯이, 이 학생의 대답에도 TaNaK의 한 부분인 성문서나 신약성서의 서신서에 대한 언급이 전혀 없다. 이스라엘의 실패의 역사와는 정반대되는 초대교회의 성공의 역사에 대해서도 역시 아무런 설명이 없다. 더욱이 예수 사건이 하나님 이야기 속에서 차지하는 위치와 역할에 대해서도 이 대답은 분명한 그림을 제시하지 않았다. 결론적으로 이 대답은 하나님과 이스라엘의 행동의 상호관계에만 초점을 두고 있을 뿐, 그 관계의 절정인 예수 사건에 대해서는 소홀히 다루었고, 더 나아가 하나님과 '새 이스라엘'인 교회와의 관계는 아예 거론하지 않았다는 단점을 지니고 있다.

왜 학생들이 성서 전체를 포함하는 통일된 주제를 서술하기에 어려워할까? 근본적인 문제는 성서가 한 작가에 의해서, 한 시대를 배경으로, 어떤 특정한 사상을 주장하기 위해 쓰어진 것이 아니라는 사실이다. 성서가 유대교와 기독교 공동체들에 의해 거룩하고 권위 있는 글들로 고백된 여러 종류의 책들이 집합된 도서관이란 정의를 상기하자. 구체적으로 이 정의는 다음과 같은 사실을 내포한다.

먼저 성서라는 도서관에 들어 있는 책들 속에는 약 1,000년이 넘는 시간적 차이가 존재한다. 더 놀라운 것은 성서가 기록된 시기와 실제 사건 사이에 2,000년이 넘는(기원전 2000년~서기 200년) 시간의 차이가 존재하기도 한다는 것이다. 문화적 영향 또한 무시할 수 없어서 이스라엘은 이 기간에 무려

여섯 개의 강대국들(이집트, 앗시리아, 바벨론, 페르시아, 헬라, 로마)의 문화적 영향을 받았다.

이스라엘의 역사에서 중대한 사회적·문화적 시대들

- 족장 시대(기원전 1850~1300년)

- 출애굽과 가나안 정복 시대(기원전 1300~1200년)

- 사사 시대(기원전 1200~1020년)

- 통일 왕국 시대(기원전 1020~922년)

- 분열 왕국 시대(기원전 922~721년)

- 유다 왕국 시대(기원전 721~587년)

- 바벨론 포로 시대(기원전 597 [586] ~539년)

- 페르시아 시대(포로 후기 시대)(기원전 539~333년)

- 헬라 시대(기원전 333~63년)

- 로마 시대(기원전 63년~서기 200년: 성경에서 등장하는 마지막 시대)

이처럼 성서가 방대하고 다양한 역사과정을 포함하고 있기에 성서를 한 특정한 시대의 산물로 간주할 수는 없다. 또한 성서의 모든 사건들이 이스라엘이라는 매우 작은 땅(약 남북 240km, 동서 100km 정도)을 중심으로 벌어졌다. 왜 역사의 장에서 금세 사라질 것 같은 이 보잘 것 없는 나라가 현재까지 생존해 있는 것일까? 뿐만 아니라 2,000년 인류 역사에,

실로 부인할 수 없는 강력한 영향력을 끼쳐 오고 있는 것일까? 이렇듯이 성서는 현대인들에게 이국적인 색채를 띠고 있다.

더 나아가서 성서라는 도서관은 한 사람의 작품으로만 채워져 있는 것이 아니다. 그 속에는 많은 저자들의 이름이 있다. 심지어 저자 미상의 책들도 포함되어 있다. 구약성서 첫 다섯 권인 토라(율법)는 전통적으로 모세가 저술한 것으로 생각되어 왔지만, 최근의 성서 연구들에서는 '모세 저작설'이 부인되고 있는 실정이다. 전기 예언서(Former Prophet)라 불리는 책들 중에서 '사사기, 사무엘서, 열왕기서' 등은 이스라엘이 지파 공동체에서부터 통일왕국을 건설하고, 분열되어 결국은 앗시리아와 바벨론으로부터 멸망당하는 역사를 기록한 것들이다. 그런데 이 책들에는 특별한 저자가 없다. 신약에서는 유일하게 히브리서가 저자를 모르는 책으로 분류된다. 그러나 최근의 신약 연구에서는 사도 바울의 서신서들 중 일부에 대해서도 바울의 저작설을 의심하고 있기도 하다. 많은 저자들이 있다는 것은 그만큼 다양한 서술방법, 사상, 견해들이 섞여 있다는 사실이다.

더욱이 성서라는 도서관은 때때로 한 책 안에서도 서로 상반되어 보이는 견해들을 포함한다. 창세기 1장과 2장이 보여주는 창조 이야기는 이것에 대한 좋은 예가 된다. 가령 서술형태(선언체, 이야기체), 창조이전의 상태(물이 있는 혼돈, 물이 없는 사막의 황폐), 창조의 순서(빛→ 사람, 남자→여자), 남녀의 창조(함께 창조됨, 따로 창조됨), 하나님의 이름(엘로힘, 야훼 엘로힘), 하나님의 존재 양태(초월적, 거리감, 친근감), 전체적인 구조(피라미드형, 집중형) 등과 같은 차이점들 때문에, 어떤 학자들은 창세기 1장과 2장은 서로 다른 기원을 가지고 있는 두 개의 창조 기사들이 나란히 병행하고 있다고 주장한다.

창세기 6장에서부터 9장까지에 이르는 홍수 이야기도 좋은 예가 된다. 이 이야기를 자세히 읽다 보면 마치 두 개의 이야기가 창세기 1장과 2장처럼 병행하기보다는 서로 교묘하게 얽혀 있는 것을 발견하게 된다. 가령 하나님이 세상의 상황을 판단한 것이 두 번 나타난다.(창세기 6:5, 6:11~12) 처음에는 노아에게 모든 동물을 두 쌍씩 방주에 들여보내도록 명령

마태·마가·누가복음서	요한복음서
예수의 일생을 탄생부터 시작	창조 이전에 이미 하나님과 함께 계신 그리스도를 서술
예루살렘에 한번 올라가심	세 번 유월절을 보내심(예루살렘에 세 번 올라가심)
짤막한 간헐적 가르침	긴 토론 형식의 가르침
예수의 정체성이 비밀시 됨	예수의 정체성에 대한 분명하고 확고한 선언
비유들이 하나님 나라를 설명하기 위해 사용됨	비유들이 예수가 누구인가에 대한 설명으로 사용됨
새로운 삶에 대한 희망	새로운 삶이 이미 이루어짐

하는데(창세기 6:19~20), 곧 바로 이어서 나오는 명령에는 정한 짐승 일곱 쌍과 부정한 짐승 한 쌍씩을 선정하라고 한다.(창세기 7:2~3) 즉, 서로 상반된 이야기들이 섞여 있는 것이다. 상반된 견해들은 책들 사이에서도 나타난다. 가령 앗시리아의 수도인 니느웨성 몰락에 대한 관점도 요나서(구원 받음)와 나훔서(완전 파괴)가 정반대의 입장을 취하고 있다. 신약성서에서 세 복음서(마태·마가·누가)와 요한복음서가 서로 다른 모습으로 예수의 지상 생애를 보도한다.

바울서신에서도 우리는 이와 비슷한 현상들을 발견하게 된다. 예를 들어 법과 자유의 상관관계라는 주제에 대해 갈라디아서는 예수를 믿음으로써 법의 올무에서 해방될 수 있다고 주장하는 반면(갈라디아서 5:1~3), 고린도전서에는 법을 준수하는 것이 믿는 이의 근본행위라고 설파한다.(고린도전서 7:17~20) 크게 보면 바울의 신학은 믿음으로 구원에 이른다고 가르치지만, 다른 초대교회의 지도자인 야고보는 행위 없는 믿음은 죽은 것과 마찬가지라고 교훈한다.(야고보서 2:4) 이외에도 성서라는 도서관의 책들을 자세히 읽고 서로 비교해 보면, 여러 책들 사이에, 심지어 한 책 안에서조차 통일된 입장과 일관된 가르침이 유지되고 있는지 의심이 갈 때가 있다.

이렇듯 표층적으로 훑어보았을 때, 성서라는 도서관에는 신앙 공동체에 따라 제각기 다른 책들이 경전으로 포함되어 있고, 또한 그 도서관 속에는 역사적·문학적·심리학적 혹은 신학적으로 상반되어 보이는 견해들이 많이 있다. 그렇다면 이렇듯 다양하고 상충되어 보이는 주장들을 포괄하면서도 통일된(coherent) 어떤 메시지를 성서에서 찾을 수는 없는 것일까? 만일 성서 전체를 대표하는 메시지가 없다면 어떻게 성서가 '포스트 모던(Postmodern)'이라고 하는 이 시대에 영향력을 끼칠 수 있는 것인가? 다양성을 인정하면서도 각각의 요소가 개별적으로 흩어져 버리지 않도록 막아 주는 힘을 성서에서 발견할 수 없는 것일까? 과연 우리는 이런 형태의 성서를 어떻게 읽어야 하는 것일까? 어떤 식으로 읽는 것이 가장 바람직할까?

유대교	로마 가톨릭	개신교
TaNaK	구약성서	구약성서
토라(Torah)	오경(Pentateuch)	오경(Pentateuch)
창세기 출애굽기 레위기 민수기 신명기	창세기 출애굽기 레위기 민수기 신명기	창세기 출애굽기 레위기 민수기 신명기
예언서(Neviim)	역사서(Historical Books)	역사서(Historical Books)
전기예언서(Former Prophets)		
여호수아 사사기 사무엘서 열왕기서	여호수아 사사기 룻기 왕국기 1, 2(사무엘상·하) 왕국기 3, 4(열왕기상·하) 역대기 1, 2 제 1에스드라(Esdra) 제 2에스드라(Esdra) (=에스라~느헤미야) 에스더(부록첨가) 토빗(Tobit) 유딧(Judith) 제1~4마카비서(Maccabees)	여호수아 사사기 룻기 사무엘상·하 열왕기상·하 역대기상·하 에스라~느헤미야 에스더
후기예언서(Latter Prophets)		
이사야 예레미야 에스겔 12 소 예언서		
성문서(Kethuvim)	성문서(Writings)	성문서(Writings)
시편 욥기	시편 오데(odae)	욥기 시편

잠언 아가 룻기 애가 전도서 에스더 다니엘 에스라~느헤미야 역대기	잠언 전도서 아가 욥기 솔로몬의 지혜서 시락서(집회서) (Wisdom of Jesus the son of Sirach)	잠언 전도서 아가
	예언서(Prophets)	**예언서(Prophets)**
	호세아 아모스 미가 요엘 오바댜 요나 나훔 하박국 스바냐 학개 스가랴 말라기 이사야 예레미야 제 1바룩서 애가 예레미야의 편지 에스겔 수산나 다니엘 벨라드라곤	이사야 예레미야 애가서 에스겔 다니엘 호세아 요엘 아모스 오바댜 요나 미가 나훔 하박국 스바냐 학개 스가랴 말라기

	신약성서	신약성서
	복음서(Gosples)	복음서(Gospels)
	마태복음	마태복음
	마가복음	마가복음
	누가복음	누가복음
	요한복음	요한복음
	역사서(Hisotry of Early Church)	역사서(History of Early Church)
	사도행전	사도행전
	서신서(Letters)	서신서(Letters)
	로마서	로마서
	고린도전·후서	고린도전·후서
	갈라디아서	갈라디아서
	에베소서	에베소서
	빌립보서	빌립보서
	골로새서	골로새서
	데살로니가전·후서	데살로니가전·후서
	디모데전·후서	디모데전·후서
	디도서	디도서
	빌레몬서	빌레몬서
	히브리서	히브리서
	야고보서	야고보서
	베드로전·후서	베드로전·후서
	요한 1, 2, 3서	요한 1, 2, 3서
	유다서	유다서
	묵시문학(Apocalyptic Literature)	묵시문학(Apocalyptic Literature)
	요한계시록	요한계시록

성서를 어떻게 읽어야 할까

　문자를 습득한 사람이라면 누구나 성서를 읽을 수 있다. 중요한 것은 그 문자로 표현되어 있는 성서를 어떻게, 어떤 방식으로, 또 어떤 시각과 의도를 가지고 읽는가 하는 것이다. 우리의 선택에 따라 우리는 성서의 가르침의 본질을 찾을 수도 있고, 찾지 못할 수도 있다. 마치 어떤 도수의 안경을 쓰는가에 따라 사물이 제 모습대로 보이느냐 보이지 않느냐가 결정되는 것과 같이, 우리가 성서를 어떻게 읽느냐에 따라 그 가르침을 제대로 읽어낼 수 있는지의 여부와 그 읽는 내용을 자신의 것으로 재구성할 수 있는 성패가 결정되는 것이다.

　흔히 TaNaK은 서기 90년 유대인 랍비들의 회의인 얌니아 회의(Council of Jamnia)에서 '정경'으로 확정되었다고 한다.

그리고 기독교의 구약과 신약성서는 서기 389년 카르타고 회의(Council of Carthage)에서 정경으로 공식화되었다고 한다. 분명한 것은 성서가 최종적으로 경전으로 확정되기 이전부터 성서는 여러 다양한 사람들에 의해 해석되어 왔다는 것이다. 이렇듯 성서 해석은 2,000년이 넘는 역사를 가지고 있다. 그런데 18세기 계몽주의 시대 이후부터는 합리적·과학적·객관적 성서 연구방법이 서구사회에서 널리 유행하게 되었다. 그리고 오늘날 우리 시대에는 포스트모더니즘이라는 새로운 사고방식이 근대적 성서 연구방법들의 독단을 깨뜨리고 성서 읽기의 새로운 지평을 열고 있다.

쉽게 말해 전근대적 사고의 틀 안에서는 신학이 모든 학문의 여왕으로 군림하면서 여타 학문의 평가를 좌지우지 해왔다면, 근대에 와서는 과학적인 논리방식을 토대로 해서 성서의 영적인 이해에 수정을 가하고 그것을 비판적으로 수용하는 태도가 우세를 보이기 시작했다. 그리고 이제 현대의 포스트모던 시대에는 다양한 방법들이 각각의 영역을 차지하기 위해 때로는 서로 연합하고 때로는 충돌하는, 어쩌면 이성적인 읽기와 영적인 이해 간에 더 이상 어느 것 한 가지를 무시할 수 없는 시대가 되었다. 실로 성서 읽기의 춘추전국 시대라 할 수 있다.

그런데 많은 성서 읽기 방법론들은 공통적으로 다음과 같은 어려움들을 인정하고 있다. 첫째는 성서 중 그 어느 한 권의 책도 오늘을 사는 우리들에게 직접 이야기하고 있지 않다는 것이다. 물론 영적으로 해석하면 성서의 가르침이 우리에게 유용한 것은 사실이지만, 성서 안에서 우리 개인의 이름이 화자나 청자로 등장하지는 않는다. 즉, 우리는 제3자로서 남의 서신이나 이야기를 어깨 너머로 살짝 훔쳐보는 그런 위치에 있는 것이다.

둘째는 높은 언어의 장벽이다. 구약을 기록한 고대 히브리어와 아람어 그리고 신약의 헬라어는 더 이상 쓰이지 않는 '죽은' 언어이다. 심지어 현대의 유대인들이나 그리스인들마저 성서의 언어들을 실생활에서 사용하지 않기 때문에 그 언어가 쓰인 당시의 정확한 의미를 찾지는 못한다.

셋째는 성서를 읽는 현대인들과 성서가 씌어졌던 그 당시의 독자들 사이에 존재하는 문화적 차이가 성서 읽기를 어렵게 한다. 성서 시대의 고대 지중해 연안과 팔레스타인의 문화는 현대의 문화 구조나 표현 방식과는 사뭇 다르다. 현대인들이 당연히 여기는 첨단문명과 다양한 교통수단 등 삶의 방법에서부터 삶 자체에 대한 인식에 이르기까지 두 문화 사이에는 근본적인 차이가 있다는 것이다.

넷째는 앞에서 잠시 언급한 것과 같이 성서와 현대 독자들 사이에는 수천년 간의 시간적 차이가 있다는 것이다. 성서 그 자체 내에도 시간적 차이가 있거니와 성서와 우리들 사이에도 또 다른 역사적 간격이 있는 것이다. 따라서 성서가 이야기하고자 하는 것은 그때 당시의 시대적 상황 속에서는 자연스럽게 이해될 수 있어도, 우리가 타임머신을 타고 되돌아가지 않는 한 원래의 의미를 추측하기란 거의 불가능하다.

다섯째는 성서 각 권의 원전(original copy)이 없다는 것이 성서해석을 어렵게 한다. 우리가 가지고 있는 성경 사본은 구약의 경우 1,000년이나 더 지난 것이다. 구약성서 사본 중에서 가장 오래된 완본은 서기 1008년판인 레닌그라드 사본이다. 신약의 경우 가장 오래된 완본은 서기 4세기의 것이다. 사본을 통해서 읽는 성서의 말씀이 과연 정확할까? 복사기도 없던 시대에 서기관들이 수동으로 한 자 한 자 베끼는 도중에 혹 실수는 없었을까? 이런 점에서 기원전 150년에서 서기 100년 사이에 기록된 것으로 1947년부터 발견된 '사해 사본(Dead Sea Scrolls)'들은 성서본문의 회복과 성서 연구에 지대한 영향력을 끼치게 되었다.

여섯째는 성서 자체가 '경전'이라는 범주에 속해 있다는 것이다. 경전이라는 범주를 긍정적으로 보면, 현대인들이 성서를 읽을 때, 몇 천 년의 신실한 해석자들과 공동체에 의해서 보존되고 전해져 온 전통과 전승으로부터 새로운 시각을 얻을 수 있게 된다. 하지만 이에 반해 성서의 신성함 때문에 독자로 하여금 성서를 비평적으로나 혹은 반성적으로 읽지 못하게 함으로써, 성서 자체의 목소리를 듣기보다는 전해져 내려오는 해석들과 교회의 전통들을 합리화하게 했다는 부정적인 측면도 있다.

그러면 이러한 공통적인 문제점들을 인정하면서도 성서의 본질에 충실한 해석 방법은 없는가? 이에 필자는 먼저 난무하는 성서 읽기 방법들을 저자나 독자가 아닌 '성서 그 자체'를 중심으로 해서 그것들의 장·단점을 간략히 살펴본 후에, 필자의 성서 읽기 방법을 소개해 보고자 한다. 필자는 이 방법을 통해 구약성서와 신약성서 전체를 꿰뚫고 있는 '하나님 이야기'를 그려볼 것이다.

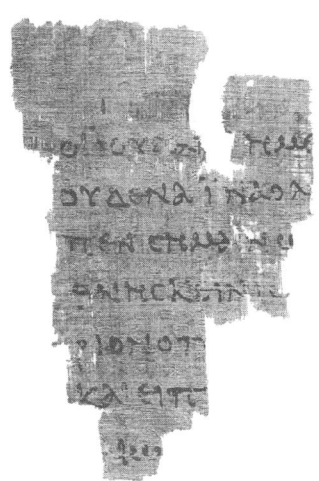

요한복음 18:31~33, 37ff. 영국 맨체스터(Manchester)의 라이랜드(Ryland) 대학 도서관에 있는 P52라는 사본으로 신약성서 사본 중 가장 오래된 것(A.D. 125~150).

먼저 성서를 해석함에 있어서 성서본문이 주는 영적인 메시지에 초점을 둔 방법들이 있다. 대표적인 것으로는 알레고리(문자의 상징적 의미를 추구)로 성서를 읽는 것이다. 선한 사마리아인 이야기를 예로 들어보자.

> 예수께서 응답하여 말씀하셨다. 어떤 사람이 예루살렘에서 여리고로 내려가다가 강도들을 만났다. 강도들이 그 옷을 벗기고 때려서, 거의 죽게 된 채로 내버려 두고 갔다. 마침 어떤 제사장이 그 길로 내려가다가 그 사람을 보고 피하여 지나갔다. 이와 같이 레위 사람도 그곳에 이르러서 그 사람을 보고 피하여 지나갔다. 그러나 어떤 사마리아 사람은 길을 가다가 그 사람이 있는 곳에 이르러, 그를 보고 측은한 마음이 들어 가까이 가서 그 상처에 올리브 기름과 포도주를 붓고 싸맨 다음에, 자기 짐승에 태워서, 여관으로 데리고 가서 돌보아 주었다. 다음날 그는 두 데나리온을 꺼내어 여관 주인에게 주고 말하기를, '이 사람을 돌보아 주십시오. 비용이 더 들면, 내가 돌아오는 길에 갚겠습니다' 하였다.
>
> ─누가복음 10:31~35

초대교회의 유명한 교부인 성 어거스틴은 앞의 본문에 나오는 많은 요소들이 상징하는 것에 대해 관심을 가졌다.

1. 예루살렘: 하나님의 성전이 있는 곳, 하나님이 계시는 곳, 완벽한 곳—낙원
2. 여리고: 세상
3. 예루살렘성에서 '내려가다' : 타락하다
4. 한 사람: 인류의 조상인 아담
5. 강도: 사탄
6. 레위인, 제사장: 선택받은 민족, 즉 이스라엘
7. 사마리아인: 혈통으로는 유대 민족이라 할 수 있지만 유대 종교, 사회, 세계 속에서는 멸시 천대받는 사람—예수
8. 여관: 교회
9. 동전 두 닢: 율법과 복음, 혹은 구약과 신약
10. 다시 돌아올 때: 재림

성 어거스틴은 예수의 사마리아인 비유에서 다음과 같은 영적인 의미를 추출해 냈다. 즉, "인류가 하나님으로부터 멀어져 사탄 때문에 멸망에 이르게 되었을 때 선택받은 이스라엘은 인류를 외면했지만 예수 그리스도는 인류를 측은한 마음으로 위로하시고 감싸 주시고 교회로 인도하셨으며, 교회에 율법과 복음으로 강도당한 인류를 치료해 달라고 부탁하신 후에 재림의 약속까지 해주셨다." 얼마나 완벽한 기독교 신학의 총체인가?

이렇듯 본문 '위'에 덮여진 영적 메시지를 찾는 방법은 믿는 이들에게 영적 양식을 제공해 주는 이점이 있다. 이러한 성서 읽기에 의하면, 성서는 단지 백지 위에 검은 글자로 채워져 있는 단순한 책으로서가 아니라, 우리에게 주시는 하나님의 신비스럽고 영감어린 말씀으로 읽혀지게 되는 것이다. 그러나 성서라는 도서관에 있는 책들이나 본문들 중에는 있는 그대로의 의미가 더 중요한 것들도 있다. 십계명 중의 하나인 "도적질하지 말라"가 그 좋은 예일 것이다.

또 한 가지 성서 연구사에서 주류를 이루고 있는 것은 성서를 성서 '뒤'에서 읽는 방식이다. 성서가 씌어진 역사적·문화적 배경을 살펴봄으로써 본문이 주는 보다 원래의 (original) 뜻을 찾으려고 하는 시도이다. 이 방식에 의하면 구약은 이스라엘이라고 하는 특정한 민족의 역사를 기록하고 있고, 신약은 예수의 생애와 초대교회의 역사를 다루고 있다.

한 예를 들어보자. 창세기 38장을 보면, 다말이라는 여인이 유다의 큰아들 엘에게 시집을 갔지만 불행하게도 과부가 된다. 그때 유다가 자신의 둘째아들, 엘의 친동생인 오난에게 다음과 같이 말하였다. "너는 형수와 결혼해서 시동생으로서의 책임을 다해라. 너는 네 형의 이름을 이을 아들을 낳아야 한다."(창세기 38:8) 그러나 엎친 데 덮친 격으로 오난도 죽게 되자 유다는 며느리 다말을 친정으로 보낸다. 그런데 유다가

셋째아들을 다말에게 주지 않자, 다말은 '창녀'로 변장해서 아내를 잃은 시아버지 유다를 유혹한다. 다말은 이를 통해 결국 아이를 임신하게 된다. 다말의 임신 사실을 안 유다는 격분해서 그를 화형에 처하고자 한다. 그러나 전후 사정을 알고 난 후 유다는 "다말이 옳다! 나의 아들 셀라를 그 아이와 결혼시켰어야 했는데"라고 말하였다.

성 어거스틴이 학생들에게 강론하는 장면(캔터베리 12세기).

도대체 이 사건을 우리 현대인의 상식으로 어떻게 이해해야 할까? 이 사건은 그 당시 사회의 관습인 '형사취수제(兄死娶嫂制, the Levirate marriage: 형제가 함께 살면서 한 명이 아들을 남기지 못하고 먼저 죽을 때, 다른 형제가 남편을 잃은 형수 또는 제수와 결혼해서 아들을 낳음으로써, 죽은 형제의 이름을 후대에 남기게 하는 법적 조치)'라는 배경에서 보면 쉽게 이해할 수 있다.

이처럼 성서 '뒤'에서 성서를 읽는 방식은 본문의 역사적·문화적 정황을 자세히 연구하게 함으로써, 본문이 전달하고자 하는 본래의 의미에 독자들을 더 가깝게 접근하게 해주는 이점이 있다. 또한 이러한 시도는 하나님이 신화나 가상의 현실에서가 아닌 역사의 현장 속에서 활동하신다는 것을 입증하는 문제와, 현시점과의 시간적·사상적 거리감 때문에 오는 해석의 문제점을 해결해 줄 수 있다.

그러나 이러한 시도는 사회적·역사적 배경 연구에 초점을 맞추기 때문에 성서를 그 자체로 목적으로 삼지 않고 오히려 도구화하는 오류로 독자를 이끌 수 있다. 이러한 방식에 의하면, 성서는 과거의 책이며 시간과 공간에 제약된 역사적 문서들로만 보일 수 있으므로, 현시대와 관련된 글로 이해되기 어렵다. 또한 이러한 방식은 과연 현대인들이 시·공간을 초월하여 성서 '이면'에 깔려 있는 역사적 배경을 정확하고 포괄적으로 재구성할 수 있는가 하는 의문을 낳게 한다.

이러한 방식의 문제점들을 해결하기 위해 생겨난 것이 있다. 바로 성서 '앞'에서라고 하는 관점이다. 이 관점은 성서를 현시대와 연관지어 보려는 노력에서 나온 것으로, 성서가 오늘의 시대에도 의미를 갖기 위해서는 현대인의 문화와 역사와 사상으로 이해되어야 한다는 것이 그 요점이다. 다시 말해 현대의 상황이 성서의 의미를 창출하는 것이다. 이것을 한마디로 한다면, 상황(context)이 본문(text)에 의미를 부여한다고 할 수 있다. 이 방법은 누가 또는 어떤 상황 속에서 성서를 썼는가 하는 질문보다, 누가 어떤 상황 속에서 성서를 읽는가 하는 면을 더 중요시한다.

왜 성서의 하나님을 반드시 남성으로만 지칭하고 묘사해야 하는가? 성서의 압제받고 곤경에 처한 사회 계층들, 즉 과부, 고아, 이방인들의 관점에서 하나님의 교훈을 찾을 수는 없는가? 즉, 민중의 입장에서 성서를 재해석해 보자는 시도가 그 한 예라 하겠다. 이 관점에서는 성서가 과거 역사의 기록이며 이미 닫혀 있는 문헌들임에도 불구하고 현대인들 각자에게 개별적인 영향을 줄 수도 있고, 또 특별한 공동체에게 직접적인 영향을 줄 수도 있다. 반면에 독자의 기호와 성향에 따라 성서가 조각난 채로 상호 연관성 없이 파편조각의 집합체로 변형될 위험도 이 관점은 내포하고 있다. 즉, 독자들은 전체적인 의미로서의 성서보다는 단편적인 의미의 성서를 선호하게 되는 것이다.

'성서를 단편적으로 읽는 것(compartmentalization)'을 지양하려면, 성서 전체를 커다란 체계 속에서 해석해야 할 것이다. 이러한 거시적 관점은 성서를 '아래'에서부터, 즉 그 전체를 지탱하고 있는 골격인 그 뼈대에서부터 출발해 한 특정한 본문을 읽어내고자 한다. 이러한 시도는 프랑스에서 기인한 구조문학 비평을 이용해 성서를 구조적으로 보려고 하는 것이다. 이 시도는 예컨대, 약속→성취, 또는 창조→타락→구원→완성이라는 거시구조로 성서의 가르침을 체계화하고 분류해서 모형적으로 이해하는 데 그 목적을 둔다. 이 방법은 또한 이스라엘의 역사 기록(여호수아, 사사기, 사무엘서, 열왕기, 에스라, 느헤미야, 역대기)을 약속의 땅 진입→국가번영→타락→약속의 땅 재진입이라는 'U형' 패턴으로 해석하기도 한다.

이 방법론에 의하면, 개별적 본문의 의미가 그 본문이 전체 구조에서 차지하는 위치나 그 속에서 작용하는 기능에 따라 새롭게 이해될 수 있다. 또한 이 방법은 한 본문이 다른 부분과 서로 연관성을 갖고 있기 때문에 성서의 포괄적 의미를 발견하는 데도 유익하다. 그러나 다른 한편으로는 각 본문의 독특성과 유일성이 제대로 제시되지 못할 수 있다. 통일성 때문에 다양성이 희생될 위험이 있는 것이다. 또한 해석자는 특이한 성서 본문을 일반적인 구조로 되어 있는 성서라는 도서관에 억지로 꿰어 맞추려는 유혹도 받게 될 것이다.

마지막으로, 성서라는 도서관에 다양한 문학 양식들이 포함되어 있다는 사실에 착안해서, 이를 '문학적 관점'인 성서 '안'에서 보려는 시도들도 있다. 한 편의 문학 작품을 읽듯이 문체의 패턴이나 수사적인 표현, 또는 사건의 전개와 주변 인물들의 특성들을 연구함으로써 성서의 의미를 찾으려고 하는 것이다. 예를 들면, 전통적으로 룻기는 룻이 시어머니 나오미에게 보여 준 효심을 통해 그녀가 비록 이방인이었지만 선택받은 이스라엘 민족의 일원으로 인정되고, 더 나아가 다윗을 통한 예수의 거룩한 족보에 오르게 된 내용을 기록한 것으로 이해되어 왔다. 그러나 룻기에 나오는 단어들('돌아오다', '구원하다', '바뀌다' 등)을 자세히 관찰해 보면, 나오미의 삶이 불행에서 행복으로, 기근에서 풍요로움으로, 자식이 없는 위치에서 대를 이을 위치로 바뀌었다는 사실이 그 중심 주제로 부각되고 있음을 발견하게 된다. 즉, 이 방법론에 의하면 이스라엘의 하나님은 이방인 룻을 사용하여 자신이 선택한 자기 백성(나오미)의 상황을 전격적으로 변화시켰다는 결론을 얻게 된다.

이렇듯 룻기를 문학적 관점으로 그 본문 '안'에서만 본다면 룻기는 이스라엘의 구원의 이야기이다. 이 문학적 관점은 본문 그 자체에 충실한 것이 장점이지만, 여기에도 비판받을 소지가 역시 존재한다. 성서라는 도서관에 소장된 한 권 한 권이 이렇듯 독특한 목소리를 낸다면, 그 책들이 서로 상반되는 목소리를 낼 경우에는 어떤 목소리를 진정한 성서의 가르침으로 선택할 것인가의 문제에서 혼란이 올 수 있다는 것이다. 어느 한쪽에 무게를 두고 다른 쪽을 간과한다면, 과연 성서를 바르게 해석하는 것이라고 할 수 있을까?

성서 '아래'의 방법의 경우처럼 전체를 위해서 일부분을 희생시켜서도 안 되지만, 이 방법이 제시하는 바와 같이 나무를 보면서 숲을 생각하지 않는다면 그 또한 문제가 아닐 수 없다. 한걸음 더 나아가서 이 방법은 성서 '안'의 문학적 양식을 지나치게 강조한 나머지 성서를 다른 책들과 같은 부류로 동일시하는 오류도 범한다.

문학적 가치를 초월하는 '거룩한' 가치가 배어 있는 것이 성서(聖書)가 아닌가? 또한 이 방법은 문학적 특징에 집중하기에 역사성이 결여된 가상의 세계로 독자를 인도하기 쉽다. 성서의 이야기들은 어느 한 개인에 의해 인위적으로 쓰인 문학 작품이기보다는 실질적 역사의 현장 속에서 일어난 하나님과 이스라엘 그리고 하나님과 교회의 관계 속에서 일어난 사건들을 기록하고 해석한 글이라는 점이 무시되기도 한다.

이와 같이 성서를 영적으로 읽거나 역사비평적으로, 혹은 이념적·구조적·문학적으로 읽는 것은 모두가 그 나름대로 긍정적인 면을 갖고 있음에도 불구하고 성서를 성서답게, 즉 '거룩한 글들'로 이해하기에는 부적합한 것이 사실이다. 따라서 필자는 이러한 성서 읽기 방법들의 장점들을 사용해서 성서를 '하나님'의 관점으로 보고자 한다. 왜냐하면 근본적으로 성서는 하나님 이야기이기 때문이다. 성서는 단순히 하나님에 '관한' 글들이기라기보다 하나님이 이 세상에 말하고자 하는 것을 인간의 언어로 기록해 놓은 것이다. 물론 이런 하나님 이야기는 이스라엘과 초대교회가 그들의 상황 속에서 드러난 하나님의 행동을 이해한 것이기는 하지만, 그것은 또한 그들의 삶을 하나님과의 관계성 속에서 해석한 것이

기도 하다.

"나는 누구이며 어떻게 살아야 하는가?"라고 질문했던 그들의 물음은 궁극적으로 "하나님은 누구이며 하나님이 나에게 요구하는 것은 무엇인가"라는 질문으로 이어진다. 따라서 어떤 성서 본문을 읽고 해석하든 우리는 그 본문에 표현된 하나님의 관점과 하나님의 행동에 초점을 맞추어야 한다. 분명히 하나님의 행동은 구체적인 역사현장에서 다양한 방식으로 진행되었고, 당시에 사용되던 다양한 문학적 양식으로 표현되었다. 따라서 다양한 의미로 더 나아가 상충되어 보이는 메시지들이 있는 것도 사실이다.

하지만 성서에 나타난 하나님의 행동은 근본적으로 동일한 목적과 의도에 의해서 진행되어 왔으며 오늘 현대 세계에도 그 영향력은 여전하다. 이런 의미에서 필자는 여러 성서해석 방법들을 무시한 채, 어떤 한 방법을 선정하는 것이 아니라 각 방법론의 장점들을 살려 가며 성서 본문을 다시 읽어보고자 하는 것이다. 이 방법은 쪼개는 연습보다는 붙여 읽는 연습에 해당된다. 붙여 읽되 하나님의 관점에서 읽자는 시도이다. 마치 모자이크를 감상하는 것처럼 말이다. 그 작품을 구성하는 한 부분 한 부분이 나름대로의 의미를 표현하지만 그것들의 총체 역시 신선한 의미를 주고 있지 않은가? 마치 수천 개의 퍼즐로 하나의 그림을 완성하려는 시도를 상상해 보면 된다. 처음에는 그 한 조각의 퍼즐이 도무지 맞지 않아 쓸모가 없을 것 같아도, 결국 우리는 그 조각이 전체 퍼즐의 한 부분이 될 뿐 아니라 전체 퍼즐을 완성하는 데 있어서 없어서는 안 될 절대 중요한 요소임을 발견하게 되지 않는가?

또 다른 예로, 낯선 이국 땅 특유의 민속 악기들로 구성된 악단이 연주하는 그 땅의 음악을 바로 그곳에서 들어볼 때를 상상해 보자. 때로는 불협화음으로 때로는 너무나도 평온한 느낌으로, 때로는 필요 이상으로 미세한 음성, 때로는 이상하리만큼 피부를 꿰뚫고 들어오는 영감으로 들려오는 음악. 이런 것들이 함께 어우러진 음악을 들어보자. 나와는 상관없던 소리가 나를 움직이며 반응하게 하고, 역사와 문화와 인종을 초월하게 하는 음악이 되고 있지 않은가?

성서 읽기 역시 마찬가지다. '성서'라는 생소한 도서관을 '하나님의 행동'이라는 관점으로 열람해 보면, 이 도서관이 생겨난 목적과 배경과 시대에 미치는 영향과 앞으로의 비전 등을 감지할 수 있을 것이다. 이러한 성서 읽기로 성서를 읽어 보면, 성서 전체가 그리고 있는 한 그림을 발견할 수 있을 것이다.

2장

구약성서와
신약성서의 핵심

하나님의 사랑 이야기

 성서 전체를 꿰뚫는 하나님 이야기를 그리기 위해, 먼저 구약에 나오는 소위 '포도원 노래'라 불리는 이사야 선지자의 말씀과 신약에 나오는 예수의 무화과나무 비유 말씀을 읽어 보자. 이 두 본문을 비교할 때 하나님 이야기의 핵심이 간결하게 드러난다.
 이 두 본문들은 몇 가지 공통점들을 가지고 있다. 첫째로, 포도원 주인과 무화과나무 주인의 소원이 이루어지지 않았다는 것이다. 비록 포도나무는 쓴 포도를 맺었고, 이에 반해 무화과나무는 아무 열매를 맺지 못했다는 차이가 있어도, 결과적으로는 두 나무들 모두 주인을 만족시키지 못했다.
 둘째로, 이 두 주인의 분노와 극단적인 반응에는 그럴 만한

이사야 5:1~6	누가복음 13:6~9
내가 사랑하는 이에게 노래를 해 주겠네. 그가 가꾸는 포도원을 노래 하겠네. 내가 사랑하는 사람은 기름진 언덕에서 포도원을 가꾸고 있네.	예수께서는 이런 비유를 말씀하셨다. "어떤 사람이 자기 포도원에다가 무화과나무를 한 그루 심어 놓고, 그 나무에서 열매를 얻을까 해서 왔으나 찾지 못하였다.
땅을 일구고 돌을 골라 내고, 아주 좋은 포도나무를 심었네. 그 한가운데 망대를 세우고, 거기에 포도주 짜는 곳도 파 놓고, 좋은 포도가 맺기를 기다렸는데, 열린 것이라고는 들포도뿐이었다네.	그래서 그는 포도원지기에게 말하였다. '보아라, 내가 세 해나 이 무화과나무에서 열매를 얻을까 해서 왔으나 찾지 못하였다. 찍어 버려라. 무엇 때문에 땅만 버리게 하겠느냐?'
예루살렘 주민아, 유다 사람들아, 이제 너희는 나와 나의 포도원 사이에서 한 번 판단하여 보아라. 내가 나의 포도원을 가꾸면서 빠뜨린 것이 무엇이냐? 내가 하지 않은 일이라도 있느냐? 나는 좋은 포도가 맺기를 기다렸는데 어찌하여 들포도가 열렸느냐?	그러자 포도원지기가 그에게 말하였다. '주인님, 올해만 그냥 두십시오. 그 동안에 내가 그 둘레를 파고 거름을 주겠습니다.
"이제 내가 내 포도원에 무슨 일을 하려는지를 너희에게 말하겠다. 울타리를 걷어치워서, 그 밭을 못쓰게 만들고, 담을 허물어서 아무나 그 밭을 짓밟게 하겠다.	그렇게 하면 다음 철에 열매를 맺을지도 모릅니다. 그때에 가서도 열매를 맺지 못하면 찍어 버리십시오.'"
내가 그 밭을 황무지로 만들겠다. 가지치기도 못하게 하고 북주기도 못하게 하여, 찔레나무와 가시나무만 자라나게 하겠다. 내가 또한 구름에게 명하여, 그 위에 비를 내리지 못하게 하겠다."	

근거가 있다는 것이다. 포도원 주인이 얼마나 많은 노력과 땀을 흘렸는가? 가장 비옥한 땅을 선정해서 열심히 일구고, 돌들을 헤쳐서 포도나무를 심기에 제일 적당한 땅을 만들었다. 가장 좋은 질의 포도나무를 선별해서 심었고, 그것을 보호하기 위해 망대까지 세울 정도로 심혈을 기울여 철저히 준비했다.

이에 비해 누가복음의 본문은 무화과나무 주인의 행동에 대해서는 자세히 언급하고 있지 않다. 그렇다고 해서 이 주인의 행동을 부정적으로 판단할 수는 없다. 왜냐하면 그가 열심히 노력했는지에 대한 여부는 이 본문의 관심사가 아니기 때문이다. 그러나 그가 3년 동안 열매를 얻기를 원했고, 포도원지기에게 화를 내지 않은 것을 보면 그 역시 나름대로 무화과나무에 대해 관심을 가지고 있었던 것은 사실일 것이다. 비록 부분적으로 차이점이 있기는 하지만 주인들의 관점에서 보면, 이 두 주인들의 포도원과 무화과나무에 대한 극단적인 심판은 합리화될 수 있다. 주인들이 원하는 결과가 나타나지 않은 것은 주인들의 잘못이 아니다. 포도원의 전면 파괴와 무화과나무의 절단이라는 상황은 포도나무와 무화과나무가 초래한 것이지 주인의 원래 계획과 노력에 문제가 있는 것은 아닌 것이다.

셋째로, 두 주인들의 반응에는 '마지막'이라는 요소가 지배적이다. 설령 무화과나무에 대한 주인의 반응이 포도원지기로 인해서 잠시 중단되었다 하더라도, 포도원지기 역시 주인의 최종 심판에는 동의하고 있다. 다시 말해 무화과나무에 대한 절단의 심판은 잠시 연기되었을 뿐이라는 것이다. 그것은 여전히 효력이 있는 최종심판이다. 만일 새롭게 주어진 기회에 그 무화과나무가 열매를 맺지 못한다면 말이다.

이제 이 두 본문들의 차이점을 살펴보자. 먼저 두 본문이 묘사하고 있는 '나무'들은 분명한 차이가 있다. 이 본문들이 씌어진 시대 정황에 비추어 보면, 포도나무는 무화과나무보다 훨씬 값어치가 있는 것이었다. 구약의 포도원 주인은 여느 평범한 포도나무를 택한 것이 아니었고, 그 중에서도 제일 좋은 포도나무를 선택했다. 이에 반해 신약의 포도원 주인이 선택한 무화과나무는 일상적으로 볼 수 있는 것이며, 별로 볼품도 없는 일반적인 나무이다. 이런 차이는 구약에서의 선택 사상, 즉 하나님이 이스라엘이라는 한 특정한 민족을 많은 민족들 가운데서 특별하게 선택하셨다는 의미가 들어 있다. 신약의 입장에서는 이스라엘 민족의 선민사상보다는 하나님이 모든 민족들을 공평하게 대하신다는 하나님의 보편적/우주적(universal) 행동이 보다 더 강조되어 있다.

두 번째는 주인들의 극단적 선언의 대상이 다르다는 것이다. 이사야서에서는 포도나무뿐만 아니라 포도원 전체가 심판의 대상인데 비해, 누가복음에서는 무화과나무 그 자체만이 절단의 위기에 놓여 있다. 이것은 구약의 공동체 책임

(cooperate responsibility) 사상과 신약의 개인 책임(individual responsibility) 사상을 배경으로 하고 있다. 즉, 구약에서는 선택받은 한 개인이 잘못했을 때 그 책임을 모든 민족이 져야 했지만, 신약에서는 한 개인의 잘못은 하나님과의 일대일 관계성 속에서 비롯된 것이므로 책임은 그 개인 스스로가 져야 했던 것이다.

세 번째 차이점은 예수의 비유에서는 새로운 인물, 즉 포도원지기가 등장한다는 사실이다. 이사야는 포도원 주인과 포도원의 관계가 어떠한가를 노래한 반면에, 예수는 포도원지기를 출현시켜 포도원 주인과 무화과나무 사이의 관계를 재조정하고 있다. 다시 말해 최종 심판이 연기된 것은 바로 포도원지기의 역할 때문인 것이다. 비록 최후 심판이 검은 구름처럼 무화과나무를 뒤덮고 있지만, 이 나무는 열매를 맺을 수 있는 새로운 기회를 얻었다. 포도원지기의 간청과 참여(commitment)에 의해 이런 기회가 주어진 것이다. 만일 이 포도원지기가 예수를 지칭한다고 하면 이 새로운 기회는 복음, 즉 기쁨의 소식이라 할 수 있다. 이사야의 노래와 예수의 비유의 근본적 차이는 바로 하나님의 최종 심판이 예수의 개입으로 인해서 연기되었다는 것이다. 이것이 무화과나무로 비유된 세상 모든 사람들에게는 기쁨의 소식이요, 복음의 소식이 되고 있는 것이다.

우리는 이 두 본문을 통해서 하나님 이야기의 핵심을 다음과 같이 추출해낼 수 있을 것이다. 세상 만물을 창조하시고 다스리시는 능력의 하나님이, 정의와 공의를 얻기 위해(이사야 5:7) 이스라엘 민족을 많은 민족들 중에서 특별하게 선택하시고 그들을 위해 온갖 노력과 심혈을 다 기울이셨다. 그러나 선민인 이스라엘이 정의와 공의보다는 파괴와 무질서를 초래하자(이사야 5:7), 하나님은 그들을 심판하시기로 결심하셨다.

이런 하나님의 진노의 심판이 예수의 개입을 통해서 잠시 연기되었다.(누가복음 13:8~9) 이제 예수의 노력과 참여로 인해서 이스라엘뿐만 아니라 세상 모든 민족들이 하나님이 원하시는 결과를 성취할 수 있는 새로운 기회를 얻은 것이다. 이 기회는 기쁨의 소식이면서도 또 한편으로는 마지막 기회라는 경고의 소식이기도 하다. 다시 말해 예수를 통해서 하나님과의 올바른 관계를 회복할 수 있는 마지막 절호의 기회라는 것이다. 이 비유에 의하면 모든 인간들은 어떤 삶을 살든지 간에 그에 대한 마지막 회계의 결산이 있으며, 그 결산을 긍정적으로 만들기 위해서는 예수의 도움이 절대적으로 필요하다는 것이다. 하나님은 그의 공의로우심(divine justice)을 예수의 대속의 죽음(vicarious death)을 통해서 만족시켰으며, 세상 모든 민족들이 이 예수를 통해서 자기와 바른 관계를 맺기를 고대하신다. 한마디로 이 하나님 이야기는 그가 만든 세상, 즉 이 세상과의 관계가 깨어졌을 때 그 관계를 회복하기 위해 하나님 스스로 인간에게 부단히 찾아오시는 이야기이다.

이제 이러한 하나님 이야기의 핵심이 어떻게 구약·신약 전체를 통해서 전개되고 있는가를 살펴보자. 여기서 필자는 66권의 성서 전체를 한 권 한 권 개별적으로 다루기보다는 그 전체를 떠받들고 있는 문학 단위들을 통해 살펴보고자 한다. 거시적인 관점에서 보면 성서는 다음과 같이 8개의 문학 단원으로 분류될 수 있다.

토라(율법)→	이스라엘 역사 →	성문서 →	예언서 →
↕	↕	↕	↕
복음서 →	초대교회 역사 →	서신서 →	묵시문학

위의 도표에서 보는 바와 같이 8개의 문학 단원들은 수평적으로, 그리고 수직적으로 서로 긴밀하게 연관되어 있다. 토라(창세기, 출애굽기, 레위기, 민수기, 신명기)에서부터 묵시문학(요한계시록)에 이르는 수평적 관계는 기록된 순서대로 배열된 것이 아니라 한 이야기가 일관된 방향으로 특정한 끝을 향하여 진행되고 있음을 보여준다. 즉, 우리는 이 수평적 관계를 역사나 시간의 순차라는 범주로 규정하기보다는 문학적 관점에서 이해해야 한다. 성서가 말하는 한 이야기는 창조에서부터 시작해서 새 하늘과 새 땅을 바라는 염원으로 끝을 맺고 있다.

또한 이 도표는 구약·신약 성서가 서로 4개씩의 단원으로 구성되고 이들이 서로 수직적으로 상응하고 있음을 보여준다. 이런 수직적 관계는 신약이 구약을 대치(replace)한다는 의미가 아니다. 그보다는 오히려 신약의 각 부분을 이해하려면 그 각각에 상응하는 구약의 각 부분을 의지해야 하고, 그러한 의존적 해석을 통해 이 8개 부분들을 관통하고 있는 하나님 이야기를 좀더 확실하게 읽을 수 있다는 것이다.

구약 성서의 처음 5권의 책들을 하나로 묶어 '토라'라고 부르는데, 이 토라는 하나님 이야기의 시작으로 하나님이 이 세상과 어떤 관계를 맺고 싶어하는가를 보여준다. 또한 자신의 뜻을 이루기 위한 구체적인 방안으로 이스라엘을 선택해서 훈련시키는 과정을 그리고 있다.

'이스라엘 역사'는 선택받은 이스라엘이 하나님의 계획을 성취하지 못했다는 실패의 역사를 서술하고 있다. 즉, 이스라엘이 선민이라는 우월성과 선택받았다는 특권만을 앞세워, 받은 바 책임과 의무를 다 수행하지 못했다는 실패의 이야기이다.

'성문서'는 이스라엘 민족의 불평, 즉 하나님의 계획 자체에 문제가 있다는 억측을 잠재우는 역할을 한다. 즉, 하나님의 토라(가르침, 법)는 완전하고 그 속에는 한 치의 하자도 없음을 다시금 고백하며, 동시에 실패한 선민들이 어떻게 실패의 삶을 극복할 수 있는가 하는 삶의 지혜를 설파한다. 구체적으로 하나님의 법을 찬양하는 시편이 있는가 하면, 삶의 고통과 절망을 이해해 보려는 지혜자의 몸부림도 있고, 절기마다 하나님의 신실함에 올바로 반응하지 못한 자신들의 삶을 돌이켜 보는 반성의 글들도 함께 성문서로 묶여 있다.

구약성서의 마지막 단원은 '예언서'로서 이스라엘 백성들이 왜 실패했는가 하는 이유를 적나라하게 지적하고 있다. 예언서에서 하나님의 대변자인 예언자들은 구체적으로 신랄하게 이스라엘 민족의 정치적·사회적·윤리적 삶의 모든 부분을 하나님의 법의 관점에서 정확하게 분석하고 하나님의 심판과 희망을 선포한다. 예언서의 저자들은 하나님의 계획이, 공의와 정의가 넘치는 세상, 모든 민족들이 자신의 주권을 인정하며 함께 어우러져 샬롬(shalom)을 이루며 사는 것이었고, 선택받은 이스라엘이 참 모델로서 그것을 실천에 옮기지 못했음을 꼬집는다. 또한 이 예언서는 하나님의 계획을 온전히 이룰 메시아에 대한 소망을 불러일으키기도 한다. 즉, 하나님의 공의와 평화가 넘치는 하나님의 나라를 완성할 메시아에 대해 예언한 것이다.

신약의 기자들은 메시아에 대한 이러한 소망이 예수를 통해서 이루어졌다고 고백한다. '복음서'는 예수의 탄생, 삶, 죽음, 부활을 통해서 하나님의 원래의 계획이 비로소 완성되었다고 고백한다. 따라서 구약의 배경이 없이는 복음서의 메시지를 제대로 파악하기 어렵다. 더구나 신약이 이러한 복음서로 시작된다는 사실은 구약에 기록된 하나님의 계획과 활동이 새롭고, 긍정적인 국면으로 들어섰음을 은연중에 공포해 주는 것이다.

'초대교회 역사'는 이런 복음의 소식, 즉 예수 그리스도를 통해서 하나님의 계획이 완성되었음을 믿고 선포하는 많은 공동체가 생겨나고 있음을 기록하고 있다. 이스라엘의 역사가 그들이 선택받았음에도 불구하고 하나님의 계획을 실행에 옮기는 데에는 실패한 역사라면, 초대교회의 역사는 누구나가 참여할 수 있는 교회 공동체의 번성과 성공의 사례들로 가득 차 있다.

'서신서'는 예수의 재림을 고대하며 현재의 '성공'의 삶을 어떻게 살아야 하는가를 다룬다. 구약의 성문서가 실패의 상황을 감수하기 위한 지혜서 역할을 한다면, 신약의 서신서는 교회 공동체의 획기적 성공 가운데 산재해 있는 많은 문제들을 헤쳐 나가기 위한 지침서의 역할을 한다. 이 서신서는 다음과 같은 이슈들을 제기하고 다룬다.

즉, 나사렛이란 조그마한 마을에서 성장한 예수라는 사람, 자기 민족에게 배반을 당해서 로마의 무시무시한 형틀인 십자가에서 반역 죄인으로 죽어야 했던 이 사람, 죽었다가 다시 살아났다는 이 사람 예수를, 그리스도요 메시아라고 믿고 고백한다는 것이 이 세상을 사는 데 어떤 의미가 있는가? 다가올 영광의 미래를 바라보면서 오늘의 어두운 현실을 어떻게 살아가야 하는가? 믿는다는 고백 하나로만 그리스도인이 될 수 있을까? 믿음에 합당한 행동이 따라 주어야 하는 것은 아닌가? 예수를 믿는 것이 왜 핍박의 대상이 되어야 하는가? 아니, 핍박과 멸시 속에서 어떻게 그것을 극복할 수 있을까? 나아가 핍박과 멸시 속에서도 교회 공동체가 계속 버섯처럼 번성하는 현상을 어떻게 설명할 것인가? '서신서'가 신약성서에서 가장 많은 비중을 차지하는 것은 아마도 이처럼 많은 이슈들을 다루기 때문일 것이다.

이제 베일에 싸인 이 세상 끝날의 일들을 신약의 마지막 문학단원인 '묵시문학(계시록)'이 많은 상징적 환상들(symbolic visions)을 통해서 드러내 보인다. 계시록은 이 세상의 고난과 핍박은 장차 다가올 새 하늘과 새 땅에서 반드시 극복될 것이며, 예수를 통한 하나님의 주권 행사가 완벽히 실행될 것이라는 메시지를 전한다. 이러한 메시지는 이 세상을 살아가는 믿음의 성도들을 위로하기에 충분하다. 구약의 예언서가 하나님의 계획을 완성할 메시아를 대망한 것이라면, 신약의 계시록은 메시아인 예수를 통해 보여 준 이 세상에 대한 하나님의 사랑이 종국에 가서는 현재의 악과 사탄의 세력을 완전히 파괴하고 승리할 것이라고 선언한다.

이처럼 구약·신약의 8개의 문학 단원들은 서로 수평적·수직적으로 상호 연관되어 하나님 이야기를 그려주고 있는

데, 이 하나님 이야기의 핵심은 세상을 향한 그의 변함없는 사랑이다. 아름답고 공평하고 완벽하게 지음받은 세상이 혼란과 부패와 성(聖)스럽지 못함으로 변질되었을 때, 새 하늘과 새 땅을 꿈꾸며 찾아오시는 하나님의 사랑! 선한 관계를 원하시는 하나님! 그 관계가 깨어졌을 때, 그럼에도 불구하고 새로운 화목을 위해 몇 번이고 다시 찾아오시는 하나님의 사랑! 맹목적 사랑이 아니라 정의와 공의, 희생과 용서가 가득한 사랑다운 사랑! 강요된 사랑이 아니라 몸소 사랑의 아픔과 상처를 스스로 짊어진 희생의 사랑! 예수를 통해 보여 준 고난을 통한 승리의 사랑 이야기! 자신이 그러했듯이 우리도 그렇게 사랑하며 살아가라는 간곡한 부탁! 이것이 하나님 이야기의 본질이다.

이런 하나님 이야기를 구약·신약의 각 단원들을 세밀히 연구함으로써 좀더 깊이 생각해 보도록 하자. 마치 등산하려는 산의 절경을 한눈에 훑어본 후, 계속해서 꾸불꾸불 이어지는 등산로를 따라 깊숙이 들어가 보는 것처럼 말이다. 때로는 잠시 멈추어 눈에 띄도록 아름다운 길가의 꽃들의 향내를 음미하기도 할 것이며, 때로는 잘 포장된 길을 빠른 걸음으로 마음껏 질주하기도 할 것이다. 가파른 길을 조심스럽게 차근차근히 짚어갈 때도 있을 것이다. 그 산의 냄새를 흠뻑 들이마시며 말이다.

2부
하나님 이야기 : 성서

표면적으로 보면 성서는 단지 한 권의 책으로만 보인다. 그러나 사실 성서는 여러 종류의 글들이 모여 있는 하나의 '도서관'과 같다. 기독교는 이 도서관에 소장된 많은 책들을 구약성서와 신약성서라는 범주로 구분하고 있다. 로마 가톨릭교회와 동방정교회 그리고 개신교는 모두 27권의 책들로 구성된 신약성서를 공통적으로 가지고 있지만, 구약성서를 구성하는 책들에 대해서는 서로 다른 견해를 표명하고 있다. 반면에 유대교에는 신약성서가 없고 그들이 보유하고 있는 24권의 책들을 토라(Torah, 율법), 느비임(Neviim, 예언서), 케투빔(Kethuvim, 성문서)이라는 세 부분으로 나눈다. 한마디로 성서(聖書)는 유대교와 기독교 공동체들에 의해 "거룩한 글들로 고백된, 여러 종류의 문학들이 집합된 도서관"이다.

1장

토라(율법):
하나님의 계획

하나님과 세상의 보상원칙 관계

구약성서의 처음 다섯 권의 책들을 묶어서 토라, 혹은 오경이라고 부른다. 현재 구약성서 학자들 간에는 구약성서의 첫 번째 문학단원을 4권의 책으로(4경), 혹은 5권(5경), 또는 6권(6경)으로 보아야 한다는 논의들이 끊임없이 계속되고 있다. 하지만 이 책에서는 그러한 논의들보다는 토라(오경) 안에 나타난 하나님과 이 세상과의 관계성이라는 주제에 초점을 맞추어 보려고 한다. 이러한 의도를 따라가면 5권의 책들은 크게 두 부분으로 나뉘어진다. 즉, 창세기 1장 1절에서 6장 4절은 하나님과 세상의 관계가 보상원칙적임을 보여 주고, 나머지 부분(창세기 6:5~신명기 34:12)은 하나님과 세상과의 관계가 본질적으로 하나님이 무조건적으로 참여하는 관

하나님과 세상과의 관계성에서의 근본적 변화	
I. 하나님과 세상의 보상원칙 관계	창세기 1:1~6:4
II. 하나님의 세상에 대한 무조건적 참여 관계	창세기 6:5~신명기 34:12
A. 변화된 관계의 핵심: 홍수사건 중심	창세기 6:5~11:32
B. 변화된 관계의 실행	창세기 12~신명기 34
1. 이스라엘을 선택	창세기 12:1~3
2. 이스라엘의 반응	창세기 12:2~신명기 34
a. 선택받은 개인들	창세기 12:4~50:26
1) 아브라함	창세기 12:4~25:18
2) 야곱	창세기 25:19~36:42
3) 요셉	창세기 37:1~50:26
b. 선택받은 공동체들	출애굽기 1~신명기 34
1) 출애굽 공동체	출애굽기 1~민수기 20
2) 광야 공동체	민수기 21~신명기 34

계임을 서술하고 있다. 이 두 부분은 토라가 하나님이 이 세상을 향해 새로운 의미의 관계를 맺음을 선포하고 있다.

위의 도표는 이러한 관계변화에 초점을 맞추어 오경 전체를 도식화 한 것이다. 이 도표에서 볼 수 있듯이 홍수 사건 이전의 기록들은 하나님과 이 세상과의 관계가 일대 일의 보상원칙 관계라는 것을 보여 준다. 창세기에 기록된 두 가지 창조기사들(1:1~2:4a, 2:4b~28)은 하나님이 이 세상과 직접 관계하고 있음을 주창한다. 설령 이 두 기사들이 천지 창조라는 주제를 서로 다른 문체와 내용들로 보도하고 있다고 해도 이 기사들은 하나님이 세상 존재의 근원이요, 생명의 원천이라고 같은 목소리로 고백하고 있다. 다시 말하면, 하나님의 이름이 단순히 '하나님' 또는 '야훼 하나님'으로 서로 다르게 불리고, 하나님이 각각 초월적인 존재로, 또는 내재적인 존재로 묘사되었다 하더라도, 그 근본은 하나님이 만물을 창조하셨다는 사실을 부인하지 않는다. 이런 고백이 평범한 일상생활에서는 그리 대수롭지 않게 느껴질 수도 있을 것이다. 하지만 이스라엘 역사에서 암흑의 시대였던 바벨론 포로시대를 생각해 보라. 성전이 무너지고 이국 땅에서 포로의 삶을 사는 유대 포로민들에게 하나님이 모든 만물의 창조자라는 고백은 그 무엇과도 바꿀 수 없는 고귀한 것이요, 흔들리는 무릎을 확고부동하게 매어주는 견고한 띠였음이 분명하다. 바벨론의 거대한 도시, 끝없이 펼쳐지는 농경지, 예루살렘 성전과는 비교도 안 될 정도로 휘황찬란한 마르둑(Marduk)의 성전들이 포로민들의 마음을 사로잡고 그들의 신앙을 뒤흔들고 있을 때, 이 창조기사들은 한 목소리로 외친다.

"이스라엘의 하나님 야훼가 이 세상을 창조한 신이다. 그는 예루살렘 성전에 갇혀 있는 신이 아니다. 마르둑과의 전쟁에서 실패한 신이 아니라 무에서 유를 창조한 절대적 능력을 가진, 만물의 생사화복을 주관하는 주인이다. 그러면서도 흙으로 인간을 직접 만드실 정도로 이 세상에 관여하고 세심한 관심을 기울이는 하나님이다. 또한 멀리 떨어져 있는 절대 타자로서 그 전체는 비밀에 싸여 있어도 이 세상에 직접 개입해서 역사의 모든 사정을 알 뿐만 아니라 인류로 하여금 그를 부분적으로나마 알 수 있도록 길을 열어 놓으신 친근한 하나님이다." 이 얼마나 위로에 찬 선언인가?

또한 창세기의 창조기사는 하나님이 이 세상과 특별한 관계를 맺고 있음을 시사한다. 서로 끊으려 해도 끊을 수 없는 불가분의 관계, 이미 깊숙이 맺어진 참여의 관계, 같은 배를 탄 공동운명의 관계임을 보여 준다. 창조기사는 먼저 이 관계를 시작한 분이 하나님임을, 그리고 세상은 그 하나님의 사랑에 반응하는 존재임을 분명히 하고 있다. 따라서 세상이 참 세상이 될 수 있는 가능성은 언제나 이를 존재케 한 하나님의 의도와 계획 안에서만 가능한 것이다.

더 나아가 하나님과 세상과의 관계는 기계적이고 자동적이며 수동적인 것이 아니다. 마치 자동판매기에서 동전을 넣고 입맛에 맞는 커피를 취사 선택해서 버튼을 누르면 예측한 대로 그 커피가 나오는 것처럼, 미리 설계된 관계가 아니라는 것이다. 피조물이지만 창조자의 의도를 따르는 데는 선택의 여지, 즉 자유의지가 부여된 관계이다.

이런 특별한 관계를 지속적으로 유지하기 위해서 하나님은 인간을 세상 만물 중에서 가장 중요한 피조물로 창조하셨다. 인간도 다른 여느 피조물처럼 하나님의 창조물이지만, 이 세상 만물 중에서 가장 독특하고 중요한 위치에 놓여 있음을 상기하자. 첫 번째 창조기사는 6일간의 창조에서 인간 창조가 맨 나중에 된 것으로, 그리고 두 번째 창조기사에서는 남자가 창조의 시발점이었고, 여자가 그 끝을 마무리 짓는 것으로 적혀 있다. 뿐만 아니라 인간 창조에는 히브리어 바라(ברא)라는 특수한 동사를 쓰는데, 그 뜻은 '창조하다'이며 이는 하나님의 행동에만 국한하여 사용되었다. 사람은 무엇인가를 '만들 수'는 있어도 '창조'는 하나님만이 할 수 있는 행위라는 뜻이다. 또한 두 기사는 모든 피조물들 중에는 인간만이 하나님과 인격적 관계를 맺을 수 있는 것으로 보도한다. 이런 인격적 관계를 바탕으로 해서 하나님은 인간에게 특별한 의무를 명령한다. 즉,

> 하나님이 그들에게 복을 베푸셨다. 하나님이 그들에게 말씀하시기를 "생육하고 번성하여 땅에 충만하여라. 땅을 정복하여라. 바다의 고기와 공중의 새와 땅 위에서 살아 움직이는 모든 생물을 다스려라" 하셨다.
>
> ―창세기 1:28

이런 명령을 두 번째 창조기사는 다음과 같이 부연 설명한다.

> 주 하나님이 사람을 데려다가 에덴 동산에 두시고, 그곳을 맡아서 돌보게 하셨다. 주 하나님이 사람에게 명하셨다. '동산에 있는 모든 나무의 열매는, 네가 먹고 싶은 대로 먹어라. 그러나 선과 악을 알게 하는 나무의 열매만은 먹어서는 안 된다. 그것을 먹는 날에는 너는 반드시 죽을 것이다.'
>
> ─ 창세기 2:15~17

이 두 구절을 연결해서 생각해 보면, 하나님께서 인간에게 주신 이 세상을 지배하고 다스리는 축복은 이 세상을 착취하고 자신을 중심으로 이용하는 권리가 아니다. 그와는 반대로 인간은 하나님으로부터 이 세상을 가꾸고 보호하라는 소명을 얻은 것이다. 하나님의 통치 권리를 이양받아서 이 세상이 하나님의 계획과 의도에 따라, 지음받음의 목적에 따라 존재할 수 있도록 인도하는 것이 인간의 사명인 것이다. 이 의무를 수행하기 위해 인간은 하나님의 형상을 본받아 창조되었다.

혹자는 이 하나님의 형상을 형이상학적으로 생각해 그의 속성들, 즉 사랑, 정의, 신실, 은혜 등으로 이해하려 한다. 그러나 문맥에 의거해 이해해 보면, '하나님의 형상'이란 인간이 하나님을 대신해서 이 세상을 지배하고 다스리는 데 필요한 요건을 의미한다. 마치 이 세상 만물이 인간을 통해서 하나님을 보고, 인간의 행동을 통해 하나님의 뜻과 의지를 알 수 있는 것처럼 말이다. 이렇듯 두 창조기사는 하나님이 인간을, 피조물의 한 구성원이면서도 하나님과 이 세상을 연결시키는 중요한 위치에 세워 놓았음을 보도한다. 인간이 하나님의 명령에 순종하느냐 불순종하느냐에 따라 이 세상 전체의 운명이 결정된다고 해도 과언이 아니다. 이런 인간의 소명의식, 자유의지, 존엄성을 강조하는 것이 창세기에 나타난 창조기사가 다른 여느 고대 근동 지방의 창조 설화들과 근본적으로 다른 점이기도 하다.

인간의 참된 존재의미를 이 세상과의 관계 속에서 찾기보다는 이 세상을 창조한, 이 세상의 주인인 하나님과의 연관 속에서 우선적으로 찾으려 한 이 기사가 바벨론 포로민들에게 주는 희망은 우리 현대 독자들이 상상하는 것 이상이었을 것이다. 아무리 바벨론이 강대국이요, 지배국이라 해도 포로민들의 삶이 그 강대국을 포함해 모든 만물을 창조하고 다스리는 창조주 하나님과 연관되어 있다는 사실, 현실로는 정치적으로 포로민의 입장에 있지만, 그들이 하나님의 형상으로 지음을 받았다는 사실, 이방 땅에서 수치와 굴욕의 삶을 계속 살아야 할 것 같아 보이지만, 사실은 그들의 삶이 이 세상의 전권을 위탁받은 하나님과 인격적 관계가 허락된 삶이라는 사실을 피력하고 있는 창조기사는 포로민들에게 '기쁨의 소식'이었을 것이다.

동시에 이 소식은 그들을 뼈아픈 반성의 길로 내몰아간다. 무엇인가를 잘못했기에 그 하나님의 백성들이 지금의 포로민으로 전락했다는 인식이다. 그들이 야훼 하나님을 이 세상의 창조주요 주인으로 믿고, 이 세상에 참여하여 인간을 통해 그의 창조 목적과 의지를 완성하는 신으로 고백하는 한, 그들은 구체적으로 자신들의 잘못을 찾아내어 인정해야만 했다. 하나님이 누구이며 어떻게 행동하셨을까에 비추어 포로민들은 자신들이 누구이며 어떻게 살아 왔는가를 반성했던 것이다. 왜냐하면 근본적으로 하나님은 이 세상과 일대 일 보상원칙 관계를 맺고 있기 때문이다. 간단히 삼단 논법으로 이를 설명해 보자.

1) 완전한 하나님이 세상을 완전하게 만드셨다.
2) 이 세상과 불가분의 관계를 맺으시는 하나님은 완벽한 반응을 요구한다.
3) 이 세상이 하나님 계획에 완벽한 반응을 하지 못했을 때에는, 하나님은 이 세상을 벌할 수밖에 없다.

창세기 3장에 나오는 소위 '타락' 기사가 이를 입증하는 좋은 예이다. 왜 인간이 하나님의 명령을 어겨서 에덴 동산에서 쫓겨나는 이야기가 창조기사 바로 뒤에 나오는 것일까? 인간이 선, 악을 알게 하는 금단의 과실을 따먹은 것, 그것쯤은 하나님이 용서할 수 있지 않았을까? 그 과실을 먹음으로 인해 하나님처럼 된다는 뱀의 유혹은 어쩌면 하나님의 형상으로 지음받은 인간이 추구할 수 있는 최상의 목표가 아닌가? 자신과 인격적 관계를 맺은 하나님과, 부여받은 자유의지를 십분 활용해서 더욱 긴밀한 관계를 갖고자 했다면, 과연 하나님의 심판은 정당한 것인가?

이런 질문들이 갖는 타당성을 인정하면서도, 이 타락 기사의 초점은 하나님이 인간의 명령 불복종을 그냥 넘어가지 않고 벌했다는 사실에 있다. 완전한 하나님은 인간을 완전하게 만드셨

낙원에서의 추방. 마사치오 디 조반니(Masaccio di Giovanni, 1401~1428) 作. 이태리 피렌체의 산타 마리아 가르미네 수도원 성당 소재.

고, 그래서 그가 스스로 자유의지를 사용해서 하나님의 명령에 순종하는 완전한 반응을 기대하셨다. 그렇지 않다면 왜 처음부터 선악을 알게 하는 과실을 따먹지 말라는 금지 명령을 하였겠는가? 인간의 불순종을 인간 역사의 시작 전부터 불가피한 것으로 알고 있으면서도 순종의 명령을 내렸다면, 하나님과 인간과의 관계가 인격적이며 자유의지를 허용하는 관계는 아닐 것이다. 따라서 하나님의 심판은 보상원칙 관계에 따른 것이라 할 수 있다.

즉, 하나님의 창조의도에 합당한 반응이 없었을 때 하나님은 그 누구도 가차없이 벌하시는 신으로 간주되는 것이다. 이러한 하나님이라면 심판에서 구원으로의 전환, 포로에서 해방으로의 탈바꿈, 타향살이에서 귀향으로의 역사란 일어날 수 없다. 은혜의 사건이 일어날 수 없는 것이다. 창조기사와 타락기사는 한마디로 하나님의 공의가 그의 자비와 은혜보다 더 중요함을 역설한다.

이런 하나님과 세상과의 관계가 근본적으로 바뀌었음을 홍수사건이 보도한다. 일대 일의 보상 원칙적 관계에서 무조건적 참여관계로 그 관계가 180도 변화되었다는 것이 바로 홍수 사건이 주는 신학적 의미이다. 이 사건이 창세기 6장부터 9장에 걸쳐 창조기사와 타락기사에 뒤이어 나오는 것도 이를 뒷받침해 준다. 즉, 홍수 사건으로 하나님은 하나님께

완전한 반응을 하지 못한 인간을 가차없이 심판하셨지만, 이제는 인간이 완벽하게 반응할 수 없음에 대해 그들과 새로운 의미의 관계, 즉 그들이 불완전함에도 불구하고 그들과 전적으로 무조건적인 관계를 맺으려는 신으로 등장한 것이다. 한마디로 인류를 포함한 이 세상의 변화가 하나님과 올바른 관계를 초래하는 것이 아니라, 하나님이 이 세상과의 약속에 대한 신실함, 바로 그것 때문에 이 세상이 하나님과 깨어진 관계를 회복할 수 있다는 것이다.

하나님의 세상에 대한 무조건적 참여 관계
(창세기 6:5~신명기 34)

변화된 관계의 핵심: 홍수 사건을 중심으로

홍수 이전의 사건들은 하나님의 명령을 따르지 않으면 용서보다는 심판이 초래함을 보여 준다. 창세기 3장에 보도된 인간 타락에서 아담과 이브가 에덴동산에서 쫓겨났듯이, 4장에 보도된 가인이 자기 동생 아벨을 죽인 사건에서도 가인이 하나님의 면전에서 쫓겨나는 심판이 따랐다. 그리고 4장 23~24절에서는 라멕이, 자신의 죄가 가인보다 더 크기에 이제는 가인보다 7배의 7배로 벌을 받아야 한다고 자인하는 장면이 나온다. 거기에 더해서 하나님의 아들들과 사람의 딸들이 결합한다는 이해하기 어려운 이야기가 홍수사건 바로 이전에 나온다.(창세기 6:1~4)

이 이야기에 대한 정확한 해석은 불분명하지만, 확실한 것은 이로 인해 하나님이 인간을 심판했다는 사실이다. "주께서 말씀하셨다. 생명을 주는 나의 영이 사람 속에 영원히 머물지는 않을 것이다. 사람은 살과 피를 지닌 육체요, 그들의 날은 백이십 년이다."(창세기 6:3) 따라서 홍수 이야기는 하나님이 이 세상이 죄악으로 가득 찼음을 보는 데에서 시작한다.(창세기 6:5, 11~12) 이런 죄악된 세상에 대한 기록이 하나님의 심판이 얼마나 정당했는가를 역으로 보여 주고 있다.

그러나 또한 간과할 수 없는 것은, 여기서 처음으로 고민하는 하나님의 모습이 보인다는 점이다. "땅 위에 사람을 지으셨음을 후회하시며 마음 아파하셨다."(창세기 6:6) 하나님께서 물로 세상을 심판하기로 작정한 것은 아무런 감정과 연민 없이, 무감정적으로 내려진 결론이 아니었다. '아파하셨다'란 히브리어 동사인 아짜브(עצב)는 이 홍수 이야기 전에 두 번 나오는데, 바로 여인이 해산하는 고통(창세기 3:16)과 노아가 인류를 홍수에서 구원하기 위해서 땀을 흘리는 노력(창세기 5:29)을 묘사하는 데 사용되었다. 이러한 고통과 노역을 거쳐서 하나님은 세상을 물로 심판하기로 결정했다는 것이다. 따라서 홍수 이야기의 주제는 하나님의 심판이기보다는 하나님이 이 세상과 어떻게 관계해야 할 것인가에 대한 심각한 자기성찰과 고민이다. 다시 말하면 홍수 이야기는 물의 심판이라기보다는 새로운 창조와 그에 따른 인간과의 새로운 관계의 성립에 초점을 맞추고 있다.

홍수의 결과를 보자. 40여 일 동안의 홍수도 인간의 죄악성을 고치지는 못했다.(창세기 8:21) 인간은 홍수 이전의 상태인 악한 상태 그대로 남아 있지만 하나님의 인간에 대한 참여는 완전히 바뀌었다. 하나님이 바뀐 것이다. 그의 본성이 바뀌었다는 것이 아니라, 이 세상과의 관계성이 바뀌었다는 것이다. 완전히 창조했기에 완전한 반응을 기대한 것에서부터, 불완전함을 알면서도 불완전한 반응을 예측하고서도 심판하지 않겠다는 무조건적 참여로 변화되었다.

더욱 주목할 것은 이런 하나님의 변화가 '계약(covenant)'이라는 특별한 용어로 표현되었다는 점이다. 이 단어는 홍수 이야기에서 처음 나오는 것으로 법적인 효력을 지니는 것이다. 일반적으로 이 단어는 쌍방의 합의 하에 서로의 의무를 이행하기로 결정한 계약(contract)과 비슷해서, 만일 어느 한 쪽이 그에 해당된 책임을 다하지 못했을 때는 법적 구속력으로 처벌할 수 있음을 내포하고 있다. 따라서 놀라운 것은 홍수 이후부터는 인간의 반응의 여부에 따라서 상, 벌이 주어지는 보상원칙이 아니라, 인간의 반응에 상관없이 기본적으로 세상을 심판하지 않겠다는 하나님의 새로운 각오에 의해 모든 것이 진행된다는 것이다.

설령 인간이 계약의 의무를 지키지 못했다 해도 하나님 스스로는 맺어진 계약을 파기하거나 책임을 소홀히 하지 않겠다는 선언이다. 깨어진 관계를 새로운 관계로 회복시키기 위해서 찾아 오는 하나님의 모습이 보인다. 물론 인간의 잘못과 불순종을 그냥 모른 척 눈감아 주거나 없던 것으로 하거나 자신과 상관이 없는 것으로 간주한다는 것은 결코 아니다. 그들로 하여금 창조의 목적과 의도에 따라 살 수 있도록 가르쳐 주고 인도하고 때로는 채찍질할 수도 있다.

분명한 것은, 이 모든 하나님의 행동이 인간에 대한 사랑과 용서와 화해라는 커다란 울타리 안에서 재해석되어야 한다는 것이다. 이런 무조건적 참여 관계를 하나님은 스스로 선택하셨다. 고통과 치욕의 현재가 마지막이 아니라, 타락한 세상을 있는 그대로 받아들이며 그들을 용서하는 것, 이러한 것들이 바로 하나님이 궁극적으로 원하는 이 세상의 참여에 대한 결과이다.

우리는 홍수 사건을 통해서 하나님이 이 세상과의 관계를 본질적으로 바꾸었음을 살펴보았다. 홍수 이후부터는 완전한 하나님이 불완전한 세상과 무조건적인 관계를 맺기로 결심했고, 더욱이 이 관계를 법적 효력을 지닌 '계약'으로 묶고 있기에 하나님 자신도 이에 해당하는 의무를 실행해야 하는 위치에 서게 되었다. 창조자로서의 무한한 자유를, 불완전한 세상을 자신에게로 돌아오게끔 하기 위해서 스스로 제한시킨 것이다. 그의 공의가 세상을 향한 자비와 사랑에 의해 연기된 획기적인 사실이다. 이런 선언은 인간의 입장에서 보면, 무조건적 은혜의 선물이 아니고 무엇이겠는가. 이 선물은 하나님의 입장에서 보면 값없이 거저 주는 것이 아니라 그의 절대 자유를 제한시킨 값비싼 선물이요, 심판을 연기해야 하는 인내의 선물이요, 사랑하되 끝까지 사랑할 뿐만 아니라 자신까지 내어주는 희생의 선물인 것이다.

변화된 관계의 실행(창세기 12~신명기 34)

그렇다면 하나님이 이 변화된 관계를 어떻게 실행에 옮길 것인가 하는 질문이 대두된다. 바뀌어진 관계가 단순한 선포로 끝나는 것이 아니라 어떻게 구체적으로 이행되고 있는가 하는 것이다. 하나님의 실질적인 행동이 수반되지 않으면 이 세상이 어떻게 변화된 관계를 인식할 수 있겠는가? 이런 하나님의 구체적이고 실질적인 활동들이 나머지 오경을 통해서 확실하게 드러난다. 한마디로 요약하면 하나님은 아브라함과 그의 자손들을 선택해서 이 세상에 무조건적으로 참여하고자 하는 그 관계를 실행에 옮기고자 하신다. 따라서 창세기 12장부터 신명기 34장까지의 기록을, 우리는 하나님이 무엇 때문에, 또 어떤 방법으로 그의 계획을 진행하고 있는가

하는 관점에서 살펴보아야 한다.

> 하나님께서 아브람에게 말씀하셨다. "너는, 네가 살고 있는 땅과 네가 난 곳과 너의 아버지의 집을 떠나서, 내가 보여 주는 땅으로 가거라. 내가 너로 큰 민족이 되게 하고, 너에게 복을 주어서, 네가 크게 이름을 떨치게 하겠다. 너는 복의 근원이 될 것이다. 너를 축복하는 사람에게는 내가 복을 베풀고, 너를 저주하는 사람에게는 내가 저주를 내릴 것이다. 땅에 사는 모든 민족이 너로 말미암아 복을 받을 것이다."
>
> ― 창세기 12:1~3

하나님이 아브라함에게 아무런 예고 없이 나타나셔서 그에게 본토, 친척, 아버지 집을 떠나라 명령하신다.(창세기 12:1) 그로 하여금 큰 민족을 이루고 그의 이름이 창대해지며 복의 근원이 되게 하실 것이라고 약속하신다.(창세기 12:2~3a) 그럼으로써 하나님은 아브라함을 통하여 이 세상 모든 민족을 축복하시고자 하셨다.(창세기 12:3b) 몇 가지 중요한 점들을 살펴보자.

먼저 눈에 띄는 것은 창세기 12장 1~3절이 무조건적인(unconditional) 약속으로 되어 있다는 점이다. 다시 말해 본문에서 하나님의 명령과 약속은 조건부, 즉 '만일……, 그러면……' 이란 구조로 되어 있지 않다. 만일 아브라함이 하나님의 명령에 순종했기 때문에 그에 '응당'한 약속을 받았다면, 그것은 하나님과 아브라함이 아직도 보상원칙적 관계에 있음을 암시한다. 그러나 이와 반대로 본문은 무조건부로 표현되었다. 그 의미는 아브라함이 과연 하나님의 명령에 순종할 것인가 아닌가 하는 것이 관심의 초점이 아니라 하나님의 의지, 즉 어떤 일이 있어도 그가 계획한 일을 실행하고자 하는 완강한 의지가 이 모든 사건의 저변에 깔려 있음을 엿볼 수 있는 것이다. 물론 아브라함이 어떻게 반응했는가를 통해서 그가 하나님의 의도와 목적을 바로 깨닫고 행동했는가 하는 것도 중요하다. 그러나 이런 아브라함의 반응, 더 나아가서는 이 세상의 반응은 하나님의 확고부동한 결심과 이에 따른 구체적 행동들이라는 틀 안에서 그 해석이 조명받아야 하는 것이다.

둘째로, 하나님이 아브라함에게 '떠나라'고 한 명령은 순종하기에 그리 쉬운 것은 아니었을 것이라는 점을 우리는 기억할 필요가 있다. 최소한 지금부터 약 3,700여 년 이전의 사회에서는 아버지의 집(넓게는 본인이 속해 있는 부족)이 한 개인의 정체성을 규정지었기 때문이다. 그러한 사회관습과 전통에서 보면 하나님의 명령은 삶의 전 터전에서의 이탈을 의미한다. 아버지 집을 떠난다는 것은 신변의 안전뿐만 아니라 심리적·정신적 안정의 테두리에서의 이탈이다. 타부족의 문화와 사회관습에 부딪혀야 한다. 더욱이 가야 할 목적지마저 특별히 지정된 것이 아니어서 아브라함은 유리 방황의 모험을 감수해야만 했을 것이다.

셋째로, 이런 실행하기 어려운 명령에 이어 하나님이 아브라함에게 하신 약속들은 혁신적인(radical) 것이었다. 나이 많은 아브라함과 불임의 아내인 사라에게 수많은 자손들의 시조가 되리라 약속하셨다.(창세기15:6, 17:6) 여러 신들을 숭배하는 것이 일반화된 주변 환경 속에서 야훼 하나님이 특별히 아브라함과 그 자손들을 자기 백성으로 삼겠다고 약속하셨다.(창세기 17:7) 한 치의 땅도 소유하지 못해서 남의 땅을 전전하는 늙은 부부에게 가나안의 모든 땅을 대대손손에게 물려주리라 약속하셨다.(창세기 17:8) 이방인으로 유랑하는 이 부부에게 복의 근원이 되게 하리라 약속하셨다. 이처럼 하나님께서 하신 약속들은 상상을 초월하며, 성취되기 거의 불가능한 것들이었다.

마지막으로, 왜 하나님은 많고 많은 사람들 중에 아브라함을 부르셨을까? 필자의 박사학위 논문 심사 교수들 중 두 분은 유대인이었고, 한 분은 기독교인으로 유대인 학교에서 학위를 마치신 분이었다. 주심은 독일 하이델베르크 출신의 독일계 미국인 교수였다. 가끔 위의 두 선생님들은 농담 반 진담 반으로 하나님이 이스라엘 민족을 수많은 민족들 중에서 선택해 불러냈다고 은근히 자랑하셨다. 이스라엘의 선민의식과 자부심이 그들 중심에 깊게 뿌리박고 있음을 엿볼 수 있었다. 사실 성서 전체를 통해서 보면, 이스라엘의 선택과 선민사상은 부인할 수 없다. 그러나 선택받았다는 사실보다 더욱 중요한 것은 무엇 때문에 선택을 받았는가 하는 것이 아닌가? 부르심 그 자체보다도 부르심의 궁극적 목적이 더 중요한 것이다. 아브라함을 부르신 하나님의 최종 목적은 다름아닌 세상을 축복하고자 한 것이다.

따라서 본문은 하나님의 우주적 관심으로 끝을 맺는다. 아브라함에게 한 약속들은 그 나름대로 의미가 있는 것들이지만, 궁극적으로는 하나님이 온 세상을 축복하고자 한 목적을 완성하기 위한 수단에 국한된다. 약속은 그 자체로서만 의미를 갖는 것이 아니라 또 다른 거대하고 숭고한 목적을 위해서 쓰여질 때 그 참된 가치가 있는 것이다. 아브라함을 부르기 이전의 세상의 상태를 상기해 보자. 인류는 생육하고 번성해서 땅에 충만하라는 하나님의 명령을 거부하여 도시를 건설하고 망대를 세워서 함께 뭉쳐 살기를 시도했다. 그런 인류를 하나님께서 직접 세상 구석구석으로 각기 흩어지게 하였다. 여기서 주목할 점은 인류가 하나님의 축복 없이 흩어졌다는 사실이다. 이런 축복 결핍의 세상을 온전케 하기 위해 하나님은 아브라함을 선택해서 땅에 사는 모든 민족으로 하여금 복을 받을 수 있도록 만드실 목적이었다. 인류의 교만과 아집과 이기주의적 삶을 철저히 깨뜨리고 세상 곳곳으로 흩으셨던 하나님은 심판과 저주만의 신은 아니었다. '흩음'으로 인해 모든 세상을 축복의 장으로 변화시키려는 선한 목적을 실행하시는 신이었다.

문제는, 이렇듯 선택받은 아브라함과 그의 자손들이 하나님의 광대하고 우주적인 목적을 염두에 두고 살았는가 하는 것이다. 그들은 선택받았다는 권리에 집착한 나머지 그에 응하는 의무와 책임에 충실하지 못한 것은 아니었는가? 자신들의 유익과 안녕이 타민족들의 그것들보다 먼저 우선하지는 않았는가? 그들을 통해서 주시고자 한 하나님의 축복이 세상 모든 민족들에게 진정으로 전달되었는가?

이런 질문들을 중심축으로 삼아 나머지 토라를 살펴보면, 선택받은 이들이 각기 나름대로 하나님의 부르심의 목적을 이해하고 반응한 것이 보인다. 그들의 응답은 한 가지로, 획일적으로, 또는 공식적으로 소명에 대해 응답한 것이 아니라 각기 주어진 삶의 현장 속에서 고민하는 가운데 걸러진 대답들이다. 궁극적으로, 우리는 이런 다양한 응답 속에서 일관하는 하나님의 행동, 즉 그가 세상과의 변화된 관계를 지속적으로, 꾸준히 집행해 나가는 모습을 보게 될 것이다.

선택받은 개인들

아브라함의 삶(창세기 12~25): 고난을 통한 믿음

창세기 12장 4절은 아브라함이 하나님으로부터 실행하기 어려운 '떠남'의 명령과 상상을 초월한 축복의 약속을 들은 후 하나님의 명령대로 본토, 친척, 아비 집을 떠나는 모습을 보여 준다. 또 창세기 22장 1~3절은 그가 100세에 얻은 이삭을 죽여 하나님께 제사를 드리라는 명령을 실행하기 위해 아침 일찍부터 서두르는 모습을 적고 있다. 이삭이 누구인가? 단순히 자신의 아들이기보다는 하나님 약속의 증표가 아닌가? 따라서 이삭을 희생의 제물로 바치라는 하나님의 명령은 하나님 스스로가 그의 약속을 파기하겠다는 것이 아닌가? 이것을 알면서도 이삭을 데리고 떠나는 아브라함의 행동 속에서 우리는 그가 하나님의 명령을 '믿음'으로 받아들였음을 엿볼 수 있다.

혹자는 이런 믿음을 맹목적인 것으로 간주한다. 가령 아브라함은 하나님이 명령했으니까 무조건 순종한 것이 아니냐는 것이다. 그러나 아브라함의 전 생애를 살펴보면, 그는 그 나름대로 고민하면서 때로는 넘어지기도 하면서 하나님의 명령에 순종하려 했던 사람이었음을 볼 수 있다. 그는 아내 사라의 아름다움에 취한 애굽의 바로 왕이 사라를 취하고 자신을 해칠까 걱정되어, 사라에게 자신의 아내가 아니라 누이라고 말하도록 강요하기도 했던 사람이었다. 하루하루 늙어가는 데도 사라를 통해서 아이가 생기지 않자 사라의 충고로 그의 여종인 하갈을 통해서 자손을 얻으려 하기도 했다. 하나님의 시간과 방법이 아니라 그의 수단과 계획으로 하나님의 약속을 손수 실행에 옮기려 했던 것이다.

드디어 하나님께서 그에게 사라를 통해서 약속의 아들인 이삭을 주셨다. 하나님이 그 아들을 통해서 그의 축복과 목적을 이루려고 하실 때에 아브라함은 인간의 정을 앞세워서 하갈의 몸에서 먼저 태어난 이스마엘이 하나님의 축복을 받아 이삭을 대신해 하나님 축복의 통로 역할을 하기를 희망했었다. 이런 일련의 사건들은 아브라함이 그의 삶의 정황 속에서 어쩌면 하나님과 충돌하는 태도를 지녀왔는지도 모른다는 점을 암시한다. 이처럼 아브라함은 맹목적인 순종과 단순한 믿음으로 하나님께 반응해 온 사람이 아니라, 오히려 삶의 순간순간에 하나님을 인식하며 고민하는 가운데, 하나님의 궁극적 목적을 그의 생활 전반에 반영시키며 살아간 성숙한 믿음을 지녔던 사람이라 할 수 있다. 이런 믿음을 신약의 히브리서 기자는 정확히 표현하였다.

> 하나님께서 아브라함의 믿음을 시험하셨을 때도 아브라함은 아무런 의심 없이 하나님의 약속을 믿었습니다. 그래서 아브라함은 아들 이삭을 제물로 삼아 제단 위에서 그를 죽여 희생제사를 드리려고 했던 것입니다. 그렇습니다. 아브라함은 이 이삭을 통해서 그의 자손이 퍼져 나가게 하리라는 하나님의 약속을 받았음에도 불구하고 이삭을 희생제물로 바치려 하였습니다. 만일 이삭이 죽더라도 하나님께서 다시 살리시리라고 아브라함은 믿었던 것입니다. 그리고 바로 그와 같은 일이 이루어졌습니다. 죽을 운명에 놓여 있던 이삭이 살아 있는 그대로 다시 아브라함에게 되돌아온 것입니다.
>
> — 히브리서 11:17~19

야곱의 삶(창세기 26~36): 투쟁의 삶

야곱은 자신의 인생을 향한 하나님의 계획을 고난과 투쟁이 가득한 삶으로 받아들인 것 같다. 왜냐하면 그는 둘째로 태어났기 때문이다. 야곱이 살았던 사회제도는 오직 장자만이 아버지의 유산과 축복을 물려받을 수 있게 되어 있었다. 장자의 권리와 명분을 중요시함으로써 사회 질서를 유지하고 아버지의 이름을 후대에 전수할 수 있게 한 것이다.

이런 시대 상황 속에서 형 에서의 발꿈치를 잡고 나온 야곱은 끈질기게 자기 삶을 추구하며, 누구에게도 지기 싫어하는 사람이었다. 어쩌면 끈질긴 삶의 태도로 인해서 그는 고난과 고통의 운명을 안고 태어난 사람, 그래서 어디를 가든지 누구를 만나든지, 그와 관계된 모든 사람들과 부딪치며 싸우는 삶을 살았다. 형 에서가 배고프다는 것을 기회로 삼아 장자의 명분을 떡과 팥죽으로 빼앗았고, 어머니 리브가의 도움을 받아 나이 많아 눈이 어두운 아버지 이삭을 속여 형에게로 전수될 하나님의 축복을 가로챘다. 분노에 찬 형 에서를 피해 외삼촌 라반의 집으로 도망가서는, 그곳에서 14년 동안 일하면서 외삼촌이 소유하고 있는 좋고 살진 양떼들을 하나둘 자기 것으로 만들어 버렸다.

이렇듯 야곱은 기회를 잘 이용하는 기회주의자요 아버지를 속인 배은망덕한 자요, 물질을 위해선 교묘한 방법으로 외삼촌의 호의를 사기친 파렴치한 사람이었다. 한편으로 우리 현대인들은 이런 야곱의 삶을 이해할 수도 있을 것이다. 그는 그저 세상의 생리에 따라 살아남으려고 애쓴 것인지도 모른다. 확고부동한 사회의 관습과 전통을 깨뜨려 보려고 몸부림친 사람이었는지도 모른다. 혹은 둘째라는 불이익을 숙명으로 받아들여야만 하는 인생을 뛰어넘어 보려는 끈질기고 처절한 삶의 투쟁을 했던 사람이었는지도 모른다. 그러나 또 다른 면으로 보면 이런 야곱의 삶은 하나님의 계획 안에서 이해해야 할지도 모른다.

> 여호와께서 그에게 이르시되 두 국민이 네 태중에 있구나. 두 민족이 네 복 중에서부터 나뉘리라. 이 족속이 저 족속보다 강하겠고, 큰 자는 어린 자를 섬기리라 하셨더라.
> ─ 창세기 25:23

하나님은 형 에서를 제쳐 두고 동생 야곱을 선택한 것이다. 뿐만 아니라 자기 목숨을 노리는 형 에서를 피해 아버지 집을 떠나 하란 땅으로 가는 도중에 하나님은 야곱의 꿈을 통해 많은 축복을 하시기도 했던 것이다.

또 그 위에는 여호와께서 서서 이렇게 말씀하시는 것이었다. '나는 여호와이다. 네 할아버지 아브라함의 하나님이요, 네 아버지 이삭의 하나님이다. 네가 지금 누워 있는 이 땅을 내가 네게 그리고 네 후손에게 주리라.

네 후손이 엄청나게 불어나 땅의 먼지만큼 많아지리라. 동서남북 어디를 가든지 네 후손들이 그곳에서 가득하게 살리라. 또한 너와 네 후손으로 말미암아 뭇 나라들이 복을 받으리라.

나는 늘 너와 함께 있을 것이다. 네가 어디를 가든지 지켜 주리라. 분명히 말한다만 그렇게 이리저리 돌아다닌다 하더라도 다시 이곳으로 돌아오게 하리라. 내가 네게 약속한 것을 다 이루기 전까지는 내가 절대로 네 곁을 떠나지 않으리라.'

— 창세기 28:13~15

 이런 하나님의 약속들로 인해 야곱의 인생은 새로운 모습으로 전환되었다. 단순히 도망자의 인생이 아니라 하나님이 함께 하시는 삶, 고향을 떠났지만 귀향의 꿈이 꿈틀거리는 삶이었다. 본질적으로 야곱의 삶은 이제 하나님의 약속과 성취들이 정교하게 어우러져 가는 삶이 된 것이다. 둘째라서 불이익과 불공평한 삶만 살다 간 것이 아니라 하나님의 특별한 약속을 받은 자로서의 삶을 살게 된 것이다. 끊임없이 충돌하는 삶만이 아니라 하나님의 도우심의 손길이 때마다 사건마다 앞길을 인도하는 삶의 주인공이 된 것이다. 많은 물질을 얻은 것도, 많은 가족을 거느리게 된 것도 단순히 그의 술수와 끈질긴 노력의 결과가 아니라, 하나님이 개입하시고 인도하셨다는 실질적 증거이다.

뿐만 아니라 하나님은 두 번째로 그에게 나타나셨을 때, 그의 이름, 즉 그의 본성 자체를 바꾸어 주셨다. '발꿈치를 잡은 자'라는 의미의 '야곱'에서 '하나님과 사람과 더불어 싸워 이겼다'라는 '이스라엘'이라는 새로운 이름을 받은 것이다.(창세기 32:22~32) 야곱은 본래 태어난 성품과 인감됨이 완전히 바뀌어 새로운 사람으로, 새로운 인격체로 태어난 후에야 비로소 형 에서와 화해할 수 있게 된다. 400인을 대동하고 오는 형 에서의 얼굴을 보고 마치 하나님의 얼굴을 본 것 같다는 고백은, 변화된 야곱 아니 새 사람 이스라엘의 진정한 모습이었다.(창세기 33:10) 이처럼 야곱은 아브라함과는 달리 하나님의 부르심을 직접 듣지 못했고, 또한 둘째로 태어난 운명의 사람이었지만 신약의 바울의 표현을 빌리자면, 하나님은 야곱의 바로 그 약함을 택하시고 사용하신 것임을 알 수 있다.

> 그런데 하나님께서는 지혜 있는 자들을 부끄럽게 하시려고 세상의 어리석은 자들을 택하셨으며, 강한 자들을 부끄럽게 하시려고 세상의 약한 자들을 택하셨습니다. 하나님께서는 세상에서 비천한 자와 멸시받는 자를 택하셨으니, 곧 잘났다고 하는 자들을 없애시려고 아무것도 아닌 자들을 택하셨습니다. 그것은 아무도 하나님 앞에서는 자랑하지 못하게 하시려는 것입니다.
> 　　　　　　　　　　　　　　　　　　　　― 고린도전서 1:27~29

야곱은 하나님과의 첫 번째 만남을 통해 자신에게 주어진 상황과 운명을 새롭게 인식했고, 그와 두 번째 만남을 통해서 타고난 성품이 획기적으로 바꾸어진 삶을 살았다. 즉, 그는 투쟁과 역경으로 가득찬 삶 속에서 하나님의 약속을 이루어 간 것이다.

요셉의 삶(창세기 37~50) : 꿈을 먹고 사는 사람

요셉은 때로는 어리석고 단순하고 현실보다는 다가올 미래를 꿈꾸며 하나님의 부르심을 서서히 깨달으며 살아간 사람이었던 것 같다. 열한 번째 아들이면서도 아버지의 총애를 받고 있었다면 스스로 알아서 눈치껏 행동해야 함이 상식적일 텐데, 요셉은 형들이 어떻게 양들을 치고 있는가를 곧이곧대로 아버지에게 보고하는 소년이었다. 또한 누구나 들어도 그 의미를 짐작할 만한 꿈을 서슴없이 형들과 아버지에게 자랑하듯 떠들어댔던 경거망동한 꿈의 소유자였다.

> 내가 꾼 꿈 이야기를 한 번 들어 보세요. 우리가 밭에서, 곡식단을 묶고 있었어요. 그런데 갑자기 내가 묶은 단이 우뚝 일어서고, 형들의 단이 나의 단을 둘러서서 절을 하였어요.
>
> ─ 창세기 37:6b~7

내가 엊저녁에 또 꿈을 꾸었어요. 해와 달과 별 열한 개가 내게
절을 하더군요.

— 창세기 37:9b

이런 일들로 인해서 그는 형들의 미움을 샀고 애굽의 노예로 팔려가는 신세가 되었다. 그곳에서도 감옥살이까지 하는 어렵고 힘든 과정을 거쳐서 마침내 애굽의 모든 살림을 담당하는 제 2인자로 부상하게 된 사람이 바로 요셉이다. 그러기에 이런 요셉의 삶을 그저 한 소년의 성공담으로만 볼 수는 없다. 가나안이란 조그마한 지역에서 이방인으로 살면서도, 미래를 꿈꾸며 주어진 환경 속에서 꾸준히 긍정적으로 살아서 애굽이라는 거대한 강대국에서 그의 꿈을 성취한 인생 승리의 이야기만은 아니라는 것이다. 그보다는 눈에 보이지 않지만 그의 삶 속에서 강권적으로 모든 일들을 진행시켜 나가시는 하나님의 의지와 행동을 인정하며 현실을 살아간, 성숙한 신뢰의 소유자가 요셉이었던 것이다.

특기할 만한 것은, 이 요셉의 이야기 속에 등장하는 그 어떤 인물도 정작 무엇이 진행되고 있는지 아는 이가 아무도 없었다는 점이다. 요셉은 자신이 꾼 꿈의 진정한 의미를 알지 못했다. 형들은 요셉을 팔아넘기기는 했어도 오히려 그로 인해 요셉이 나중에 큰 인물이 되리라고는 상상도 못했을 것이

다. 애굽의 바로왕도, 그의 신하들(술 맡은 관원, 음식을 주관한 관원)도, 그들이 꾼 꿈들의 의미를 전혀 알지 못했다. 보디발의 아내가 요셉과 동침하고자 했을 때 그녀가 원한 것은 순간의 성적 쾌락이었지만, 정작 그 사건 저변에 깔린 궁극적 의미를 간파하지는 못했다. 심지어 속임수의 명수였던 야곱조차도 자신의 아들들에게 사랑하는 요셉이 죽었다는 감쪽 같은 속임을 당했고, 그 일의 전모를 깨닫지 못한 채 슬픔에서 헤어나질 못하고 만다.

그러나 하나님은 이러한 일련의 사건들을 통해서 역동적으로 활동하셨다. 형들의 증오와 음모를 이용해서 애굽으로 요셉으로 보낸 것도 바로 하나님이 허락하신 일이요, 보디발의 아내와의 스캔들로 인해 감옥신세가 된 것도 하나님의 계획 안에 있었고, 그 속에서 술 맡은 관원과 떡 맡은 관원의 꿈을 해석할 수 있는 기회가 주어졌으며, 그로 인해 결국 바로왕의 이상한 꿈을 해석할 수 있게 된 것, 이 모든 것들이 다 하나님이 준비하신 일들인 것이다. 비록 하나님은 단 한 번도 요셉에게 나타나지 않았지만 그의 삶을 전적으로 주관하고 있었음을 볼 수 있다.

비록 역사의 휘장 뒤에 숨어서 세상에 직접적으로 자신을 드러내 보이지 않지만, 역사의 모든 일들을 주장하고 섭리하는 하나님을 요셉은 서서히 깨닫게 되었던 것이다. 그는 이렇게 고백한다. "형님들은 나를 해치려고 하였지만, 하나님은 오히려 그것을 선하게 바꾸셔서, 오늘과 같이 수많은 사람의 생명을 구원하셨습니다."(창세기 50:20) 하나님은 형들의 시기와 음모 등 여러 사건들을 통해서 그의 원대한 목적, 즉 많은 생명을 살리시고 보존케 하셨다. 신약의 바울은 요셉에게 향한 하나님의 행동을 간결하게 다음과 같이 표현하고 있다.

> 우리는 압니다. 하나님을 사랑하는 사람들, 곧 하나님의 뜻대로 부르심을 받은 사람들에게는, 모든 일이 서로 협력해서 선을 이룬다는 것을 우리는 압니다.
>
> ― 로마서 8:28

간추려 보면, 하나님께서 아브라함을 부르신 궁극적 목적이 아브라함, 야곱, 요셉을 통해서 이루어지고 있음을 볼 수 있다. 비록 아브라함은 고난을 통한 믿음으로, 야곱은 투쟁의 삶으로, 요셉은 꿈을 먹으며 하나님의 부르심에 응답하는 삶으로, 선택받은 개개인의 반응은 제각기 달랐지만 하나님의 최종 목적은 그들의 삶을 통해 일관되게 완성되고 있다는 점을 주목해 보자. 창세기 37장에 보도된 요셉의 꿈은 그의 형들이 요셉 앞에 무릎을 꿇고 그의 종이라고 선언함으로 성취되었다.(창세기 50:18) 좀더 넓게 보면, 선택받은 요셉을 통해서 많은 사람을 살리신 하나님의 행동은 창세기 12장 3절에 나타난 아브라함 소명의 궁극적 목적, 즉 그로 인하여 세상 모든 민족에게 복을 주리라 하신 목적을 마침내 달성하기 위한 행동이었던 것이다. 좀더 거시적으로 보면, 홍수 사건에서 밝혀진 하나님의 이 세상과의 무조건적 참여 관계가 아브라함, 야곱, 요셉을 통해서 구체적이고도 실질적으로 실행되고 있음을 알 수 있다.

선택받은 공동체들

　지금까지 우리는 창세기의 인물들을 통해 선택받은 개인들의 삶을 들여다보았다. 이제 출애굽기로부터 시작해서 신명기로 마감하는 나머지 토라를 통해 선택받은 공동체들이 어떤 모습으로 하나님의 부르심에 응답했는가를 살펴보자. 이런 연구는 이 세상을 향한 하나님의 뜻과 의지를 분명하게 제시하는 데 커다란 도움이 될 것이다. 출애굽기, 레위기, 민수기 그리고 신명기, 이 네 권의 내용을 요약해 보면 다음과 같다.

　출애굽기(총 40장)는 야훼 하나님이 이스라엘 민족을 애굽의 강제 노역에서 해방시키고 거룩한 산인 시내산으로 인도하며, 그들과 특별한 계약을 맺으며 십계명을 비롯한 여러 법령들을 선포하고 마침내 성막을 짓도록 해서 시내산 위에서 내려와 그들과 함께 했음을 보도한다.

레위기(총 27장)는 하나님과 깨어진 관계를 회복하기 위한 방편으로 5가지 제사의식을 설명하고, 나아가 타인과의 관계, 자연과의 관계, 공동체 속에서 성결한 삶을 살 수 있도록 인도하는 윤리적·도덕적 계명들이 중심을 이룬다.

민수기(총 36장)는 약속의 땅인 가나안 땅을 점령하기 위해 성막을 중심으로 진영을 구성했지만, 하나님의 능력을 불신함으로 인해 이스라엘 민족이 40여 년 동안 광야에서 방황했음을 기록한다. 신명기(총 34장)는 모세가 약속의 땅을 또다시 눈앞에 두고 마지막 설교를 하는 것으로 이루어져 있다. 그는 출애굽을 경험하지 못한 광야 세대에게 시내산에서 받은 하나님의 율법을 강론함으로써 그들에게 새로운 용기와 확실한 결단을 촉구하고 있다.

이런 내용들은 이 네 권의 책들이 각각 따로 떨어진 개별적인 책들로 간주될 수 없음을 보여 주고 있다. 또한 위의 내용들이 하나님께서 아브라함에게 약속하신 자손의 번창, 땅의 소유, 축복의 근원이라는 주제들이 이스라엘이라는 공동체 삶 속에서 어떻게 완성되어 가고 있는가를 보여 주고 있기 때문에, 이 네 권의 책들을 창세기와 별개의 책들로 생각해서는 올바른 이해에 도달할 수 없다. 따라서 전 장에 연이어서 이 책들을 이스라엘 공동체들(출애굽 세대와 광야 세대)이 어떻게 하나님의 선택에 응답했는가 하는 관점에서 살펴보자. 보다 근본적으로 이런 응답들 속에서 하나님이 과연 어떤 방식으로 그의 약속을 성취해 나가시는가 하는, 하나님의 행동에 초점을 맞추는 것이 필자의 의도이다. 이런 목적을 위해서 이 네 권을 두 개의 커다란 단원으로 나누어 생각해 보자.

출애굽 세대(출애굽기 1~민수기 20): 하나님의 은혜, 심판 그리고 용서

출애굽 세대에 대한 하나님의 행적은 다음과 같다. 그들이 400여 년(혹은 430여 년) 동안 풍요롭게 살았던 애굽에서, 요셉의 공로를 모르는 새로운 바로왕의 등극으로 인해 강제노역으로 고통 중에 신음하고 있을 때, 하나님은 그들의 비참함을 '보셨고', 절규하는 울부짖음을 '들으셨고', 그들의 고통을 자신의 것으로 '삼으셨다'. 이런 가운데 그들의 조상인 아브라함, 이삭, 야곱에게 한 계약을 '기억'하시고 하늘에서 '내려오셔서' 그들을 바로 왕으로부터 '구원'해서서 약속의 땅에 '인도'하시고자 하셨다.(출애굽기 3:7~8)

이런 일련의 하나님의 행동들은 모세의 부름을 통해 구체적으로 실행에 옮겨졌다. 모세는 다섯 번이나 하나님의 부름에 이의를 제기했다. 왜 하필 나입니까?(출애굽기 3:11) 도대체 당신은 누구십니까?(출애굽기 3:13) 당신의 능력을 보여 주십시오.(출애굽기 4:1) 나는 말을 더듬는 자로 지도자로 적합하지 않습니다.(출애굽기 4:10) 제발 다른 이를 보내주십시오.(출애굽기 4:13) 모세의 질문들에 대해 하나님은 인내하며 모세를 설득시킴으로써 자신의 의지를 확고히 하셨다. 아브라함의 신앙적 태도도 아니요, 야곱의 끈질긴 삶의 투쟁도 아니요, 요셉의 꿈을 먹으며 미래를 안고 사는 태도도 아닌, 자기 부정적 태도, 하나님의 능력을 의심하는 태도, 끝까지 완강히 거절하는 성격의 소유자가 바로 모세였다. 이런 모세를 이스라엘 백성의 지도자로 세우시고, 애굽에는 10가지 재앙으로, 이스라엘 민족에게는 홍해 바다를 갈라서 육지처럼 걷게 하는 기적으로, 하나님은 그들을 애굽의 종살이에서 해방시켰다.

그리고 하나님은 이들이 약속의 땅에 들어가기 전에 시내산에서 철저하게 훈련시켰다.(출애굽기 19~40, 레위기1~27, 민수기1~10:10) 무려 58장이라는 분량을 할애해서 하나님은 그들의 정체성은 물론, 어떻게 약속의 땅에서 살아야 하는가 등을 일일이 모세를 통해 가르치신 것이다. 애굽을 나온 이스라엘 백성들은 이제 바로의 노예가 아니라 하나님과 계약을 맺고 그의 특별한 소유가 되었으며, 제사장의 나라이며, 거룩한 백성이 된 것이다.(출애굽기 19:3~6) 뿐만 아니라 하나님의 율법을 받고 그것을 실생활에서 실천하며 살아야 하는 백성들이 된 것이다. 이 율법의 대표적인 예가 바로 십계명이다.(출애굽기 20:1~17, 신명기 5:1~21과 비교해 보라) 이 십계명은 시대와 상황을 초월한 절대적 명령으로 간주되기 때문에 간단하나마 소개하고자 한다.

1. 너는 나 외에는 다른 신들을 네게 두지 말라.
2. 너를 위하여 새긴 우상을 만들지 말고, 또 위로 하늘에 있는 것이나, 아래로 땅에 있는 것이나, 땅 아래 물 속에 있는 것의 아무 형상이든지 만들지 말며, 그것들에게 절하지 말며, 그것들을 섬기지 말라.
3. 너는 너의 하나님 여호와의 이름을 망령되이 일컫지 말라.
4. 안식일을 기억하여 거룩히 지키라.
5. 네 부모를 공경하라.
6. 살인하지 말지니라.
7. 간음하지 말지니라.
8. 도적질하지 말지니라.
9. 네 이웃에 대하여 거짓 증거하지 말지니라.
10. 네 이웃의 집을 탐내지 말지니라.

이 십계명이 지니는 중요한 세 가지 의미를 살펴보자. 첫째로, 일반적으로 이 계명을 윤리적 십계명(ethical decalogue)이라고 규정하며, 이 계명의 도덕적인 차원을 중시하는 경향이 있지만, 분명한 것은 이 십계명이 신학적 계명들이라는 점이다. 물론 윤리적 차원을 무시하거나 소홀히 하자는 것이 아니라 윤리적 계명들을 지켜야 할 근거가 바로 하나님의 자기 계시에 있음을 분명히 하려는 것이다. 십계명은 출애굽기 20장 3절부터 시작되는데, 바로 이전의 2절에서 하나님이 어떤 분이며 이스라엘 민족들에게 어떤 행동을 하셨는가를 먼저 확실히 밝히고 있다.(출애굽기 20:2 "나는 너를 애굽 땅, 종 되었던 집에서 인도하여 낸 너의 하나님 여호와니라")

따라서 각각의 계명 하나하나를 바로 이해하려면 이 계명들을 20장 2절의 조명 아래 읽어야 한다. 예를 들면 제5계명인, '네 부모를 공경하라'를 지켜야 하는 이유는 단순히 이 계명이 인간으로써 마땅히 행해야 할 도덕적·윤리적 가치이기 때문이 아니라, 이 계명을 명령한 분이 애굽의 종살이에서 해방시켜 준 여호와 하나님임을 인식하는 믿음 때문에 지켜야 한다는 것이다.

둘째로, 왜 10개의 계명 중 8개가 부정적인 금지의 표현을 하고 있는가를 알아보자. 이 8개의 금지 명령들은 각각 그 계명들이 지칭하는 특수한 행동들의 금지만 명령하고 있는 것일까? 가령 '간음하지 말라' 라는 계명은 아내를 온갖 방법으로 폭력하고 멸시하고 노예처럼 부리는 것은 허락하면서도, 단지 '간음' 이라는 혼외정사만 하지 않으면 된다는 뜻인가? 물론 이런 뜻은 결코 아닐 것이다. 이와 반대로 부정적으로 표현된 8개의 계명들은 그것들이 지목하고 있는 특별한 인간 행동들을 포함해서 그와 관련된 전반적인 범주를 포괄하는 것이다. 위의 예를 들어 설명하자면, '간음하지 말라' 라는 계명은 아내나 남편의 관계에서, 심지어 남자가 여자에 대한, 여자가 남자에 대한 관계에서, 서로를 존중하며 사랑하며 살라는 뜻일 것이다. 즉, 우리가 부정적 표현들을 그 속에 내포해 있는 긍정적이고 적극적인 의미들로 바꾸어 이해한다면, 이 8개의 명령들의 근본 의도에 좀더 가깝게 접근한 것일 것이다.

셋째로, 이 열 개의 계명의 핵심은 무엇일까를 생각해 보자. 열 개의 계명이 서로 상관없이 차례로 나열된 것이 아니라면, 이 계명들 전체를 통괄하고 있는 핵심주제는 무엇일까? 전통적으로 이 계명들을 하나님과의 관계(1~4계명)와 사람과의 관계(5~10계명)라는 이분법적으로 나누어 왔지만, 이런 분석 방법은 본문에 비추어 볼 때, 특히 토라 전체를 통해서 볼 때 지양되어야 한다. 간략하게 요약한다면, 이 십계명을 세 가지 요소를 지니고 있는 입체 삼각뿔의 구조를 통해

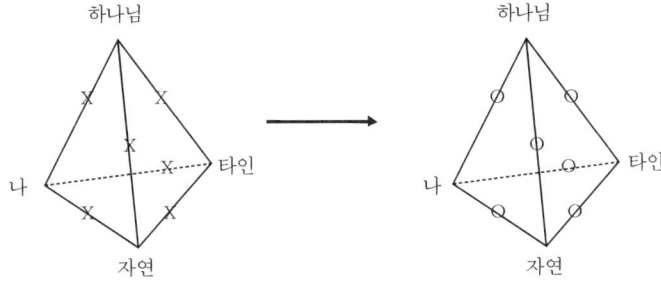

이해하자는 것이 필자의 주장이다.

본문을 자세히 읽으면 이 십계명은 하나님과 나와의 관계, 나와 타인과의 관계 그리고 나와 이 세상(자연)과의 관계에 대해서 말하고 있음을 알게 될 것이다. 아담과 하와의 타락으로 인해 온전했던 관계들이 모두 깨어졌기 때문에, 현재의 삶은 그 깨어진 관계들로 가득 차게 되었다. 그러나 하나님께서는 십계명을 통해 그 깨어진 관계들을 회복하기를 원하셨다. 한 예로 안식일을 거룩하게 지키라는 제4계명을 살펴보자. "안식일을 지키고 거룩히 지키라." (출애굽기 20:8~11) 하나님께서 그를 주로 고백하는 이들에게 안식일을 지킴으로 말미암아 깨어진 관계를 다시 한 번 회복할 수 있는 기회를 주신 것이 바로 제 4계명의 본질이다. 하나님 그리고 타인과의 관계뿐 아니라 이 세상 전체와의 관계까지도 회복할 수 있는 절호의 기회가 바로 안식일을 지킴으로 가능케 된 것이다. 이 십계명을 하나님의 입장에서, 그의 창조의 원대한 목적에 비추어서 이해할 때, 우리는 바로 안식일을 반드시 지켜야 할 신학적 이유를 발견하게 되는 것이다.

이처럼 십계명을 지킴으로써 출애굽한 이스라엘 민족들은 자신들이 계약의 민족일 뿐 아니라 깨어진 창조질서를 다시 회복할 수 있다는 가능성을 세상에 실질적으로 보여 주어야 할 의무를 지닌 백성들이 된 것이다. 하나님은 이 중대한 임무를 이스라엘 민족 스스로 이행하도록 방치해 두지 않고, 스스로 찾아 오셔서 그들을 지속적으로 격려하고 인도하기를 원하셨다. 이를 위해서 모세로 하여금 성막을 이스라엘 진영 한가운데 짓게 하셨고, 그 안에 거하심으로써 이들과 함께 있기로 결정하셨다. "너는 백성들에게 내가 있을 성소를 짓게 하라."(출애굽기 25:8)

하나님이 성막에 거하신다는 것은 놀라운 일이 아닐 수 없다. 창조 이후 타락 이전에는 하나님이 동산을 함께 거닐 정도로 아담과 하와와 가까이 계셨지만, 타락 이후로 성서는 하나님과 인류 사이에 거리감이 점점 두드러지게 나타났음을 보도하고 있다. 하나님은 아브라함에게 수시로 필요에 따라 나타나셔서 그를 인도하셨지만, 야곱에게는 단 두 번밖에 나타나지 않으셨고, 요셉에게는 심지어 단 한 번도 나타나지 않으셨다. 하나님께서 시내산 위에서 성막이 있는 시내산 아래로 '이주' 한다는 것은 이제부터는 하나님이 항상 언제나 이스라엘 백성과 함께하겠다는 의지를 표명한 것이다. 시간적·공간적 간격이 사실상 무효화된 것이다.

더 나아가 시내산이 아무리 거룩한 산이라 해도 그 산을 움직일 수는 없기 때문에, 모세가 하나님을 찾아뵙기 위해서는 반드시 그곳으로 올라가야만 했음을 상기해 보자. 그러나 만약 하나님이 성막으로 내려오신다면, 이것은 하나님께서 친히 성막이 가는 곳마다 함께 가신다는 것으로, 하나님의 이동성에 획기적 변화가 일어났음을 암시하는 것이다. 뿐만 아니라 이스라엘 진영(camp)이 성막을 중심으로 배열되고, 성막이 움직임에 따라 이동하기에, 이제부터는 이스라엘의 약속의 땅을 향한 행군이 그들의 행군이 아니요, 하나님 자신의 행군이 된 것이다. 하나님이 아브라함에게 하신 약속을 하나님 스스로 지키시는 것이다. 이스라엘 민족이 할 일은 이런 하나님의 신실한 의지와 행동을 바로 인식하고 믿으며 함께 따라 가는 것이었다. 이토록 변화된 하나님과 이스라엘과의 관계를 어느 무명의 그리스도인이 지은 「모래 위의 발자국」 시가 인상적으로 표현하고 있다.

모래 위의 발자국

어떤 사람이 꿈을 꾸었습니다.
예수님과 함께 바닷가를 거니는 꿈이었는데,
바닷가 모래 위에는 두 사람의 발자국이 찍혀 있었습니다.
하나는 그 사람의 것이었고
또 하나는 예수님의 것이었습니다.
그 발자국은 그 사람이 지금까지 살아온 인생의 발자국이었는데,
나란히 찍혀 있던 두 사람의 발자국이
어느 때는
한 사람의 발자국만 찍혀 있기도 했습니다.
그때는 그 사람이 가장 비참하고 슬플 때였습니다.
그 사람이 예수님께 물었습니다.
"예수님, 제가 예수님을 따르기로 했을 때,
예수님은 저와 항상 같이 계시겠다고 약속하셨지요?
그런데 제가 가장 비참하고 슬플 때
왜 저 혼자만 버려 두셨습니까?"

예수님이 대답했습니다.
"얘야, 나는 널 사랑했고 너를 떠난 적은 한번도 없었단다.
네가 슬플 때나

외로울 때나

고통 당할 때에도……

네가 본 한 사람의 발자국은 바로 내 발자국이란다.

네가 어려움을 당할 때에

내가 너를 등에 업고 걸었느니라……."

우리들의 피상적인 기대와는 달리 하나님이 이스라엘 진영 가운데 있는 성막으로 '이주' 하신다는 사실은 무조건적으로 이스라엘에게 복이 되는 것은 아니었다. 오히려 구약성서는 이스라엘 공동체가 자주 하나님의 임재(臨在)를 감당하기 어려워했음을 보도하고 있다. 생각해 보라. 불완전하고 거룩하지 못한 이스라엘 공동체가 어떻게 완전하고 거룩한 하나님 앞에서 함께 살 수 있겠는가? 그렇다면 하나님과 동행하는 것은 애초부터 불가능한 것이었는가? 이런 문제들에 대한 답을 하고 있는 책이 바로 레위기이다. 하나님은 성막에서 모세를 부르셔서(레위기 1:1), 이스라엘 백성들의 부정함을 씻을 수 있는 제도적 장치로 제사의식을 지시하셨다. 그들의 본성 자체가 부정할 뿐 아니라 스스로 거룩할 수 없음을 아신 하나님이 이런 의식을 통해 자신과의 관계를 올바르게 회복시킬 수 있도록 구체적인 길을 제시하신 것이다.

하나님 앞에서 거룩한 백성으로 산다는 것은 또한 개인적으로도, 공동체적으로도 성결한 삶을 살아야 함을 의미한다. 즉, 하나님과의 올바른 관계가 이웃과 타인과 이 세상과의 올바른 관계로 실증되어야 하는 것이다. 이런 성결의 삶을 살 때에 비로소 그들은 거룩한 하나님과 계약을 맺은 백성들로서 이 세상 모든 민족에게 하나님의 거룩성을 증거할 수 있게 되는 것이다.

이토록 출애굽이라는 은혜를 입었으며, 계약 백성이라는 영광을 얻었고 이제는 하나님이 함께 하시는 거룩한 민족으로 새로 탄생된 출애굽 세대가 거룩한 산인 시내산을 떠나서 맨 처음 한 행동은, 놀랍게도 그 하나님에 대한 반항과 불평이었다. 이런 끊임없는 반항들 중에서 민수기 14장 1~4절은 그 반항의 절정이 어떠했는가를 적나라하게 기록하고 있다.

> 온 회중이 소리 높여 아우성쳤다. 백성이 밤새도록 통곡하였다. 온 이스라엘 자손이 모세와 아론을 원망하였다. 온 회중이 그들에게 말하였다. "차라리 우리가 이집트 땅에서 죽었더라면 더 좋았을 것이다. 아니면 차라리 우리가 이 광야에서라도 죽었더라면 더 좋았을 것이다.
> 그런데 주님은 왜 우리를 이 땅으로 끌고 와서, 칼에 맞아 죽게 하는가? 왜 우리의 아내들과 자식들을 사로잡히게 하는가? 차라리 이집트로 돌아가는 것이 좋겠다!"

그들은 또 서로 말하였다. "우두머리를 세우자. 그리고 이집트로 돌아가자."

— 민수기 14:1~4

이 반항의 기사를 6하 원칙에 의해서 설명해 보자.

누 가   모세와 아론 그리고 두 탐정들인 여호수아와 갈렙을 제외한 모든 출애굽 세대
언 제   시내산을 떠난 지 불과 3개월 만에
어디서 약속의 땅 경계에서
무엇을 약속의 땅에 진입하는 것을
왜   약속의 땅에 사는 사람들이 크고 강하며 그들의 성읍이 단단함으로 인해서
어떻게 새로운 지도자를 세워 애굽으로 되돌아가기를 시도

이 민수기 14장의 반항은 광야에서 있을 수 있는 불평들, 즉 물의 고갈과 양식의 부족과 다른 부족과의 불편함에서 비롯된 것이 아니었다. 그것은 하나님과의 약속에 대한 정면 도전이었다. 이 반항의 시도는 이제까지 이스라엘 백성들에게 베푼 하나님의 모든 행동들을 무효로 하겠다는 악한 시도였던 것이다. 만일 이들의 요구가 관철된다면 시내산에서의 계

약, 시내산까지의 여정에서 보여 준 하나님의 인도하심, 출애굽이라는 혁명적 해방사건, 심지어 아브라함에게 하신 약속을 지키시려는 하나님의 의지 등이 아무런 의미없이 수포로 돌아가게 되는 것이다.

다시 말하자면 이 반항은 아브라함을 통해서 이스라엘을 선택하신 하나님, 바로왕의 강퍅한 마음을 여러 가지 재앙으로 꺾고 그들을 애굽에서 해방시킨 하나님, 만나와 메추라기를 내리시고, 바위에서 물을 솟게 하시고, 광야에서의 모든 여정을 미리 예비하시고 이끌어 주신 하나님, 자신이 택한 백성을 거룩한 민족으로 제사장 나라로 대우하시며 하나님 자신과 특별한 계약 관계를 맺으신 하나님, 시내산 정상에서 내려오셔서 그들의 앞으로 남은 여정을 손수 인도하시는 하나님, 제사를 통해서 불결한 그들을 정결케 하고 거룩한 하나님 앞에서 공존할 수 있도록 하신 하나님, 이제는 약속의 땅으로 가급적 빠른 시일에 들여보내시려는 하나님, 그 하나님을, 그의 백성들은 거절한 것이다. 이로 인해 하나님은 출애굽 세대를 심판하셨다.

> 나의 영광을 보고도, 내가 이집트와 광야에서 보여 준 이적을 보고도, 열 번이나 거듭 나를 시험하고 내 말에 순종하지 않은 사람들은, 어느 누구도, 내가 그들의 조상들에게 주기로 맹세한

그 땅을 못 볼 것이다. 나를 멸시한 사람은, 어느 누구도 그 땅을 못 볼 것이다.

— 민수기 14:22~23

따라서 이스라엘이 40년 동안 광야를 방황한 것은 하나님의 원래 의도와는 거리가 먼 것이었다. 또한 광야 여정을 하나님이 이스라엘을 시험하시고 훈련시키는 과정이라고 풀이하는 일반적인 해석도 본문의 핵심을 간파한 해석이 아니다. 오히려 40년 광야 생활은 출애굽 공동체의 불신과 반항에 대한 하나님의 심판인 것이다. 감사할 것은 그 심판이 끝이 아니라는 데에 있다. '그럼에도 불구하고' 하나님은 그들을 용서하셨다. 그것은 하나님께서 아브라함에게 하신 약속은 파기하지 않았다는 것을 말한다. 비록 출애굽 세대가 약속의 땅에 진입하지 못한다 해도 하나님은 그들의 자손들, 즉 광야 세대를 통해서 아브라함의 약속을 지키시려 하신다. 이스라엘을 향하신 하나님의 은혜가 이 심판의 와중에도 베어 나오고 있음을 우리는 묵상할 필요가 있다.

광야 세대 (민수기 21~신명기 34) : 하나님의 의지와 인도

그렇다면 제2세대라 할 수 있는 광야 세대는 제1세대인 출애굽 세대와는 다르게 하나님을 아브라함에게 하신 약속을 이행할 수 있는 분으로 신뢰했는가? 만일 이 질문을 긍정적으로 결론짓는다면, 그것은 하나님과 이스라엘 민족과의 관계가 아직도 보상원칙에 있다는 것을 암시한다. 즉, 하나님의 약속 성취는 광야세대의 믿음에 대한 보상이란 결론이 나온다. 그러나 민수기 21장 이후의 이야기들은 가나안 땅 점령이 광야 세대의 믿음에 대한 보상이 아니라 하나님이 그 자신의 약속에 신실한 결과라고 보도한다. 광야세대는 우선 출애굽 세대와 다르게 타민족과의 전쟁에서 자신감에 차 있었다.

네게브(Negeb)에 사는 가나안 족속인 아라드(Arad)의 왕을 이겼고, 아모리 족속의 왕인 시혼(Sihon)과 바산왕인 옥(Og) 또한 쳐서 이겼다. 또한 출애굽 세대의 불신과는 달리 하나님께서 명하신(민수기 14:25) 대로, 홍해쪽으로 기수를 돌려 광야 여정을 계속한다.(민수기 21:4) 하지만 이들 역시 출애굽 세대의 만성적인 반항의 태도를 극복하지는 못했다. 민수기는 21장 4~9절과 25장 1~18절에 걸쳐 두 번의 반항 기록을 적고 있는데, 이들을 서로 비교해 보면 광야세대가 그들의 전 세대와 유사하게 광야생활에서의 물질적 문제로부터 영적인 문제까지 모든 부분에서 불평과 반항을 하고 있음을 알 수 있다.

즉, 반항의 횟수는 두 번으로 출애굽 세대보다는 훨씬 적지만 이 두 번의 사건은 광야시대의 전반적 태도를 대변하는 것들이다. 그러나 하나님은 이렇게 만성적 반항의 태도를 물려받은 광야세대를 버리지 않으셨다. 발람이라는 이방 선지자를 통해서 축복하셨을 뿐 아니라(민수기 22~24장), 약속의 땅에 들어가서 지켜야 할 많은 규례들을 가르침으로써(민수기 26~36장), 하나님은 아브라함에게 하신 약속을 기필코 성취하고자 하신다. 이런 하나님의 의지는 신명기 전체를 통해서 재확인된다.

신명기는 크게 네 부분으로 나뉠 수 있다. 첫 번째 부분(신명기 1:1~4:43)에서 모세는 광야 세대에게 출애굽 세대가 어떻게 실패했는가를 상기시킨다. 이런 과거 회상이 광야 세대에게 교훈하는 것은 출애굽 세대들의 실패를 거울삼아 그 속에 나타난 심판과 용서의 하나님을 믿도록 교육하는 것이다.

두 번째 부분(신명기4:44~28:68)에서 모세는 광야 세대를 위해서 하나님의 율법을 자세히 설명하고 있다. 이 제2세대는 시내산에서 하나님의 율법을 받지 않은 세대인 만큼, 이제 모압 광야에서 모세를 통해 하나님의 율법이 재선포되고 있는 것이다. 이 율법은 절대명령인 십계명으로부터 시작해서 그 계명을 압축해 놓은 소위 쉐마(Shema 6:4~9)를 거쳐 한 계명 한 계명들이 개인과 공동체 속에서 어떻게 실행되어야 하는가를 자세히 부연 설명하고 있다. 쉐마를 통해서 신명기 율법의 핵심을 간략히 살펴보기로 하자.

이스라엘아, 들어라. 주는 우리의 하나님이시요, 주는 오직 한 분뿐이시다.

너희는 마음을 다하고 뜻을 다하고 힘을 다하여, 주 너희의 하나님을 사랑하여라.

내가 오늘 너희에게 명하는 이 말씀을 마음에 새기고,

자녀에게 부지런히 가르치며, 집에 앉아 있을 때나 길을 갈 때나, 누워 있을 때나 일어나 있을 때나 언제든지 가르쳐라.

또 너희는 그것을 손에 매어 표로 삼고, 이마에 붙여 기호로 삼아라.

집 문설주와 대문에도 써서 붙여라.

— 신명기 6:4~9

4절은 하나님이 어떤 분인가를 선포하고 있다. '오직 한 하나님'이라는 고백은 십계명 중에서 첫 번째 3계명들의 핵심인 유일신 하나님을 간략하게 표현한 것이다. 유대교에서 널리 사용하는 탈무드는 이 구절이 하나님의 계획에 변함이 없다는 것을 고백하는 것으로 가르친다. 즉, 광야 세대를 비롯한 후대의 유대인들의 입장에 보면, 하나님은 자신들을 축복하고 도와주실 뿐만 아니라, 때로는 침묵하시고 변하시고 무관심하게 내버려두는 것같이 느껴질 때도 있을 것이다.

그러나 근본적으로 이 구절은 하나님은 이스라엘을 향한

계획을 결코 변개하지 않으시는 분으로 고백한다는 것이다. 즉, 시간과 상황에 따라 변하는 하나님이 아니라 시·공간을 초월해서 그가 이루고자 하는 목적을 초지일관 지키시는 하나님이라고, 그들은 이 쉐마를 통해 고백하고 있는 것이다. 이런 불변의 하나님이 그들의 하나님이기에 그에 대한 이스라엘의 신뢰나 사랑 역시 일관성이 있어야 한다. 그래서 목숨을 다하고 마음을 다하고 뜻을 다하여, 즉 모든 삶의 영역에서 하나님을 사랑하는 것이다. 초지일관한 하나님이 변함없는 사랑을 요구하시는 것이다. 이런 변함없는 사랑의 관계는 불가능한 것이 아니다. 왜냐하면 하나님께서 손수 이런 사랑을 먼저 보여 주셨고, 또한 삶 속에서 어떻게 적용해야 할 것을 자세히 가르쳐 주셨기 때문이다. 이런 확실성을 신명기의 세 번째 부분(신명기 29:1~32:52)은 분명히 나타내고 있다.

> 오늘 내가 너희에게 내리는 이 명령은, 너희가 실천하기 어려운 것도 아니고, 너희의 능력이 미치지 못하는 것도 아니다.
> 이 명령은 하늘 위에 있는 것이 아니므로, 너희는 '누가 하늘에 올라가서 그 명령을 받아다가, 우리가 그것을 듣고 지키도록 말하여 주랴?' 할 것도 아니다.
> 또한 이 명령은 바다 건너에 있는 것도 아니니 '누가 바다를 건너가서 명령을 받아다가, 우리가 그것을 듣고 지키도록 말하여

주랴?' 할 것도 아니다.

그 명령은 너희에게 아주 가까운 곳에 있다. 너희의 입에 있고
너희의 마음에 있으니, 너희가 그것을 실천할 수 있다.

— 신명기 30:11~14

신명기는 모세가 죽기 전에 광야 세대를 축복하고(33:1~29) 그의 죽음을 보도함으로 끝을 맺고 있다. 신명기 전체는 하나님의 의지가 무엇이며 하나님께서 그것을 어떻게 구체적으로 실행하고자 계획하시는가를 다시 천명하고 있다. 그러나 신명기를 마지막으로 하는 구약성서의 처음 다섯 권을 한 문학단원으로 보는 토라(율법)는 하나님께서 아브라함에 하신 약속들이 아직도 성취되지 못한 채 끝을 맺고 있다. 아브라함의 자손들은 수를 셀 수 없을 정도로 번창했으나, 그들은 아직도 큰 나라를 이루지 못한 채 떠돌아다니는 공동체로 남아 있다. 그들은 하나님으로부터 출애굽이라는 해방을 선물로 받았고, 시내산에서 계약 공동체로 새로 태어났다. 그러나 그들의 이름은 아직 세상에 널리 알려지지 않았고, 특히 세상 모든 민족들에게 복을 베풀 수 있을 만큼 복의 근원이 되지는 못하였다.

신명기의 마지막 장은 광야 세대가 약속의 땅 근경에 머물러 있으며, 그때까지 그들을 인도해 왔던 모세의 죽음을 기록

하는 것으로 끝을 맺는다. 따라서 하나님의 구체적 실행 방안인 아브라함 선택 사건에 대한 성취는 모세오경을 넘어서 광야 세대가 약속의 땅에서 안주하는 데에까지 나아가야 만날 수 있게 된다.

이제 구약성서의 첫 번째 문학 단위인 토라(Torah)를 요약해 보자. 하나님은 이 세상과의 보상원칙을 파격적으로 파기하신 후, 세상과의 무조건적 참여 관계를 맺으시고 깨어진 관계회복을 위해 끊임없이 노력하셨다. 이를 실행하기 위해 많은 민족들 중에서 아브라함을 선택해서 그를 통하여 세상 모든 민족들에게 복을 주시고자 했다. 이러한 하나님의 세상과의 무조건적 참여관계는 십계명의 중심인 안식일 계명을 통해 재확인되었고, 성막 건축을 통해 하나님이 몸소 실천하고자 시내산에서 내려오셨을 때 실행되었으며, 신명기의 쉐마(Shema)를 통해서 다시 한 번 광야 세대에게 확실히 선포되었다.

이 하나님의 의도를 실천에 옮기고자 부르심을 받은 아브라함은 성숙한 믿음으로, 야곱은 투쟁의 삶으로, 요셉은 순진하나마 꿈을 먹고 사는 삶으로 응답하였다. 출애굽 세대는 하나님으로부터 58장(출애굽기 19장~민수기 10:10)에 이르는 훈련을 받았음에도 불구하고, 만성적인 반항의 태도로 약속의 하나님을 불신했으며, 광야 세대는 많은 위험 가운데에서도 하나님 말씀을 순종하면 하나님은 결단코 그들을 저버리지 않으시며, 기필코 아브라함에게 하신 약속을 이룬다는 교훈을 후대에 남겼다. 분명한 것은 하나님의 의도에 대한 여러 가지의 응답의 모양들이 있지만, 그 어떤 것이 더 우월하다고 가치 평가할 수 없다는 것이다. 다만 부름받은 개인과 공동체가 어떤 모양으로 행동을 하든지, 변함없는 것은 하나님의 확고한 의지라는 사실이다. 하나님은 끊임없이 반항과 불만으로 하나님을 적대시하는 출애굽 공동체와 광야 공동체에게 실행 가능한 가르침으로 복의 근원을 만들어서 이 세상을 축복하기 원하신다.

과연 이런 과거의 역사를 교훈삼아 이스라엘 민족은 하나님의 궁극적 목적을 성취하는 데 바른 역할을 할 것인가? 앞에서 이사야 선지자의 포도원 노래의 비유에서 살펴본 것같이 하나님은 포도원 주인처럼 그가 해야 할 모든 일을 성실히 감당하셨다. 남은 문제는 과연 포도나무가 주인이 원하고 계획한 대로의 열매를 맺었는가 하는 것이다. 이는 이스라엘 민족이 하나님이 가르쳐 주신 대로 실행할 것인가 하는 질문으로, 이 질문은 다음 문학단원인 '이스라엘의 역사' 전체를 이해하는 초점이 된다.

2장

이스라엘의 역사: 실패와 회복의 역사

실패의 역사

구약성서의 두 번째 문학 단원은 10권의 책들(여호수아, 사사기, 사무엘상·하, 열왕기상·하, 역대기상·하, 에스라, 느헤미야)로 구성되어 있으며, 이스라엘이라는 한 나라의 흥망성쇠를 기록하고 있다. 혹자는 구약성서 목차에서 룻기가 사사기 뒤에 자리를 차지하고 있고, 에스더가 느헤미야 뒤에, 그리고 지혜문서인 욥기서 앞에 나오는 사실을 들어 이 두 권을 포함한 전체 12권을 '이스라엘의 역사'라는 문학 장르로 묶으려고 시도한다. 물론 룻기의 앞부분이 사사기 시대를 반영하고 뒷부분은 장차 도래할 다윗 왕조와 연관을 맺고 있으며, 에스더는 에스라와 느헤미야의 역사적 배경인 페르시아 시대를 그 배경으로 삼고 있기 때문에 표상적으로 이스라엘의 역사

기록에 첨가될 수도 있다.

그러나 전체 내용상으로는 룻기와 에스더는 위의 10권의 책들과는 근본적으로 차이가 있다. 이 10권의 책들은 이스라엘이라는 한 국가의 성립과 멸망을 주요 내용으로 삼고, 또 왕과 예언자들의 역할에 초점을 두고 있는 반면, 룻기와 에스더는 한 여인의 용감한 결단과 행동으로 인해, 각각 한 가족과 한 공동체가 각기 처해 있던 곤경으로부터 구원받았음을 보도한다. 따라서 필자는 위의 10권만을 '이스라엘'의 역사 기록으로 규정하고자 한다.

그리고 과연 이스라엘이 하나님과 계약을 맺은, 선택받은 국가로서 하나님의 율법을 순종했는가, 더 나아가서는 그들이 순종을 통해 하나님이 궁극적으로 원하시는 이 세상과의 관계회복에 중추적 역할을 수행했는가 하는 시각에서 이 10권의 책들을 살펴볼 것이다.

구약학계에서는 위 10권의 책들을 커다랗게 두 부분으로 나누어 연구해 왔다. 첫 부분은 소위 '신명기적 역사(Deuteronomistic History)'라 불리는데, 이는 여호수아를 포함해서 사사기, 사무엘상·하, 열왕기상·하가 신명기의 핵심 주제인 '조건부적 계약 관계(conditional covenantal relationship)'로 이스라엘 역사를 서술하고 있다는 분석에서 나온 것이다. 다시 말하면 신명기적 역사란 이스라엘이 하나님과의 계약에 따른 의무를 실행하지 못했기 때문에 하나님의 심판을 받았으며, 종국에는 국가로서의 정체성을 잃어버린 채 완전 붕괴되었다는 기록이다. 두 번째 부분은 소위 '역대기적 역사(Chronicler's History)'라 불리는 것으로, 이는 역대기상·하와 에스라, 느헤미야를 포함하고 있다. 이 역사는 신명기적 역사와는 다르게 이스라엘이 바벨론 포로생활로부터 해방되어 다시 새롭게 신정국가를 회복하고자 하는 입장에서 서술된 것이다. 즉, 하나님의 심판의 기록보다는 심판 이후에 이스라엘이 성전과 예배를 중심으로 새롭게 태어나는 과정을 서술한 기록이다.

그러면 먼저 신명기 역사가 보여 주는 대로 하나님은 구체적으로 어떤 방법으로 이스라엘을 인도하셨으며, 이에 반해 이스라엘은 어떤 모습으로 하나님의 율법을 어겼는가 하는 것을 살펴보기로 하자.

우선 이 역사는 과연 광야 세대가 출애굽 세대와는 다르게 약속의 땅인 가나안 땅을 점령할 수 있을까 하는 질문에서부터 시작한다. 달리 말해 그 관심은 과연 하나님이 아브라함에게 하신 땅의 약속을 이 광야 세대를 통해서 성취할 것인가 하는 질문을 불러일으킨다. 공교롭게도 여호수아 1~12장과 사사기 1~2장에서는 이 질문에 대해 서로 상반된 대답을 하고 있다. 여호수아서는 광야 세대가 모세의 뒤를 이은 여호수아를 중심으로 가나안 전역을 군사적으로 완전히 점령한 것으로 보도하고 있다. "여호수아는, 주께서 모세에게 말씀하신 대로, 모든 땅을 점령하고, 그것을 이스라엘 지파의 구분을 따라 유산으로 주었다. 그래서 그 땅에서는 전쟁이 그치고, 사람들은 평화를 누리게 되었다."(여호수아 11:23) 이에 반해 사사기 1~2장에서는 광야 세대 12지파 전체가 군사적·정치적으로 한 공동체로서 행동했다기보다는 지파별로 각각 독립적으로 약속의 땅의 부분들을 점령하려고 시도했으며, 결과적으로는 그 땅의 거민들을 몰아내지 못했음을 보도한다. 전체 가나안 땅 점령에 실패한 것이다.

왜 이런 상충된 보도들이 하나님의 말씀으로 고백되고 기록되었을까? 그 이유를 설명하기 위해 많은 학설들이 대두되었다. 세 가지 대표적인 학설을 우선 간략히 살펴보자. 먼저 미국이 낳은 유명한 고고학자인 올브라이트(W.F. Albright)와 그의 지지자들이 내세우는 '전쟁모델(Blitzkrieg)'이 있다. 이 가설은 광야 세대 12지파들이 한마음으로 뭉쳐서 가나안 전역을 군사적 방법을 통해서 빠른 시일 내에 초토화시켰다고 주장한다. 그 증거로 이들은 광야 세대가 앞으로 있을 전쟁을 준비하는 전투체제로 구성되어 있을 뿐만 아니라, 광야 여정 중에 다른 민족을 섬멸한 경험이 있으며, 여호수아 1~12장에 기록되어 있듯이 체계적이고 조직적인 방법으로 가나안을 점령했음을 들고 있다.

또한 이들은 고고학적 증거로 가나안의 대도시들이 기원전 1230~1175년에 전면 파괴되었음을 내세운다. 나아가 그 파괴된 대도시의 터전 위에 옛 가나안 도시들의 삶의 규모에 훨씬 미치지 못하는 미개한 수준의 새로운 삶의 양태가 들어섰다는 고고학적 증거를 든다. 올브라이트는 이런 현상이 광야 세대가 가나안의 주요 도시들을 파괴하고 그 위에 자신들의 간단한 구조로 새로운 삶을 시작했음을 드러낸다고 주장했다.

이런 가설은 우리가 위에서 본 것처럼, 사사기 1~2장의 보도에는 전혀 관심을 두고 있지 않은 단점이 있다. 또한 고고학적 증거가 과연 얼마나 이 해석에 결정적 역할을 할 수 있을 것인가 하는 의문을 낳게 한다. 즉, 가나안 도시들의 파괴가 꼭 전쟁의 결과임을 어떻게 증명할 수 있는가? 설령 그 도시들이 전쟁을 통해서 파괴되었다고 가정한다 해도, 과연 그 전쟁이 광야 세대가 일으킨 전쟁임을 얼마나 신빙성 있게 증명할 수 있겠는가? 한마디로 고고학적 증거 그 자체는 아무 말이 없으며, 그것을 해석하는 입장에 따라 그 의미가 변형될 수 있기 때문에 결정적인 근거자료로 내세우기에는 부족한 것이다.

두 번째 학설은 독일의 유명한 구약학자인 알트(A. Alt)가 주장한 것으로 사사기를 중심으로 한 '평화적인 침입설(Peaceful Infiltration)'이다. 이 학설은 전쟁모델이 주장하는 것처럼 광야 세대가 가나안을 공격했음을 인정하지만, 이런 군사적 행동은 극히 일부분에 국한되었을 뿐 아니라 일시적인 것으로 끝났다고 본다. 이때로부터 약 200여 년 동안, 즉 다윗왕이 가나안 전 지역을 차지하게 될 때까지 가나안의 거민들과 필수 물자의 거래, 결혼 등을 하며 이스라엘 백성들은 평화적으로 서서히 그 땅에 침투해 들어갔다는 것이다.

이 학설은 여호수아 1~12장에 보도된 전쟁기사들에 대해서는 언급을 회피하고 있다. 또한 사사기가 이스라엘 민족들과 다른 민족들이 상호 평화공존 상태에 있었다기보다 서로 적대 관계에 있었음을 보도하기 때문에, 이 학설은 성서의 내용과는 거리가 멀어 보인다. 한마디로 이 학설은 어떻게 한 공동체가 다른 공동체에 적응하며 공존했는가 하는 현대의 인류학적 연구를 바탕으로 3,000여 년 전의 고대 공동체의 생리를 해석한 것이어서 수긍하기에 어려운 면이 많다.

세 번째로, 미국의 저명한 구약학자인 멘덴홀(G. Mendenhall)과 고트발트(N.K. Gottwald)는 '농민항쟁(Peasant Revolt)'이라는 학설을 내세웠다. 이 학설은 가나안의 농민들과 광야 세대가 정치적으로 결탁해서 안과 밖에서 협공함으로 가나안의 지배계층들을 무너뜨렸다고 주장한다. 직접적인 성서의 근거가 매우 미약한 대신, 이 학설은 많은 고고학적 증거를 그 근거로 내세우고 있다. 가령 1887년에 발굴된 소위 아마르나 서신들(Amarna letters)을 한 예로 들 수 있다.

이 편지들은 가나안 도시 영주들이 애굽의 왕에게 자신들이 관장하고 있는 곳에 사회적·정치적으로 심각한 동요가 일어나고 있음을 전하고 있는데, 이 난동의 주동 그룹들을 하비루(Hapiru)로 명칭하고 있다. 이 단어가 구약성서의 히브루(Hebrew)와 비슷하기에 아르마나 서신들이 '농민항쟁' 설의 중요한 증거가 된다고 주장하는 것이다. 그러나 Hapiru와 Hebrew가 언어학상 서로 연관이 있는가 하는 점이 의심스럽고, 특히 아르마나 서신들이 최소한 기원전 1350년 이전의 문서임으로 이스라엘의 가나안 점령 시대인 기원전 1250년보다 훨씬 앞섰기 때문에, 이 문서가 여호수아와 사사기에 보도된 가나안 점령 사건을 실증하는 것으로 받아들이기에는 결정적으로 부적당하다.

이런 세 가지 역사학적 가설들을 잠시 뒤로 하고, 하나님의 '땅'에 대한 약속의 실천이라는 주제를 연구해 보면, 왜 여호수아 1~12장과 사사기 1~2장이 서로 다른 보도를 하고 있는가를 설명할 수 있다. 광야세대가 약속의 땅인 가나안을 점령하고 그곳에 정착할 수 있는 근본적인 방법을 모세는 신명기 30장 15~18절에 정확히 밝히고 있다.

> 보아라. 내가 오늘 생명과 번영, 죽음과 파멸을 너희 앞에 내놓았다. 내가 오늘 너희에게 명하는 대로, 너희가 주 너희의 하나님을 사랑하고, 그의 길을 따라가며, 그의 명령과 규례와 법도를 지키면, 너희가 잘 되고 번성할 것이다. 또 너희가 들어가서 차지할 땅에서, 주 너희의 하나님이 너희에게 복을 주실 것이다.
> 그러나 너희가 마음을 돌려서 순종하지 않고, 빗나가서 다른 신들에게 절을 하고 섬기면, 오늘 내가 너희에게 경고한 대로, 너희는 반드시 망하고 만다. 너희가 요단 강을 건너가서 차지할 그 땅에서도 오래 살지 못할 것이다.
>
> ―신명기 30:15~18

이 구절에 의하면 가나안 점령은 군사적·정치적·사회적 사건이 아니라 하나님의 명령의 순종 여부에 따른 신학적 사건인 것이다. 예를 들어 보자. 여호수아 2장과 6장에 보면 광야 세대가 여리고 성을 함락한 사건이 기록되어 있다. 정탐에 의하면 여리고 성은 크고 견고하여 점령하기 어려웠다. 이 성벽을 무너뜨리고 정복하기 위해서 하나님이 명령한 것은 이스라엘 백성들로 하여금 그 성 주위를 하루에 한 번씩 6일 간 돌고 제7일에는 일곱 번을 돈 후에 제사장의 나팔 소리를 신호로 온 백성이 큰 목소리로 외치라는 것이었다. 얼마나 비군사적인 방법인가? 그러나 광야 세대가 하나님의 지시를 그대로 실천에 옮겼을 때, 여리고 성은 하나님의 백성 앞에서 쉽게 무너지고 말았다.

또 한편으로, 여호수아서는 여리고 성 함락 사건에 바로 뒤이어 7장에서 광야 세대의 아이(Ai) 성 전투를 보도하고 있다. 아이 성을 침공하기 위해 여호수아는 여리고 성 사건 때와 같이 탐정을 보냈다. 이들 보도에 의하면, 아이 성은 모든 군사가 전투에 참여할 필요가 없을 정도로 작고 세력이 약한 곳이었다. 그러나 결과는 어이없게도 광야 세대의 패배로 돌아갔다. 왜 크고 견고한 여리고 성은 완전히 점령할 수 있었으면서 보잘 것 없는 아이 성에서는 정작 실패했는가? 그 이유는 이스라엘 백성들이 여리고 성 함락 이후, 전리물들에 대한 하나님의 명령을 어겼기 때문이었다.

즉, 전쟁전략이나 군사의 수, 적의 군사력 등이 승리의 결정적 역할을 하는 것이 아니라, 하나님의 명령에 대한 순종 여부가 승리와 패배를 결정짓는 것이다. 비록 군사전략적으로 보면 우습고 하찮은 방법이라도, 그것이 하나님의 지시이고 명령이기 때문에 그대로 순종했을 때는 함락하기 어려운 적도 물리칠 수 있었다. 이와 반대로 군사적으로 쉽게 공략할 수 있을 것 같아 보여도 광야 세대가 하나님의 명령을 어겼을 때에는 그들은 실패할 수밖에 없었다.

따라서 여호수아 1~12장과 사사기 1~2장에 기록한 서로 상반되어 보이는 보도는 순수한 역사적 사실의 기록이기보다는 광야 세대, 혹은 이스라엘 자손들을 가르치기 위한 신학적 교훈이라고 보아야 한다. 그 교훈이란, 모세가 미리 예고한 것처럼, 하나님이 약속하신 가나안 땅을 점령하고 그곳에 안주할 수 있는 유일한 조건은 다름아닌 순전히 하나님의 명령과 율법을 지키는 데 있음을 명심하게 하는 것이다. 사사기 2장 1~3절이 이런 신학적 교훈을 또한 확실히 천명하고 있다.

> 주의 천사가 길갈에서 보김으로 올라와서 이렇게 말하였다. "나는 너희를 이집트에서 이끌어 내었고, 또 너희 조상에게 맹세한 이 땅으로 너희를 들어오게 하였다. 내가 너희에게 말하기를 '나는 너희와 맺은 언약을 영원히 깨뜨리지 않을 것이니, 너희는 이 땅의 주민과 언약을 맺지 말고, 그들의 단을 헐어야 한다' 하였다. 그러나 너희는 나의 말에 순종하지 않았다. 너희가 어찌하여 이런 일을 하였느냐? 내가 다시 말하여 둔다. 나는 그들을 너희 앞에서 몰아내지 않겠다. 그들은 결국 너희를 찌르는 가시가 되고, 그들의 신들은 너희에게 우상을 숭배할 수밖에 없도록 옭아매는 올무가 될 것이다."
>
> ―사사기 2:1~3

따라서 여호수아 1장~사사기 2장은 표면적으로 이스라엘이 한 국가로서 기본적으로 필요한 영토를 차지하는 것을 보도한다. 그러나 하나님 이야기의 측면에서는 가나안 땅 점령은 하나님이 아브라함에게 하신 약속이 구체적으로 성취된 것을 시사한다. 한걸음 더 나아가, 이 약속의 성취를 통해 하나님은 궁극적으로 온 세상에 복을 주시고자 하신 그의 우주적 목적을 실행에 옮기고 있는 것이다. 거시적으로 보면, 한 국가로서 이스라엘의 출발은 하나님이 그의 계획(선택한 이스라엘 민족을 통해 모든 세상을 공의와 평화로 다스리고자 함)을 지킴으로 시작된다.

과연 광야 세대 이후의 이스라엘 민족이 이런 하나님의 우주적 계획을 염두에 두며 생활했는가? 사사기 3장부터 열왕기하 25장에 이르는 이스라엘의 역사는 이 질문에 부정적 대답을 한다. 이제 이스라엘이 하나님의 도구로써 어떻게 실패했는가를 살펴보자.

사사 시대

먼저 사사기 2장 10절은 광야 세대와는 전혀 다른 세대의 출현을 선언한다.

그리고 그 세대 사람들도 모두 죽어 조상들에게로 돌아갔다. 그들이 죽은 뒤에 새로운 세대가 일어났는데, 그들은 주를 알지 못하고, 주께서 이스라엘을 돌보신 일도 알지 못하였다.

— 사사기 2:10

이 세대는 총체적으로 변화된 상황에서 살고 있다. 우선 광야를 방황하던 유목민에서 가나안 땅의 정착민으로 근본적 삶의 정황이 변화되었을 뿐 아니라, 가축을 기르는 일에서 농사를 짓는 농경생활로 그 주업이 바뀌었다. 이런 일상생활의 변화는 또한 종교생활에도 영향을 미쳤다. 즉, 정의와 공의로운 야훼 하나님을 예배하는 신앙과, 농사의 결과를 좌지우지할 수 있다는 다산의 신인 바알 신앙과의 정면 대결을 피할 수 없게 되었던 것이다. 한 해의 풍요로운 수확을 보장하기 위해서는 비를 관장하는 바알신을 무시할 수 없었다.

따라서 가나안 정착 때부터 이스라엘은 바알 중심의 끊임없는 유혹과 혼란에서 헤어나지 못했다. 때로는 바알을 야훼 하나님과 같은 위치에 올려놓고 필요에 따라 야훼나 바알 둘 중에 한 신을 선택해서 섬기기도 했다. 또 야훼와 바알을 동일시해서 두 신을 혼합해서 숭배하기도 했을 뿐 아니라, 심한 경우에는 바알을 우선적으로 선택하기도 했다. 이런 혼탁한 신앙생활 속에서 하나님은 그의 백성을 심판하시면서도 그들이 위기에 처할 때마다 사사를 세워 구원하심으로 그들을 용서해 주셨다. 따라서 사사기는 이스라엘의 배반과 그에 대한 하나님의 대응이 독특한 무늬를 만들어 가며 빚어낸 책이라 하겠다. 이 유형에는 5가지 요소가 섞여 있다.

1. 이스라엘 민족이 야훼 하나님을 저버리고 바알과 아세라를 섬겼다.
2. 야훼 하나님이 진노하셔서 타민족이 이스라엘 민족을 군사적으로 억압하는 것을 허락하셨다.
3. 이스라엘이 회개하여 잘못된 행위를 돌이켰다.
4. 야훼 하나님이 사사를 세워서 이스라엘 민족을 압제에서 구원하셨다.
5. 이스라엘은 사사가 살아 있을 때까지는 평온하였지만, 그 사사의 죽음 이후 또다시 야훼 하나님을 저버리고 악을 행하였다.

사사기는 이러한 삶의 패턴이 사사시대 동안 최소한 6번이나 반복·순환되고 있음을 보도한다. 특히 주목할 것은 이 순환이 그저 같은 평면에서 계속되는 것이 아니라 마치 나사의 골이 점차적으로 한 끝을 향하여 좁아지며 돌아가는 것같이 점진적으로 하향 곡선의 모양을 나타내고 있다는 데 있다. 즉, 이스라엘이 하나님을 거역하는 양상이 한 사사, 한 사사를 거칠수록 더욱 악화되고, 이로 인해 이스라엘은 헤어나기 어려울 정도의 부패와 부정이 만연한 공동체로 전락하고 말았던 것이다. 사사기에 나타난 12사사 중 마지막 사사인 삼손에 대한 기록(사사기 13~16)이 이 비참한 이스라엘의 모습을 잘 반영한다.

삼손은 그가 하나님을 대신해서 하나님의 백성인 이스라엘을 바르게 다스리라는 커다란 희망과 기대를 안고 태어났다. 삼손의 어머니는 이스라엘 조상의 아내들인 사라, 리브가, 라헬처럼 불임의 여인으로 묘사되었고, 주의 천사가 아브라함과 사라에게 나타난 것처럼 그에게도 나타났으며, 특별한 사명을 실행하기 위해 구별된 삶을 살아야 하는 나실인의 맹세도 들었다. 삼손의 아버지는 이스라엘 조상 중에 유명한 야곱이 주의 천사와 씨름한 사건을 연상케 하는 경험을 하였다. 이처럼 삼손은 사사 시대의 마지막에 붕괴되어 가는 이스라엘을 구원할 만한 신적 영력을 소유한 자로 태어났다.

그러나 그는 탄생기사가 예견했던 것과는 정반대로 이스라엘을 구원하는 사사로서 완전히 실패한 삶을 살았다. 나실인이 지켜야 할 규례들, 즉 '부정한 것을 만지지 말라', '술취하지 말라', '머리카락을 자르지 말라' 등을 삼손은 모두 깨뜨렸다. 심지어 이스라엘의 숙적인 팔레스타인(Philistines) 여자와 결혼하였고, 이방 창녀와 살을 섞기도 했다. 사사로서 상상할 수도 없는 행동들을 서슴없이 행한 것이다. 이스라엘도 마찬가지여서, 사사기 저자는 삼손시대에는 사사시대의 생활패턴 중의 하나인 이스라엘이 하나님 앞에 회개하고 울부짖는 모습을 전혀 기록하고 있지 않을 뿐 아니라, 또한 사사로 인해 나라가 평온해졌다는 공식구절도 사용하지 않았다.

사사로서의 삼손의 기록은 이스라엘 공동체를 이끌어야 하는 공인의 역할보다는 사사로운 개인의 감정에 사로잡혀, 자기 스스로의 복수심에 불탄 행동들로 가득 차 있다. 그는 할리우드 영화에 나오는 람보(Rambo)를 연상케 하기에 충분하다. 한마디로, 삼손은 사사기가 이야기하고자 하는 모든 잘못된 면들의 총체이다. 그러기에 삼손 이야기는 사사라는 시스템이 이스라엘을 통치하기에는 부적당하다는 선언이기도 한 것이다.

그러나 한편으로 삼손의 이야기는 하나님이 이스라엘의 배반과 거역에도 불구하고 계속해서 이스라엘을 놓지 않고 끝까지 사랑하신다는 하나님의 지속적인 사랑을 선포하고 있기도 하다. 사사기는 삼손이 그가 사랑했던 여인들로부터 곤란과 배신을 당했을 때에도 끝까지 그들을 사랑했다고 기록하고 있다. 유다 지파 사람들이 그를 팔레스타인 사람들에게 팔아 넘겼을 때에도 삼손은 그들에게 복수하지 않았다. 팔레스타인의 미모의 기생 데릴라의 반복되는 속임수와 술책을 알면서도 그는 그녀를 계속해서 사랑했다. 또한 삼손이 팔레스타인의 다곤(Dagon) 성전을 부수며 수많은 사람을 몰살한 것이 표상적으로는 그의 생애 마지막에 개인적으로 행한 복수라고 보여지지만, 그 심층의 의미에는 하나님 스스로가 다곤 신과의 우주적 전쟁에서 승리함으로 그의 백성인 이스라엘을 구한 것이라고 사사기는 설파하고 있다.

따라서 삼손 이야기는 사사기 전체의 신학을 집약한 것으로 하나님을 배반한 이스라엘의 사회상을 적나라하게 보여주는 한편, 그들을 다시 불러 관계를 회복하시려는 하나님의 끊임없는 사랑의 손길을 감지할 수 있게 해주는 이야기이다. 삼손이라는 인물을 우리가 한 개인의 측면에서 보면, 그의 삶 전체를 통해 계획된 큰 소명을 인식하지 못한 채, 다곤 신전의 돌기둥에 영원히 묻힌 비극의 주인공이지만, 하나님 이야기의 입장에서 보면, 그는 하나님의 사랑을 그의 파란만장한 삶을 통해 잔잔하면서도 끈질기게 드러낸 사랑의 화신인 것이다.

왕정 시대

이런 하나님의 지속적인 사랑(steadfast love)은 이스라엘 민족이 '왕'을 요구함으로써 주변국가들과 같은 정치 형태를 갖추기 원하는 또 하나의 반역에서도 나타난다. 이스라엘이 왕을 요구하는 것에는 어쩌면 나름대로 타당성이 있기는 하다.

이렇게 일러주어도 백성은 사무엘의 말을 듣지 않고 말하였다. '그렇지 않습니다. 우리에게도 왕이 있어야 되겠습니다. 우리도 모든 이방 나라들처럼 우리의 왕이 우리를 다스리며, 그 왕이 우리를 이끌고 나가서 전쟁에서 싸워야 할 것입니다.'

— 사무엘상 8:19~20

지금까지의 이스라엘 사회는 야훼 하나님을 중심으로 한 종교집단체로 구성되어 있었다. 이스라엘의 12지파는 야훼 종교를 구심점으로 서로 상부상존하는 지파 동맹체였고, 참된 왕인 야훼 하나님을 대신하며, 가문의 혈통이나 재능에 상관없이 하나님으로부터 직접적으로 선택받은 사사들이, 이스라엘을 다른 나라의 침략으로부터 방어하거나 구출하기도 하고, 평화시에는 한 지파 내에서 또는 지파 사이에 발생한 법적인 문제들을 해결하는 지도자 역할을 감당하기도 했다.

특기할 만한 일은 사사라는 직분은 세습이 허락되지 않았기 때문에 필요에 따라 하나님 스스로가 그의 전권을 대신 감당할 사람을 새롭게 세웠다는 사실이다. 이런 지파 동맹체제가 시간이 지남에 따라, 그리고 외부의 세력이 강성해짐에 따라 스스로를 방어할 능력이 약해진 것이다. 특히, 지속되는 팔레스타인의 침략에 대해 종교 결속체인 이스라엘 지파공동체는 사사제도의 한계를 느꼈을 것이다.

따라서 외부의 정치 기류의 변화에 적응하기 위해서 이스라엘은 다른 나라처럼 왕을 중심으로 한 정치 집단으로의 탈바꿈을 계획한 것이다. 이런 요구는 한 집단이 점진적으로 하나의 국가로 발전되어 가는 과정에서 생길 수 있는 자연스러운 결과이고, 어쩌면 그들의 요구는 당연한 것일 수도 있다.

그러나 문제는 이스라엘이 왕을 세우려는 요구가 야훼 하나님을 참된 왕으로 믿는 그들의 정체성과 불가피하게 충돌하지 않을 수 없다는 데 있다. 애굽에서의 해방뿐 아니라 그 이후, 이스라엘을 이끌고 인도하여 약속의 땅인 가나안에 영주시킨 장본인은 야훼 하나님이었음에도 불구하고, 다른 모든 민족들 중에서 특별히 선택받아 계약의 관계 속에서 하나님을 참된 왕으로 고백했던 이스라엘이 시대의 정황이 바뀜에 따라 주변국가들처럼 되려고 한다는 데 문제의 본질이 있었던 것이다.

다시 말해 이스라엘의 요구는 정치적으로는 정당하고 바람직하게 보이지만, 그들의 정체성에 비추어 보면 그것은 하나님과의 관계에 치명적 결과를 초래하는 근본적인 반역의 표현이었던 것이다. 그것은 하나님과의 계약관계 자체를 스스로 파기하는 것이다. 이런 이스라엘의 요구에 하나님은 직접 왕을 세움으로써 긍정적으로 문제를 해결하면서도, 그들과의 본질적 관계를 유지하기 위해 노력한다.

이제 너희가 뽑은 왕, 너희가 요구한 왕이 여기에 있다. 주께서 주신 왕이 여기에 있다. 만일 너희가 주를 두려워하여 그분만을 섬기며, 그분에게 순종하여 주의 명령을 거역하지 않으며, 너희나 너희를 다스리는 왕이 다같이 주 하나님을 따라 산다면, 모든 일이 잘 될 것이다. 그러나 주께 순종하지 않고 주의 명령을 거역한다면, 주께서 손을 들어 조상들을 치신 것처럼 너희를 쳐서 멸망시키실 것이다.

— 사무엘상 12:13~15

설령 이스라엘이 다른 나라와 같이 왕이 통치하는 정치집단으로, 나아가서는 한 국가를 형성해 나가는 것을 인정한다 해도, 그러한 변화가 하나님과의 관계에 변화를 가져오게 해서는 안 된다는 것이다. 이스라엘은 선택받은 민족으로, 선택받은 국가로서 하나님의 우주적 사명을 감당해야 할 계약의 민족이요, 계약의 나라로 그 정체성을 보존해야 하기 때문이다. 즉, 이스라엘은 세워진 왕이 하나님으로부터 주권을 위임받아 그를 대신해 그의 법과 질서에 맞게 그의 나라를 다스리되, 궁극적으로는 하나님이 통치하는 신정국가(theocratic nation)로 남아 있어야 한다.

이런 국가관은 이스라엘을 다른 고대 근동 국가들로부터 구별되게 하며, 혹자는 이를 '신명기적 국가관'이라 부르기도 한다. 이처럼 하나님의 이스라엘에 대한 관계는 시대와 정치적 상황에 발맞추어 그 모습이 적합하게 바뀌면서도 본질적 정체성을 유지하고 보존하려는 하나님의 의지가 관철된 것이었다. 문제는 이스라엘이 이런 하나님의 의도에 맞추어 왕을 세우고, 국가를 형성하고 국가 정책을 실행했는가 하는 것이다.

과연 이스라엘 12지파를 통일하여 통일왕국을 세운 다윗왕과 이를 바탕으로 찬란한 문화와 풍요로운 경제를 이룩한, 소위 황금시대를 열었던 솔로몬왕이 하나님의 법과 질서에 순종하였는가를 우선 질문할 수 있다. 결론적으로 말하자면, 다윗이 이스라엘의 국가 형태를 다른 나라처럼 변형했다고 한다면, 솔로몬왕은 이스라엘의 정체성을 변질시킴으로써 계약국가로서의 이스라엘을 완전 실패의 길로 이끌었다. 따라서 통일왕국은 80년이 채 못 되어서 두 나라로 갈리었고, 결국에는 북이스라엘은 앗시리아에 의해, 남유다는 바벨론에 의해 국가로서 종지부를 찍는 참혹한 현실을 맞으며 망국의 길을 걸었던 것이다.

다윗왕과 솔로몬왕

사무엘상 13장부터 열왕기상 11장은 다윗왕과 솔로몬왕이 어떻게 하나님의 의도에 맞는 왕국건설에 실패하게 되었는가를 보도한다. 다윗은 양치는 목동으로 시와 예술에 재능이 많은 소년이었다. 그는 하프 켜는 솜씨가 특출하여 이스라엘의 첫 번째 왕인 사울의 궁전에 불려가 사울이 악령으로 고통받을 때마다 그를 진정시키기도 하였다. 더욱이 다윗은 하나님을 믿는 믿음으로 팔레스타인의 6척 장수인 골리앗을 돌팔매로 쓰러뜨린 담대한 소년이기도 했다. 그러나 그 명성으로 인해 다윗은 사울의 미움과 질투를 사게 되고, 그를 피해 도망해야 하는 망명자의 생활을 하기도 했다. 그의 목숨을 추격하는 사울왕을 어둠을 틈타 죽일 수 있었을 때에도, 하나님의 기름부음 받은 자를 감히 해할 수 없음을 천명할 정도로, 그는 하나님의 마음에 합한 인물이었다.

사울왕이 죽은 후에 헤브론에서 7년 반이나 이스라엘 남쪽 지방을 다스리고 있을 때, 다윗은 북쪽 사울왕가의 군사 책임자인 아브넬로부터 정치적 동맹을 제안받고 이스라엘 12지파를 결속하여 이스라엘을 처음으로 통일왕국으로 만들었다. 통일왕국을 지탱하기 위해 그는 북쪽과 남쪽 지방의 경계 도시인 예루살렘을 점령하여 수도로 만들고, 북측의 아브넬과 남측의 요압을 군사 사령관으로 내세워 정치적인 안정을 추구하였다. 더욱이 하나님의 현존의 상징인 하나님의 법궤를 신정치 도시인 예루살렘으로 옮겨 옴으로써 예루살렘을 다윗의 도시(city of David)일 뿐 아니라 하나님의 도시(city of God)로 만들었다.

또한 법궤와 예배 의식을 관장하는 대제사장에 북측의 아비아달과 남측의 사독을 세움으로써 종교적으로도 통일국가로서의 안정을 도모하였다. 즉, 다윗의 통치시대에 중립도시였던 예루살렘이 정치적으로나 종교적으로 통일왕국의 새로운 구심점으로 떠오르게 된 것이다. 뿐만 아니라 예루살렘에 기원을 둔 소위 '시온 전통(Zion tradition)'을 이용해서 예루살렘이 명실공히 하나님이 선택한, 하나님이 보호하시는 하나님의 거처로 확고히 했다(시온 전통이란, 하나님이 예루살렘에 자리잡고 있던 바알을 물리침으로써 그가 참된 왕임을 만방에 알리고, 예루살렘을 그의 거처로 삼았기에 모든 적들로부터 이 성을 보호하시고 지키시리라는 이데올로기이다. 따라서 지형적으로는 예루살렘이 그다지 높지 않은 곳이지만, 최고의 신인 하나님이 머무르는 곳이기에 예루살렘은 이스라엘 백성들의 관념 속에서는 지상에서 최고로 높은 곳에 위치한 도시였다. 또한 이 예루살렘이 생명을 살리는 생수를 공급할 뿐 아니라 공의와 정의로 세상을 다스리는 중심 역할을 한다는 것이다).

이런 이데올로기 위에 다윗은 소위 '다윗 계약(Davidic covenant)'을 통해서 그의 통일 왕국 건설의 신학적 정당성을 확실히 했다. 사무엘하 7장에 기록된 이 다윗 계약은 세 가지 요소로 간추려 말할 수 있는데, 첫 번째의 두 요소들은 무조건적이라는 특징을 지닌다. 즉, 다윗이 하나님을 위하여 성전을 건축하겠다고 했을 때, 하나님께서는 다윗을 위하여 왕국을 건설하겠다고 대응하신 계약이다. 세 번째는 조건적 계약으로 신명기적 사관을 염두에 두고 있다. 만일 다윗과 그의 후손이 하나님의 명령에 불순종하면, 하나님은 그들을 심판하시겠다는 것이다.

그러나 이런 조건부적 요소 역시 다윗 계약 전체에 흐르고 있는 무조건적 성향에 의해 재해석되어야 한다. 다시 말하면 하나님은 불순종하는 다윗과 그 후손을 그때마다 심판하실 것이지만, 그 왕국 자체는 영원히 견고케 하시겠다는 약속이다. 이런 다윗 계약을 정치적인 입장에서 보면, 이 논리는 다윗이 12지파를 통일하여 한 왕국을 건설하는 데 절대적으로 필요한 요소이기 때문에 신학적 정당화나 합리화라고도 평가될 수 있다.

이렇듯 정치적으로나 이데올로기적으로나 신학적으로 단단히 무장한 통일왕국이 왜 실패의 역사로 해석되어야 할까? 다윗의 행적 중 두 가지가 이 질문 앞에서 불현듯 모습을 드러낸다. 그 하나는 다윗이 그의 왕국을 경영하기 위해 인구조사를 실시한 일이다. 인구를 조사했다는 사실이 문제시되는 것이 아니라, 인구조사의 목적과 동기에 불순함이 들어있기 때문이다. 한편으로 보면, 인구조사는 그에게 불가피했는지도 모른다. 왜냐하면 한 국가의 재정을 운영하기 위해서는 얼마나 많은 인력이 동원되어야 하는가 등을 알 필요가 있었기 때문이다. 즉, 세금과 강제 노역은 한 집단을 국가의 체제로 운영하는 데 필요 요건일 수 있는 것이다. 그러나 성서의 역사기록을 단순한 정치적 기록이 아니라 신학적인 고백이라는 입장에서 보면, 이런 다윗의 노력은 하나님의 관점에서 재평가되어야 한다. 다시 말하면 다윗의 인구조사는 하나님의 신실성을 의심한 행동이자 하나님에게 절대적으로 의존해야 하는 계약신앙을 어긴 것이다. 어찌 하나님의 그 무한하고 방대한 은혜의 축복을 인간의 머리로, 즉 사람의 수로 측량할 수 있겠는가? 다윗의 행위는, 어린 목동으로 시작해 통일국가를 완성하기까지, 셀 수 없는 축복을 한없이 주신 하나님에 대한 의심이요, 불신이 아닌가?

이런 사회적 범죄보다 더 심각한 것은 다윗의 종교적 범죄였다. 이것이 두 번째로 지적되어야 할 다윗의 실패행위이다. 밧세바라는 한 남자의 아내를, 그 남편인 우리아가 전쟁터에서 싸우고 있는 동안 동침함으로써 다윗은 '간음하지 말라'는 십계명 중 하나를 어겼다. 심지어 밧세바의 임신을 감추기 위해 우리아를 전쟁터에서 불러내 그의 아내와 동침하게 하려던 계획이 수포로 돌아가자, 요압을 통해 우리아를 최전선에 배치시킴으로써 적의 칼에 죽게 만든 끔찍한 음모는 '살인하지 말라'는 또 하나의 십계명을 어긴 것이다.

하지만 단순히 십계명 중 몇몇 계명들을 어겼다고 해서 다윗이 종교적 범죄를 저질렀다고 쉽게 단정하지는 말자. 또 몇 여성 신학자들의 해석대로 다윗이 왕권을 함부로 남용해서 방어할 수 없고 힘없는 여인, 밧세바를 능욕한 것에 그의 근본적 잘못이 있다고 판단하지도 말자. 이보다 더 심각한 문제는 다윗과 우리아를 비교해 볼 때 나타난다. 다윗은 이스라엘 백성을 한 국가로 하나님의 법과 질서 위에 견고히 세워야 할 책임과 의무가 있는 왕의 위치에 있었음에도 불구하고 그 법들을 멸시한 반면, 우리아는 헷 족속 출신이자 평범한 한 군사였지만 이스라엘의 전쟁에 관한 규례, 즉 하나님의 전쟁에 참가하기 위해선 몸을 청결히 해야 하는 규례를 힘써 지켰다. 이방인으로서 이스라엘의 법을 굳이 따르지 않아도 되는 위치에서 그는 꿋꿋이 이를 지켰다. 한 사회제도의 맨 밑바닥에서 목숨을 팔아 삶을 영위하는 용병의 신분이었음에도 그는 이스라엘의 하나님의 전쟁 규례를 지켰던 것이다.

이런 우리아의 행동에 비추어 볼 때, 다윗은 하나님의 말씀에 가장 불순종한 사람인 것이다. 이로 인해 그는 그의 친아들인 압살롬에게 수도 예루살렘을 빼앗기는 반역과 패배를 맛보았다. 하나님의 심판이 하나님 자신이 선택한 다윗에게 임한 것이었다. 이런 사회적·종교적 범죄로 말미암아 다윗의 왕국은 신학적으로 쇠퇴의 길로 들어선 것이다. 물론, 다윗 계약에 나타난 것처럼, 하나님이 그의 왕국을 보호하리라 한 약속은 그의 아들인 솔로몬을 통하여 이루어졌다. 또한 하나님은 다윗 왕국을 이스라엘 백성들의 소원대로 주변국가들의 정치체계와 유사한 정치국가로 탄생하도록 허락하셨다. 그러나 그들의 역사를 볼 때, 우리가 읽게 되는 것은 하나님과의 근본적 관계를 소홀히 하며 하나님의 말씀을 멸시해 가는 왕과 백성들의 모습인 것이다.

다윗의 실패는 솔로몬왕에 이르러 더 심화되었다고 열왕기상 1~11장은 보도한다. 솔로몬왕은 다윗왕과는 본질적으로 달랐다. 그는 권력으로 삶을 시작해서 권력으로 삶을 마감한 왕이었다. 또한 아버지 다윗처럼 하나님의 영을 받지 못했다. 이는 사사시대 때부터 유래된 카리스마적(charismatic) 전통으로부터의 획기적 이탈을 의미한다. 솔로몬왕 이전까지는 하나님을 대신한 인간 지도자들은 하나님의 영을 받음으로 그 역할을 실행할 수 있게 되었다. 심지어 사울왕도 하나님의 영을 받았으며 그 영이 떠났을 때, 그는 심한 고통과 괴로움, 그리고 나아가서는 왕권을 다윗에게 넘겨주어야 하는 치욕을 맛보았던 것이다.

솔로몬은 하나님의 영을 받지 못했기 때문에 대대로 내려오던 사사의 카리스마 전통에 끝을 맺었고, 이제는 새로운 지도자 전통, 즉 왕권 계승을 시작한 첫 인물이 된 것이다. 이처럼 획기적 변화 속에서도 하나님은 솔로몬에게 그가 원하는 지혜를 주어서 이스라엘을 바르게 다스리도록 인도하셨다. 즉, 솔로몬왕은 다윗의 왕위를 계승한 왕으로서 하나님으로부터 지혜를 받은 왕이었다. 문제는 지혜의 왕인 솔로몬이 이스라엘 통일 왕국을 하나님의 법과 질서대로 지혜롭게 통치했는가 하는 것이다. 지혜를 선물로 받았다는 그 자체보다 더 중요한 것은 받은 선물을 어떻게 제대로, 무슨 목적으로 사용했는가 하는 것이다.

이런 관점에서 본다면, 솔로몬은 그 지혜를 사용해서 이스라엘을 '하나님의 계약 나라'로서의 독특한 위치와 사명이 있는 나라가 아니라 다른 여느 국가와 같이 동등한, 대중화된 많은 국가 중의 한 국가로 전락시킨 장본인이라고 평가된다. 그 결과 솔로몬 왕국은 이스라엘 신앙이 갖는 개혁의 목소리가 사그라들었고, 날카로운 면은 한없이 무마되어 더 이상 효력을 발생할 수 없는 그저 그런 종교국가로 타락하고 말았다. 고대 근동의 찬란한 대제국들의 틈바구니 속에서, 그들과 행렬을 같이 하며 함께 평범과 색깔 없는 신앙을 가진 별개의 국가로 하나님의 백성 이스라엘은 변질된 것이다.

네 가지 면에서 그 증거를 들어보자. 첫째, 정치적인 면에서 솔로몬은 그의 지혜를 십분활용하여 주변국가들과 친밀하고 우회적인 관계를 맺는 데 성공했다. 그는 아버지 다윗왕처럼 무력으로 그들을 침략하고 굴복시킬 수는 없었기 때문에 외교적으로 친분관계를 두텁게 했다. 그 한 방편으로, 그는 주변국가 왕실의 딸들과 정략결혼이라는 정책을 이용했다. 솔로몬이 700여 명의 아내와 300여 명의 첩을 둔 것은 그가 남자로서 정력을 과시한 것이기보다는 정치 결혼이라는 외교수단의 결과로 보아야 한다. 그 한 예로 솔로몬은 애굽의 바로왕의 딸과 결혼했으며, 그 결혼의 지참금으로 게셀(Gezer)이라는 중요한 도시를 받은 일이 기록되어 있다.(열왕기상 9:16) 그것은 주변의 강대국과 많은 자치국들 사이에서 살아남기 위한 한 생존 방법이었는지도 모른다.

둘째로, 다윗왕이 이스라엘의 12지파를 한 국가로 통일한 왕국을 건설하면서도 전통적으로 내려오던 지파의 소유권과 할당 권할 구역을 존중했던 반면, 솔로몬왕은 이 전통을 송두리째 무시한 채 재정의 중심화를 위해 이스라엘 사회를 전격 개편했다. 12지파라는 전통이 무너지고 12개의 과세 지역으로 전 이스라엘이 개편된 것이다. 솔로몬왕은 세금 지역제를 감독 관할하기 위해 측근들을 동원한 철저한 자금 통제제도를 실시한다. 어쩌면 한 국가의 문화 창달과 경제 번영을 위해 어쩔 수 없는 조직 개편이었는지도 모른다.

셋째로, 사회조직의 개편뿐 아니라, 경제적으로도 솔로몬왕은 중간매개상 역할을 잘 수행하였다. 애굽과 히타이트(Hittite)를 연결시켜 주는 중간 무역상으로서 그는 심심치 않은 이득을 남겼다. 또한 타르(Tyre)의 히람(Hiram)왕을 설득해서 그 나라의 땅을 지중해로 통하는 항구로 이용했고, 에지온-게버(Ezion-geber)에 항구를 건설함으로써 남단을 통하여 지중해에 연결할 수 있는 통로를 마련했다. 남쪽 아라비아 시바(Sheba) 여왕의 방문 역시 솔로몬의 지혜를 찬양할 목적만이 아니라 아라비아로 통하는 약대상의 활로를 확대하기 위함이었다. 어쩌면 이러한 솔로몬의 정책들은 주변 국가들과의 우호적 관계를 바탕으로 해서 천연자원이 부족한 이스라엘의 약점을 강대국들 틈 사이의 점이 지대라는 지역상의 특수성으로 십분 극복했던 지혜의 발상이라고 볼 수도 있을 것이다.

넷째로, 솔로몬왕은 다윗왕이 시작했던 강제노역을 제도화해서 그의 수많은 건축사업을 진행했다. 그는 하나님의 성전인 예루살렘 성전뿐 아니라, 그의 궁전을 비롯한 많은 건물들을 지었다. 이 건축사업을 살펴보면, 솔로몬이 하나님의 지혜를 누구를 위해 사용했는가 하는 것이 확연히 드러난다. 하나님의 성전은 그 크기가 $90 \times 30 \times 45$피트로 7년에 걸쳐 지어졌으며, 그의 궁전은 $150 \times 75 \times 45$피트의 크기로 짓는 데 13년이라는 기간이 걸렸다. 또한 솔로몬은 하나님의 성전 설계에 페니키아(Phoenicia)의 건축가를 기용했는데, 문화적으로 보면 이 건축가가 그 당시에 유명하고, 여러 나라에 건축 양식과 패션에 능통한 사람이었기 때문이었는지도 모른다.

그러나 신학적으로 보면, 이 건축가를 통해서 가나안 신앙이 야훼의 성전 그 한가운데로 깊숙이 침투해 들어간 사실은 어떻게 해석해야 하겠는가? 이는 야훼 신앙과 가나안 신앙의 혼합이 절정화된 한 예인 것이다. 또한 예루살렘 성전이 솔로몬 궁전 내에 위치해 있기 때문에 일반 이스라엘 백성들이 하나님의 성전을 찾기가 쉽지 않게 되었다. 즉, 야훼 종교가 지배자의 비호 속에서 그들만을 위한 종교로 변질될 위험성이 대두된 것이다. 모세로부터 내려오는 이스라엘 신앙전통은 하나님이 이스라엘 한 사람 한 사람과 동일한 계약 관계를 맺었다는 것인데, 예루살렘 성전이 궁내에 위치하게 됨에 따라 그 전통의 맥이 끊어지게 된 것이다.

다윗이 다윗 계약으로 하나님의 백성들 사이에서 자신을 더 높은 위치에 두기를 시도했다면, 이런 시도가 솔로몬왕 때는 그 성전 위치로 인해 실질적으로 실행되었음을 입증한다. 이보다 더 심각한 것은, 솔로몬왕이 자신의 1,000여 명의 아내와 첩들을 위해서 그들만의 산당을 세워 그들로 하여금 자신들의 신을 숭배할 수 있도록 허락했다는 사실이다. 종교적 혼합주의와 우상숭배 행위, 백성보다는 지배계층을 위한 솔로몬의 종교행위는 이스라엘 신앙을 변질시키고도 남는 것이었다.

이스라엘 신앙은 다른 고대 근동의 신앙들과는 달리, 현 질서를 보존하고 지탱하는 데 관심을 두고 있지 않았다. 그보다는 사람의 의지와 자만, 욕심과 허영을 하나님의 의지와 질서에 기초해서 비판하고 개혁하여, 그래서 새롭게 인간 사회를 거듭나게 하는 데 역점을 둔 신앙이었던 것이다. 즉, 이스라엘이라는 왕국이 하나님의 왕국의 지상모형이 될 수 있도록 계속해서 변화시켜야 하는 것이 하나님의 백성으로서 이스라엘의 역할이었다. 그러나 솔로몬의 종교정책은 현 세대의 찬란한 패션과 강대국들의 사회상에 영합하여, 비판보다는 동조를, 개혁보다는 묵인을, 성(聖)스러움보다는 세속화를 추구했던 것이다. 이런 이유로 해서 솔로몬은 이스라엘 왕국의 근본적 정체성을 완전히 변질시켰다. 하나님의 선물인 지혜를, 세속화를 가속하는 연료로 삼은 것이다.

그 결과로 하나님은 솔로몬의 말년에 적대자(히브리어로는 사탄)를 세워 솔로몬을 심판하셨다. 얼마나 놀라운 변화인가? 사사시대에는 하나님께서 그의 백성을 구원하기 위해서 구원자인 사사를 세우셨는데, 이제는 하나님이 친히 선택한 이스라엘의 왕을 대적해서 침략자를 일으키셨다는 사실! 하나님이 얼마만큼 진노하셨는가를 엿볼 수 있는 동시에, 하나님의 나라인 이스라엘 왕국이 그 모양새뿐만 아니라 그 본질에 있어서도 어느새 다른 여느 나라와 동일하게 되어 버렸음을 확인할 수 있는 대목이다. 이에 대한 심판으로 하나님은 아히야 선지자를 통해서 솔로몬왕의 정적인 여로보암에게 10지파를 따로 떼어줌으로 통일왕국을 분리시켰다. 이것은 통일왕국의 분열이 단순히 정치적·문화적·사회적 쇠퇴의 결과가 아니라 신앙적 변질의 결과이며, 그에 따른 하나님의 심판으로 말미암은 것임을 의미하는 것이다.

열왕기상 12장부터 열왕기하 25장까지에서 열왕기 기자는 두 왕국, 즉 북이스라엘과 남유다가 어떻게 이방인의 손에 넘겨져 붕괴되어 갔는가를 고백적으로 기록하였다. 북이스라엘은 기원전 722년에 앗시리아에 의해서, 남유다는 기원전 587년에 바벨론에 의해서 멸망당했는데, 이 기록은 정치적 역사적 기록이 아니라 과연 각국의 왕들이 하나님의 율법에 순종했는가 하는 질문에 입각해서 기록된 신앙고백이라는 점을 우리는 명심해야 한다. 20명의 북왕국 왕들은 전원 낙제점(F)을 받았고, 20명의 남왕국 왕들 중에서 오직 8명만 B 이상의 평가를 받았다.

평가의 기준은 예루살렘 성전만을 합당한 예배 장소로 인정했는가 하는 것과, 다른 이방신들을 철저히 배격하여 산당을 폐지하고 우상을 파괴했는가 하는 것이다. 남왕국 8왕 중에서 오직 두 왕(히스기야와 요시야)만이 이 두 가지 기준을 다 이행했기에 최고 성적인 A를 받은 것이다. 종국에 가서는 남왕국의 대다수 왕들조차 신실하지 못했기에 결국 바벨론 왕국에 의해 철저히 파괴되어 국가로서의 생명이 절단나고 만 것이다(이런 두 왕국의 멸망과 실패의 고백은 예언서를 통해 더욱 직접적인 목소리로 전달되고 있다). 열왕기하 17장 7~20절은 이러한 두 왕국의 멸망을 신학적으로 해석하고 있다.

> 이스라엘 백성이 모두 포로로 잡혀 간 이유는 그들이 자기들의 하나님 여호와께 거역하고 죄를 지었기 때문이다. 그들이 애굽왕 바로의 손아귀에서 노예생활을 하며 압제받을 때에 주께서 그들을 해방시켜 가나안 복지로 인도해 주셨음에도 불구하고 그들이 이 땅에서 다른 신들을 섬기며 음행에 빠져 살았기 때문이다.
> 본래 가나안 땅의 원주민들이 다른 신들을 섬기며 살았기 때문에 주께서 그들을 쫓아내고 그 땅을 이스라엘 백성에게 주신 것인데, 이들마저도 이방인들의 더러운 풍속에 따라 살았기 때문에 쫓겨난 것이다.
> 그들이 하는 행동은 모두 자기들의 하나님 여호와를 배반하고 모독하는 것뿐이었다. 그들은 한적한 마을에서부터 요새화된 성읍에 이르기까지 사람이 사는 곳이면 어디에나 우상을 세우

고 음행하는 산당들을 지어 놓았다.

그들은 높은 언덕 위나 커다란 나무 밑에는 어디든지 바알 남신의 돌기둥과 아세라 여신의 나무 기둥을 세워 놓고 음행을 하였다.

주께서 전에 쫓아낸 가나안 원주민들과 똑같이 그들도 산당에서 남녀 우상들에게 제물을 살라 바치고 음행을 하였다. 이렇게 그들은 온갖 악행을 저지름으로써 여호와의 분노를 자초하였다.

주께서는 그토록 음란하고 악한 우상들을 만들지 못하도록 엄격하게 금지 명령을 내리셨지만 그들은 여전히 그런 우상들을 섬기며 음행에 빠져 살았다.

그럴 때마다 여호와께서는 이스라엘과 유다 백성에게 예언자와 선지자들을 보내어 깨우쳐 주셨다. '너희는 내게로 돌아오라. 너희는 지금 잘못된 길을 가고 있다. 너희는 나의 명령대로 살아라. 내가 너희 조상에게 준 율법에 따라 살고 나의 종 예언자들을 보내어 너희에게 깨우쳐 준 말씀에 따라 살아라.'

그러나 그들은 한 번도 주님의 말씀을 듣지 않았다. 그들의 조상이 고집을 부리며 주님의 말씀에 따르지 않더니 그들도 조상과 똑같이 고집을 부렸다. 그들은 주님의 계명을 무시하고 주께서 그들의 조상과 맺으신 계약도 잊은 채, 그들에게 경고해 주신 예언의 말씀을 듣지 않았다. 오히려 그들은 주변의 이방족속들과 똑같이 살면서 그들의 악행을 본받지 말라는 주님의 명령을 어겼다.

그들은 자기들의 하나님 여호와의 명령을 모두 저버리고 오히려 저희들 멋대로 금송아지 두 마리를 만들어 섬기고 아세라 여신상도 만들어 세우고, 하늘의 모든 천체들도 신으로 숭배하며 가나안 원주민의 바알신까지 섬겼다.

그들은 자기 아들딸들까지 산 채로 불에 살라 우상들에게 제물로 바쳤으며, 점쟁이나 마술사들을 찾아다니며 운명을 점치는 등, 여호와의 마음에 들지 않는 일들과 여호와의 진노를 살 일들을 마구 저질렀다. 그래서 주님은 이스라엘 백성에게 분노를 터뜨리시고 그들을 주님 앞에서 쫓아내셨다. 이제 그 땅에 남은 자들은 유다 지파뿐이었다.

그러나 유다 백성도 자기들의 하나님 여호와의 명령을 지키지 않고, 오히려 이스라엘 백성을 본받아 우상을 숭배하며 음행을 저질렀다. 이리하여 주께서는 이스라엘과 유다 백성을 그 땅에서 모두 내쫓으셨다. 주께서는 자기 백성을 벌하기 위하여 이방 족속들을 불러다가 약탈하게 하고 그들을 먼 곳으로 끌어 가게 하셨다.

— 열왕기하 17:7~20

회복의 역사

 구약성서에서 보도하는 또 다른 이스라엘 역사는 소위 말하는 '역대기 역사(Chronicler's History)'이다. 이 기록은 역대기상·하와 에스라, 느헤미야를 포함하는 것으로 천지창조부터 에스라와 느헤미야의 활동시기인 기원전 430년까지의 방대한 역사를 기술하고 있다. 이 방대한 역사기록의 특징은 이스라엘 민족이 어떻게 자신들의 바벨론 포로생활을 이해했으며 더 나아가, 포로생활에서 해방되어 다시 고향으로 돌아왔을 때, 그들이 어떤 형태로 포로기 이전의 전통과 재결속할 것인가 하는 관점에서 씌어졌다는 점이다.

 즉, 위에서 살펴본 신명기 역사의 마지막 부분인 바벨론 포로의 경험이 역대기 사관의 핵심이요, 출발점이 되는 것이다. 구약 성서가 이 역대기 역사를 신명기 역사에 연이어 배치한 것은 이 두 역사를 하나의 거시적인 역사의 흐름 선상에서 함께 읽어야 할 뿐만 아니라, 비록 그 두 역사가 다른 출발점에서 서술되었다 하더라도 그 전파하는 메시지는 동일하다는 것도 동시에 암시해 주고 있다. 따라서 역대기 역사를 관통하는 주제는 신명기 역사에서 본 바와 같이 이스라엘의 새로운 재건에 대한 성패 여부가 오직 하나님의 율법과 질서에 대한 그들의 순종 여하에 달려 있다는 것이다.

기원전 587년에 유대인들은 자신들의 조그마한 영토로 침략해 오는 바벨론 왕, 느부갓네살에 대항해 사생결단을 각오한 최후의 전쟁을 치른다. 물론 모든 면에서 열세인 유대 왕국이 패하고 철저히 파괴된 것은 자명한 결과였다. 유대 왕 시드기야의 두 아들이 그의 눈 앞에서 참형당하고, 그 역시 눈알이 패이는 고통 속에 바벨론으로 끌려가 포로생활을 시작한다. 유대라는 한 국가에 종말이 온 것이다. 비록 남·북이 분단되어 조각난 상태이긴 했지만 그 이전까지 이스라엘 민족은 그 정체성을 유지할 수 있었다. 하지만 기원전 722년에 북왕국 이스라엘이 앗시리아에 의해, 이제는 남왕국 유대도 바벨론에 의해 멸망함으로 그들은 국가로서의 정체성을 완전히 상실하고 말았던 것이다.

하나님의 집인 예루살렘 성전 역시 바벨론에 의해 초토화되었다. 땅, 국가, 성전, 모두를 잃고 이제 하나님의 백성으로 출발했던 이스라엘은 인류 역사 속에서 영원히 사라질 위기에 놓인 것이다. 이때부터 유대인들은 팔레스타인에 남아 있든, 이집트로 피난을 가든, 바벨론으로 포로로 끌려가든, 그 뿌리가 뽑힌 자들로 떠돌아야 했기에 국가의 파멸로 인해 흩어진 사람들(디아스포라)이라는 공동체로 살아갈 수밖에 없었다. 팔레스타인에 남은 공동체는 파괴된 성읍과 성전을 바라보며, 엎친 데 덮친 격으로 온 극심한 기근에 기존의 부유층조차도 일용할 양식을 찾으러 거리를 헤매야 할 상황이었다.

> 한때는 산해진미를 마음껏 먹던 자들도 이제는 배고파 길거리에서 죽어 가는구나. 그리도 사치하고 허랑방탕하게 살던 자들 이제는 잿더미나 껴안고 살아가야 할 판이구나.
>
> — 예레미야애가 4:5

바벨론 왕국이 유대땅의 소출을 강제로 착출했기 때문에 생계조차 꾸려나가기에 힘든 상황이었다.

> 주께서 우리에게 주신 땅, 이 땅이 이제는 이방인 손에 마음대로 놀아나고 있습니다. 이방인들이 우리 땅을 차지하고서 제 땅인 양 들어와 살고 있습니다. 우리 아버지는 전쟁터에 나가 싸

우다 고인이 되었습니다. 우리 어머니는 이제 홀몸이 되었습니다. 과부가 되었습니다. 지금은 물을 먹으려 해도 돈을 내야 합니다. 장작을 구하려 해도 값비싸게 사들여야만 합니다. 원수들은 이렇듯 우리 목을 짓누릅니다. 그리하여 우리 몸은 지칠 대로 지쳐 버렸습니다. 도저히 쉴 틈이 없습니다.

— 예레미야애가 5:2~5

배고픔을 견디다 못해 일부는 이집트로 피난길을 재촉했다. 비록 육체적 고통은 감소됐지만 자신의 선조가 종살이했던 이집트로 되돌아가는 길, 출애굽이라는 해방의 역사를 자긍하던 이들이 이제는 역 출애굽을 서두르는 그 길에서, 이 망국민들의 마음은 찢어지도록 아팠을 것이다.

그보다 더 큰 심적 고통을 겪은 자들은 바벨론에 끌려간 이들이었을 것이다. 그들이 비록 현대인들이 상상하는 포로 생활(포로수용소에 감금되어 행동의 자유가 없거나 비인격적인 대우와 노역이 강요되는 것)을 당하지는 않았지만, 선택받은 민족이 선택받지 못한 이들에 의해, 그것도 유대교의 전통에 의하면 불결한 땅에서 압제받는 상황은 실망과 좌절, 충격과 분노, 혼미와 고뇌로 그들을 내몰기에 충분했을 것이다. 시편 137편은 그들의 상황을 단적으로 표현한다.

> 우리가 바벨론의 강변 곳곳에 앉아서 시온을 기억하면서 울었다. 그 강변 버드나무 가지에 우리의 수금을 걸어 두었더니, 우리를 사로잡아 온 자들이 거기에서 우리에게 노래를 청하고, 우리를 억압한 자들이 저희들의 흥을 돋워 주기를 요구하며, 시온의 노래 한가락을 저희들을 위해 불러 보라고 하는구나. 우리가 어찌 남의 나라 땅에서 주의 노래를 부를 수 있으랴.
>
> — 시편 137:1~4

마음의 고통은 바벨론인들의 조롱으로 더욱 심화되었다. 그러나 가장 큰 고통은 망국의 한이 아니었다. 고향을 등진 슬픔도, 한 민족이 함께 살지 못하는 억울함도, 야훼 하나님과의 단절이 주는 고통을 능가할 수는 없었다. 왜 하나님은 우리에게 이런 고통을 겪게 하는가? 우리의 땅은 야훼 하나님이 선조들에게 주신 약속의 땅인데, 이제 우리가 그 땅에서 추방된 것은 하나님이 그 약속을 파기했음을 의미하는 것인가? 약속을 이행하지 않는 신이 참된 신인가? 예루살렘 성전이 파괴된 것은 하나님의 죽음을 상징하는가? 혹 하나님이 죽지는 않았다면 바벨론의 신 마르둑(Marduk)이 더 위대하고 힘이 센 신이고, 그래서 하나님과의 전투에서 승리한 신이란 말인가? 이스라엘의 하나님인 야훼가 자신의 백성을 버렸다면, 오히려 바벨론에 살면서 바벨론을 풍요롭게 하고 보호해 주는 마르둑을 믿는 것이 더 논리적이고 유익한 것이 아닐까?

이렇듯 바벨론 포로민들은 그들의 상황을 하나님과 연관해서 생각했다. 한 공동체로서 살아남기 위해서는 자신이 처한 상황을 신학적으로 정확히 이해해야만 했던 것이다. 그렇지 않고서는 자신들의 미래, 귀향의 꿈을 설계할 수 없었기 때문이다. 현재에 대한 바른 인식이 미래를 향한 첫 발걸음이라는 평범한 삶의 원칙, 이것은 그들이 이방인들과의 싸움에서 선택한 방법이었다. 칼과 창으로 싸울 것이 아니라 붓으로 책을 쓰고 역사를 기록함으로써, 그들은 바벨론 포로에서의 해방을 꿈꾼 것이다. 서기관들은 조상 대대부터 구전으로 혹은 단편으로 전해온 많은 이야기들을 편집하고 재구성함으로써, 바벨론 포로민들에게 왜 하나님이 그들을 포로로 내몰았는가를 정립해주려 했다. 그 하나님 이야기들은 단순히 과거에 있었던 한 이야기에 불과한 것이 아니라 현재 포로상태를 설명해 주는 단서요, 한걸음 더 나아가서는 어떻게 하면 예루살렘을 회복하여 고향으로 다시 돌아갈 수 있겠는가를 알려주는 것이었다.

이런 관점에서 역대기 기자는 역대기상·하를 통해 이스라엘의 역사를 창조에서부터 바벨론 왕국을 붕괴한 페르시아 왕 고레스가 포로민을 해방하는 사건까지 다루면서, 바벨론 포로와 그로부터의 회복이라는 주제를 역사적 사실로서, 그리고 동시에 이스라엘의 영적 상태를 묘사하는 비유로서 기록했다. 즉, 역대기서는 이스라엘이 포로로 잡히고 다시 해방된 것을 단 한 번 일어난 역사적 사실로 기록했다기보다는 전체 이스라엘의 역사 속에서 반복되는 사건, 즉 하나님을 배반함으로 그로부터 멀어졌지만, 그럼에도 불구하고 또다시 찾아오시는 하나님의 은혜로 회복되는 사건의 하나로 이해한 것이다. 이런 주장을 역대기 기자는 하나님의 이 세상에 대한 원래 목적을 설명한 토라의 한 부분인 레위기 26장을 바탕으로 잘 설명하고 있다.

> 너희는 우상을 만들거나 조각한 신상을 세우거나 돌기둥을 세워서는 안 된다. 또 너희가 사는 땅에 조각한 석상을 세우고 그것들에게 절해서는 안 된다. 나는 주 너희의 하나님이다. 너희는 내가 정하여 준 안식의 절기들을 지켜야 한다. 너희는 나에게 예배하는 성소를 속되게 해서는 안 된다. 나는 주다.
>
> ─레위기 26:1~2

십계명에서 보는 것처럼 하나님은 그의 백성 이스라엘에게 하나님만을 유일한 신으로 인정하고 예배하라고 명한다.

너희가, 내가 세운 규례를 따르고, 내가 명한 계명을 그대로 받들어 지키면, …… 나는 너희를 보살펴 자손을 낳게 하고, 자손이 많게 하겠다. 너희와 세운 언약을 나는 꼭 지킨다. 너희는 지난해에 거두어들인 곡식을 미처 다 먹지도 못한 채, 햇곡식을 저장하려고, 해묵은 곡식을 바깥으로 퍼내야만 할 것이다. 너희가 사는 곳에서 나도 같이 살겠다. 나는 너희를 싫어하지 않는다. 나는 너희 사이에서 거닐겠다. 나는 너희의 하나님이 되고, 너희는 나의 백성이 될 것이다.

—레위기 26: 3, 9~12

이스라엘은 하나님의 율법과 질서에 순종할 때 약속하신 축복을 다 누릴 수 있게 된다. 만일 이스라엘이 이 명령에 순종하지 않는다면 하나님은 가혹한 심판을 하실 것이다.

그러나 너희가, 내가 하는 말을 듣지 않고, 이 모든 명령을 지키지 않거나, …… 내가 성난 얼굴로 너희를 쏘아보는 동안에, 너희는 원수들에게 얻어맞을 것이다. 너희를 미워하는 그 자들이 너희를 다스릴 것이다. 너희는 쫓는 사람이 없어도 도망다니는 신세가 될 것이다.

—레위기 26:14, 17

그러나 만일 이스라엘이 그 잘못된 길에서 돌이킬 때 하나님은 약속의 땅으로 회복시켜 주실 것이다.

> 그러나 그들이, 자기들이 지은 죄와 조상들이 지은 죄, 곧 그들이 나를 배신하고 나에게 반항한 허물을 고백하면, …… 할례받지 못한 그들의 마음이 겸손해져서 자신들이 지은 죄로 벌을 기꺼이 받으면, …… 나는 야곱과 맺은 언약과 이삭과 맺은 언약과 아브라함과 맺은 언약을 기억하고, 또 그 땅도 기억하겠다.
> ─레위기 26:40a, 41b, 42

이런 '하나님의 명령 → 이스라엘의 불순종 → 하나님의 심판 → 이스라엘의 회개 → 하나님의 회복하심' 패턴을 통해 역대기 기자는 이스라엘의 영적 상태가 불신앙의 연속(לעם לעם: practice of unfaithfulness)으로 바벨론 포로 때까지 내려온 것이라고 이해한다. 이제 이런 영적으로 최악의 상태에서 이스라엘이 해야 하는 것은 하나님의 이름을 부르며, 겸비하여 기도하며 악으로부터 돌아서는 것이다. 그러면 하나님은 그들을 다시 영적 포로 상태에서 회복시켜 주실 것이다.

> 내 이름으로 일컫는 나의 백성이 스스로 겸손해져서, 기도하며 나를 찾고, 악한 길에서 떠나면, 내가 하늘에서 듣고 그 죄를 용

서하여 주며, 그 땅을 다시 번영시켜 주겠다.

―역대하 7:14

이와 같은 패턴은 에스라의 고백에서 좀더 자세히 보도되고 있다. 에스라는 페르시아 제국의 고레스왕이 포로해방을 선언한 칙령에 힘입어 이스라엘을 재건하기 위해 팔레스타인으로 돌아왔다. 무너진 예루살렘 성전을 재건하는 일, 누가 진정한 하나님의 참된 백성인가 등등 포로 후기에 발생한 많은 이슈들에 직면해서 그는 이렇게 고백한다.

> 기도를 드렸다. "하나님, 너무나도 부끄럽고 낯이 뜨거워서, 하나님 앞에서 차마 얼굴을 들 수 없습니다. 우리가 지은 죄는, 우리 스스로가 감당할 수 없을 만큼 불어났고, 우리가 저지른 잘못은 하늘에까지 닿았습니다. 조상 때로부터 오늘에 이르기까지, 우리가 저지른 잘못이 너무나도 큽니다. 우리가 지은 죄 때문에, 우리뿐만 아니라 우리의 왕들과 제사장들까지도, 여러 나라 왕들의 칼에 맞아 죽거나 사로잡혀 가고, 재산도 다 빼앗기고 온갖 수모를 겪었습니다. 이런 일은 오늘에 와서도 마찬가지입니다."
>
> ―에스라 9:6~7

에스라는 이스라엘의 죄악된 생활이 단지 현재 포로 후기에 국한된 것이 아니라 이미 벌써 이스라엘이 한 공동체로 시작될 때부터 비롯된 것으로 이해했다. 조상 때부터 내려오는 죄와 반역 때문에 자신뿐 아니라 왕과 제사장들을 포함한 이스라엘 전 백성이 이방 나라 왕의 칼에 생명을 잃었고, 심지어 포로로 잡힌 신세가 되었다는 것이다. 바벨론 포로생활은 야훼 하나님이 무력하거나 죽어서가 아니라, 이스라엘의 죄로 인한 당연한 대가라는 이해이다. 에스라의 기도는 전적으로 모든 책임이 자신들에게 있음을 인정한다.

> 그러나 주 우리 하나님께서는, 비록 잠깐이기는 하지만, 우리에게 자비를 베푸시어, 우리 가운데서 얼마쯤을 살아남게 하셨습니다. 또한 주께서 거룩하게 여기시는 곳에, 우리가 살아갈 든든한 터전을 마련하여 주셨습니다. 하나님께서는 우리 눈에서 생기가 돌게 하시고, 잠시나마 종살이에서 벗어나게 하여 주셨습니다. 우리가 종살이를 하였지만, 하나님께서는 우리를 언제까지나 종살이를 하도록 내버려 두지 않으시고, 오히려 페르시아의 왕들에게 사랑받게 하여 주시고, 또 우리에게 용기를 주셔서 하나님의 성전을 다시 짓고, 무너진 곳을 다시 쌓아 올리게 하시어, 유다와 예루살렘에서 우리가 이처럼 보호를 받으면서 살아갈 수 있게 하셨습니다.
>
> ―에스라 9:8~9

에스라는 지금 현재의 상황을 하나님의 은혜로 고백한다. 즉, 하나님은 극심한 심판 가운데에서도 하나님을 바로 신뢰하는 '남은 자(remnant)'를 보존해 두어 다가올 미래를 준비시켜 주셨을 뿐 아니라, 구체적이고 실질적인 구원의 표증으로 성전을 재건축하게 하고 제의 의식을 재정립하게 하셨음을 감사함으로 고백하는 것이다. 또한 과거 이스라엘 전 역사를 통해서 거듭 확인된 하나님의 신실하심과 끊임없는 사랑(steadfast love)이 현재 페르시아 왕들을 통해서도 지속되고 있다고 에스라는 선언한다.

> 우리의 하나님, 주께서 이렇게까지 하여 주시는데, 주의 계명을 저버렸으니, 이제 우리가 무슨 말씀을 드릴 수 있겠습니까? 주께서는 일찍이 주의 종 예언자들을 시키셔서, 우리가 들어가서 차지할 땅은 이방 백성이 살면서 더럽힌 땅이라고 말씀하셨습니다. 거기에서 사는 자들이 역겨운 일을 하여서 땅의 구석구석까지 더러워지지 않은 곳이 없다고 하셨습니다. 우리의 딸을 그들의 아들에게 시집보내지도 말고, 그들의 딸을 며느리로 맞아들이지도 말라고 하셨습니다. 우리가 강해져서, 그 땅에서 나는 좋은 것을 먹으며, 그 땅을 우리 자손에게 영원한 유산으로 물려주려면, 그 땅에 있는 백성이 번영하거나 성공할 틈을 조금도 주지 말아야 한다고 하셨습니다. 우리가 당한 일은 모두 우리가

지은 죄와 우리가 저지른 크나큰 잘못 때문입니다. 그렇지만 주 우리의 하나님은, 우리가 지은 죄에 비하여 가벼운 벌을 내리셔서, 우리 백성을 이만큼이나마 살아남게 하셨습니다. 그러므로 다시는 주의 계명을 어기지 않아야 했습니다. 역겨운 일을 저지르는 이방 백성들과 결혼도 하지 않아야 했습니다. 이제 주께서 분노하셔서, 한 명도 남기지 않고 없애 버리신다고 해도 드릴 말씀이 없습니다.

―에스라 9:10~14

이스라엘이 조상 때부터 죄악된 생활을 하였음에도 불구하고 하나님은 변함없이 그들을 용서하시고 사랑하셨다는 사실에 비추어 에스라는 지금 그들에게 당면한 윤리적·도덕적 문제를 어떻게 해결해야 할 것인가를 모든 백성에게 묻고 있다. 타민족과의 결혼이 문제라기보다는 그로 인한 이스라엘 신앙의 변질과 타락을 염두에 둔 것이다. 포로 이후에 주어진 이 절호의 기회를, 잡혼으로 인해 야기될 신앙의 타락으로 또다시 놓쳐 버릴 것인가? 과거 출애굽 이후 광야 생활 때 이스라엘 민족들이 모압과 미디안의 딸들과 성적 관계를 통해서 그들의 신을 섬긴 것(민수기 25:1~18)과, 솔로몬 왕이 수많은 이방 아내와 첩들의 신을 섬겨 하나님의 진노를 산 것(열왕기상 11:1~13)을 기억한다면, 지금 이스라엘 민족이 우선으로 해야 할 것이 무엇인가? 에스라는 이방 여인들과 결혼한 백성들을 향해 단호한 결단을 촉구한다.

> 그렇지만 주 이스라엘의 하나님, 주님은 너그러우셔서 우리를 이렇게 살아남게 하셨습니다. 진정 우리는 우리의 허물을 주께 자백합니다. 우리 가운데서 어느 누구도 감히 주님 앞에 나설 수 없습니다.
>
> ―에스라 9:15

이스라엘의 하나님은 의로우시기에 이스라엘의 죄를 심판하시는 것이 당연한 일이다. 그러면서도 에스라는 '남은 자'를 예비하신 하나님의 사랑에 그의 궁극적 희망을 두고 있다.

이제 이 역대기 역사를 한마디로 요약한다면, 이스라엘의 역사는 이스라엘의 반복되는 반역에도 불구하고 지속적인 자비와 용서를 베푸시는 하나님의 사랑의 역사라는 것이다. 실패한 이스라엘을 그때마다 다시 일으켜 주시고, 이방신을 섬겨 그의 율법을 어기며 불순종할 때, 진노를 삭이시며 다시 찾아오시는 하나님, 깨어진 관계를 그냥 내버려 두지 않고 다시 회복시키려는 의지의 하나님, 이스라엘 역사는 바로 이 하나님의 이야기인 것이다.

포로 후기 이스라엘 공동체를 재건할 수 있는 근거는 바로 이 하나님의 행동과 의지에 달려 있는 것이다. 에스라와 느헤미야는 이런 신학으로 예루살렘 성전을 재건축하였고, 예루살렘 성벽을 회복하여 하나님의 법을 중심으로 새롭게 이스라엘 공동체를 구성했다. 이스라엘 전 공동체가 법을 읽고, 그럼으로 죄를 고백하고 어떤 상황 속에서도 그 법을 지키겠노라고 자신들의 헌신을 다짐하며, 포로 후기 이스라엘 공동체는 신정국가로 새롭게 탄생한 것이다. 이런 이성적이고 완벽한 공동체라 하더라도, 또다시 죄의 유혹에 빠지기 쉬운 것을 알았던 느헤미야는 "나의 하나님, 나를 기억하여 주시고 복을 내려 주십시오."(느헤미야 13:31c)라고 고백하며 그의 기록을 끝맺는다. 이는 이스라엘의 공동체가 하나님의 법에 비추어 자기 성찰과 반성을 통해 끊임없는 개혁의 과정을 겪어야 함을 시사한다. 이 민족을 통한 하나님의 원대한 목적인 이 세상 전체와의 관계회복은 궁극적으로 미래에 완벽하게 완성될 것임을 이 역대기 사관은 예견하고 있다.

3장

성문서

성문서의 역할

유대의 경전인 TaNaK의 입장에서 보면, K(Kethuvim)에 해당하는 성문서가 제법 많다.

- 시문학으로 시편
- 지혜문서로 잠언, 욥기
- 유대인들이 특정한 절기에 맞춰 낭독하던 5권의 소책자를 한데 묶어서 지칭한 메길로트(Megilloth): 룻기(칠칠절), 아가(유월절), 애가(아빕월), 전도서(장막절), 에스더(부림절).
- 묵시문학인 다니엘
- 이스라엘 역사를 포로 후기의 관점에서 재기술한 에스라, 느헤미야, 역대기.

개신교의 구약성서는 룻기를 사사기와 사무엘상 사이에, 역대기와 에스라, 느헤미야 그리고 에스더를 열왕기하 뒤에 위치시킴으로써 이스라엘 역사서를 재편집하였다. 또한 다니엘을 에스겔과 호세아 중간에 그리고 애가를 예레미야와 에스겔 사이에 넣음으로써 다니엘과 애가 역시 예언서의 한 부분으로 이해했다. 이러한 재편집 과정에서 남은 욥기, 시편, 잠언, 전도서 그리고 아가서가 구약성서의 성문서라는 문학단원에 속하게 되었다.

이 성문서는 하나님 이야기를 전개하는 과정에서 두 가지의 중요한 역할을 한다. 첫 번째로, 하나님께서 이스라엘에게 명하신 율법과 질서는 아무 하자나 결함이 없는 완벽한 것임을 재천명한다. 하나님의 명령에 거듭 실패한 이스라엘이 궁여지책으로 자신의 잘못을 하나님의 법 자체의 문제로 돌릴 수도 있지 않겠는가? 쉽게 말하자면 하나님의 법이 너무나 완벽하고, 인간으로서는 도저히 지킬 수 없을 정도로 고고하기 때문에 이스라엘은 자신들이 시작부터 실패할 수밖에 없다는 변명 말이다. 이스라엘은 법을 지키려고 온갖 노력을 했지만 만일 법 자체가 이스라엘 백성들의 능력 이상의 것을 요구했다면, 그것은 이스라엘의 잘못이라기보다는 법을 주신 하나님의 잘못이 아닌가?

이런 질문과 논지를 일거에 잘라 버리는 것이 바로 성문서의 역할이다. 두 번째로, 성문서는 이스라엘이 실패와 좌절과 혼란 속에서도 어떻게 하나님의 선택받은 민족으로 살 수 있는가를 밝혀 준다. 실패로 점철된 역사를 인정하면서 그로 인해 생겨난 아픔과 절망을 토로하며 삶의 의미를 찾아가려는 지혜자의 모습 또한 이 성문서가 우리에게 그려 주는 그림인 것이다. 이런 두 가지 중요한 역할들을 시편과 잠언, 욥기, 전도서를 하나로 묶은 넓은 의미의 지혜서를 살펴봄으로서 정리해 보도록 하자.

시편

150여 편의 시들로 구성된 이 시편은 한 사람의 신앙자나 더 크게는 한 공동체의 신앙의 여정을 노래한 것같이 보인다. 신앙의 여정에는 처음과 끝이 있듯이 시편 1편과 150편은 신앙인의 삶이 어떻게 시작해서 무엇으로 끝맺어야 하는지를 노래하고 있다.

> 행복한 사람은 나쁜 사람들의 꼬임에 따라가지 않는 사람입니다.
> 행복한 사람은 죄인들이 가는 길에 함께 서지 않으며, 빈정대는 사람들과 함께 자리에 앉지 않는 사람입니다.
> 그들은 여호와의 가르침을 즐거워하고, 밤낮으로 그 가르침을

깊이 생각합니다.

— 시편 1:1~2, 쉬운 성경에서

흔히 지혜 시편이라 불리는 이 시편은 이스라엘 신앙에서 가장 근본적인 것이 하나님의 말씀에 대한 순종이라고 역설한다. 하나님을 경외하는 신앙자의 첫걸음은 말씀을 주야로 묵상하며 그 말씀대로 행하기를 노력하는 것이다. 말씀 순종 여부에 따라서 인생이 의로움과 죄악으로, 행복과 저주로 확연히 구분된다. 하나님은 율법에 따라 삶의 목표를 정하고 모든 행동 중 먼저 할 것과 나중 할 것을 결정해서, 그대로 실행에 옮기는 사람의 삶을 그 약속대로 보호하시며 인도하신다. 행복이라는 결과를 얻기 위해 율법을 지키는 것이 아니라 율법 자체에 만족하며 삶을 영위하는 것이다.

행복이란 마치 시냇가에 심어진 나무가 과실을 맺는 것처럼, 하나님의 법이라고 하는 바른 위치에 서 있을 때, 부수적으로 맺어지는 결과이다. 행복을 위해 율법을 사용하거나 이용하는 것이 아니라, 율법을 제일주의로 섬길 때 행복은 그 부산물로 얻어진다는 신앙의 지혜를 말하고 있다. 이와 반대로 악인의 삶이란 율법을 거역한 삶으로, 그 삶은 바람에 나는 겨와 같이 흩어질 것이다. 이렇듯 이스라엘은 율법을 순종하는 것이 하나님과의 바른 관계의 출발점이라고 고백한다.

왜냐하면 하나님의 법은 완전하기 때문이다. 시편 19편은 다음과 같이 하나님의 법에 대하여 고백한다.

> 여호와 주님의 법 온전하여라. 생기가 돋게 하신다.
> 여호와 주님의 명령 미쁘시어라. 사람살이 둔한 사람 깨우치신다.
> 여호와 주님의 가르침 곧기도 하여라. 마음 기쁘게 하신다.
> 여호와 주님의 계명 깨끗하기도 하여라. 사람 눈뜨게 하신다.
> 여호와 주님 모시고 사는 길 참으로 순결하여라. 그런 사람 영원히 살리라.
> 여호와 주님의 판결 참되어라. 하나같이 바르다.
> 이 모든 금보다 그 어떤 순금보다도 더 소중하다.
> 달디단 꿀보다 꿀송이에서 뚝뚝 떨어지는 꿀보다도 더 달아라.
>
> ―시편 19:7~10

하나님의 법은 온전하여, 생기를 돋게 하고, 바르고 깨끗하며, 참되다는 시편 기자의 주장을 어떻게 액면 그대로 받아들일 수 있을까? 이 주장은 논리적 차원에서 설명되어 수긍되기보다는 이성적으로 판단될 수 없는 하나의 고백으로 간주되어야 하지 않겠는가? 시편 기자는 이런 회의를 하나님이 온 세상을 창조하신 분이라는 사실에 근거하여 잠재운다.

하늘이 하나님의 영광을 이야기하고 창공이 주님의 솜씨 널리 알려 줍니다.

낮이 낮에게 알리고 밤이 밤에게 그 일을 전합니다.

아무 말 하지 않아도 들어라, 외치지 않아도 온누리에 그 외침 두루 퍼지고 땅끝까지 그 이야기 번져 갑니다.

해가 머물 장막 하늘에 펼치시니 해가 신방에서 나오는 신랑인 양 힘차게 치닫는 용사인 양 저 하늘 끝에서 불끈 솟아올라 하늘 저 끝으로 내달리니 그 뜨거운 볕 받지 않는 이 하나 없습니다.

―시편 19:1~6

하나님의 법이 완전한 것은 우주 삼라만상이 우리의 현재 상황에 따라 좌우되지 않고 창조된 목적과 계획 속에서 질서 있게 운행되고 있는 것을 통해서 알 수 있다는 것이다. 마치 우리의 현 처지가 실패와 환란으로 가득 찼다 해도, 해는 여전히 동쪽에서 떠서 서쪽으로 지는 것처럼 말이다. 아무리 추운 겨울이 계속 된다 해도 그 뒤를 이어 봄이 오는 것은 우리의 의지와는 무관한 것이다. 따라서 변화 무쌍한 인간의 삶 속에서 변하지 않는 창조질서를 볼 때, 그것을 창조한 하나님의 법은 완전함을 알 수 있다.

또한 시편 119편은 176절이라는 방대한 분량을 통해 하나님 법의 완전함을 찬양한다. 단순히 고백적 차원을 넘어서 이 시편은 단어의 선택이나 심지어 전체 구조를 통해서 하나님의 법이 처음부터 끝까지 하자가 없는 완벽한 말씀이라고 설득한다. 구체적으로 아크로스틱(acrostic)이라는 문학형태, 즉 각 구절이 히브리어 알파벳의 순서에 따라 시작하는 구조로 되어 있다.(시편 9, 10, 25, 37, 111, 112, 145편) 더 자세히 말하면 176절로 이루어진 시편 119편은 히브리어 22자음 전부가 각각 8절로 구성되어 정교하고 완벽한 구조로 되어 있다. 심지어 8절로 구성된 한 연(stanza)도 각 구절구절들이 동일한 자음으로 시작하는 형태를 갖고 있다. 마치 알파벳이 모든 자음을 다 포함하고, 또한 처음부터 끝까지 순차적으로 배열되어 제 기능을 하듯이, 하나님의 법이 이렇듯 처음부터 끝까지 일관성이 있으며 모든 것을 포함하는 완벽한 것이다.

특이한 것은 한 자음이 8구절로 구성된 것과 비슷하게 '하나님의 말씀' 또는 '법'을 지칭하는 8개의 히브리어 단어들이 전체 시편에 골고루 사용되고 있음을 볼 수 있다. 시편 119편은 이런 특이한 구조를 통해서 하나님의 법은 완벽할 뿐만 아니라 삶을 새롭게 하며 역동케 하는 창조적 능력이 있음을 말한다.

또한 하나님의 법은 비인격적인 규례로 어떤 절대적이며 추상적인 요소가 아니라 하나님의 인격적 '말씀'이다. 구원의 능력으로 창의적으로 깊숙이 침투하는 법의 능력은 바로 이것이 하나님의 입을 통해서 직접 인류에게 선포된 말씀이라는 사실에 근거한다. 인간은 이 세상에서 항상 무엇인가를 향해서 떠나는 방랑자로서 참된 목적지에 도달하기 위해서는 바른 길을 선택해야 하며, 하나님의 율법이 그 길을 밝혀 인도한다. "주님의 말씀은 내 앞길을 비춰 주시는 등불 내 갈 길 밝혀 줍니다."(시편 119:105) 따라서 이 하나님의 법을 따르고 행하는 것은 결코 무거운 짐이 아니라 벌꿀보다도 더 단 것을 맛보는 기쁨이다.

어쩌면 150여 편으로 된 시편 전체 구조가 하나님 법의 온전함과 순종의 기쁨을 암시하고 있는지도 모른다. 왜냐하면 150여 편이 다섯 권의 책(1~41, 42~72, 73~89, 90~106, 107~150편)으로 구성되어 있고, 이는 구약성서의 첫 문학단원인 토라(하나님의 온 세상을 향한 계획)의 형태를 모방했기 때문이다. 또한 각 권이 이스라엘의 하나님 야훼를 영원토록 찬양하는 권고로 동일하게 끝을 맺고 있는 점은(41:13, 72:18~19, 89:52, 106:48, 150:6) 150여 편의 시편이 오경의 형태로 구성된 것은 우연의 일치가 아니라 다분히 의도적임을 시사한다. 동시에, 이런 구조는 하나님은 이스라엘 민족 그 어느 누구든지 개인이나 공동체를 막론하고 신뢰할 수 있으며, 그의 신실함은 영원불변하다는 것을 인정하라는 뜻이리라.

불변하는 창조의 질서를 통해 하나님의 법의 완전함을 배우고, 그 법을 매일매일 순종하므로 변화무쌍한 삶을 질서화한다면 이스라엘은 복된 자로 하나님과 의로운 관계를 확립할 수 있으며, 그의 공의로운 계획을 세상에 드러낼 수 있는 기회를 다시금 얻는 것이다. 이런 의도가 시편이 성문서 중에서 제일 앞에 위치하며, 더욱이 150여 편이 하나님의 법을 찬양하는 시편 1편으로 시작하는 구조에 스며들어 있다.

한걸음 더 나아가서, 시편은 율법을 순종하는 것이 하나님과의 바른 관계의 출발점이지만, 신앙 여정의 전체를 대변하지는 않는다. 이 관계의 마지막 종착역은 시편 150편에 잘 반영되어 있다.

> 할렐루야.
> 주님 성전에서 하나님을 찬양하여라.
> 엄청난 주님의 힘 궁창에서 찬양하여라.
> 하신 일 놀라워라, 주님을 찬양하여라.
> 위대하고 위대하시니 주님을 찬양하여라.
> 뿔나팔 불어 주님을 찬양하여라.
> 거문고 뜯으며 가야금 뜯으며 주님을 찬양하여라.
> 북 치고 춤추며 주님을 찬양하여라.
> 둥다딩 현악기 뜯으며 삘리리 피리 불며 주님을 찬양하여라.
> 바라 치며 주님을 찬양하여라.

철거렁 철거렁 바라 치며 주님을 찬양하여라.

숨쉬는 모든 것들아, 여호와를 찬양하여라.

할렐루야.

—시편 150편

이 시편은 '하나님을 찬양하라'는 권고로 처음과 끝을 맺고 있다. 더욱이 호흡이 있는 모든 만물이 주의 성소와 하늘에서 온갖 악기로 하나님의 위대함을 찬양하라고 명한다. 찬양해야 할 동기와 이유를 제공하지 않는다는 점에 주목하자. 하나님의 은혜를 입은 순간이든, 실패로 가득 차 회의와 낙담에 빠져 있을 때든, 설명하기 어려운 사건에 휩싸여 있든, 심지어 죽음의 그늘 아래에서 신음하고 있다고 해도, 믿는 자의 신앙 여정의 마지막은 하나님을 찬양하는 것이다.

어떤 상황을 막론하고 무슨 이유를 불문하고, 하나님의 하나님 되심으로 인해 그를 송축하라고 이 시편은 독려한다. 즉, 신앙의 여정은 말씀을 순종함으로 시작해서 무조건적으로 하나님을 숭앙(adoration)하는 것으로 끝을 맺고 있다. 그렇다면 신앙 여정의 중간을 시편은 어떻게 설명할까? 우리는 시편 기자의 통찰에서 신앙도 우리의 삶과 마찬가지로, 안정(orientation) → 불안정(disorientation) → 새로운 안정(new orientation)이라는 패턴이 계속 반복되는 것으로 볼 수 있다.

안정의 상태란 하나님의 신실성이 확인된 상태로 그를 신뢰할 수 있고, 의지할 수 있기에 신앙에 대한 확신과 자신이 넘치는 때이다. 마치 어떤 일을 시작할 때 선임자로부터 충분한 오리엔테이션을 받았을 때의 상태, 다가올 내일의 과제에 대한 걱정이 그것을 감당할 수 있다는 자신감으로 눈녹듯 사라질 때, 어떤 곤경에 처하더라도 그것이 마지막이 아니라는 넉넉한 마음가짐이 '안정상태' 라 말할 수 있을 것이다.

시편 145편은 바로 이런 상태의 예로 하나님의 성품을 소개해준다. 시편 145편에 의하면, 하나님은 은혜로우시며 자비로운 분이시다("여호와 안쓰러운 것 보시면 어찌할 줄 몰라 마음 아파하시며 측은한 것 보시면 가슴저려 눈물 흘리시는 분. 어지간해서는 화를 내지 않으시고 그 사랑 하도 크시어 한결같이 아껴 주시고 따스하게 대해 주시는 분." 시편 145:8). 이 하나님은 모든 이에게 선을 베푸시어 그가 창조한 모든 것에 선한 관심을 보이신다("여호와 어지시어 삼라만상을 아끼시며 주께서 손수 지어내신 모든 것에 극진한 사랑을 베푸시도다." 시편 145:9) 이 하나님은 자신의 말에 신실하시기에 신뢰할 수 있는 분이다("The Lord is faithful to all his promises and loving toward all he has made.(NIV)" 시편 145:13b). 특별히 이 하나님은 약자와 곤경에 처한 이들을 건져내시며("여호와께서는 쓰러진 이 그 누구든 붙잡아 주신다. 어려움 속에 빠진 이 그 누구든 도와주신다." 시편

145:14), 그 하는 모든 일이 공의로우며 유익하다("여호와께서는 하시는 일마다 바르시며 이루시는 일마다 자애가 넘치십니다." 시편 145:17). 따라서 인간은 모든 창조물에 대한 하나님의 섭리적 돌보심(providential care)을 인식할 때에 두려움보다는 기쁨과 환희가 가득한 삶을 영위할 수 있는 것이다.

그러나 문제는 인간의 삶이 항상 '안정의 상태'만으로 규정될 수 없다는 데 있다. 예기치 않은 불행과 고통이 다가오기도 한다. 실수와 잘못으로 당하는 고통도 있겠지만, 삶을 규칙과 법에 따라 성실히 살다가도 때로는 본의 아니게 궤도에서 이탈하게 될 수밖에 없는 상태도 있다. 우연치 않은 곳에서 스스로의 잘함과 못함을 떠나서 예상하지 못한 불행이 갑자기 닥쳐 올 때도 있다는 것이다. 무질서와 소외감, 억제할 수 없는 분노와, 삶 자체에 대한 경멸 등으로 가득 찬 불안정의 상태를 만나면 인간은 일반적으로 두 가지로 반응한다.

첫 번째로, 불의한 현실을 부정하는 태도이다. "나에게 어떻게 이런 일이 일어날 수 있는가? 왜 하필 나인가?(why me?)" 암울한 현실을 직시하기보다는 그 자체를 부인함으로써 스스로를 속이는 모습이 우리에게 있는 것이다. 가령 사슴이 총을 겨눈 사냥꾼과 눈이 마주쳤을 때 그저 눈을 감아 버리는 것처럼 말이다. 아무리 눈을 꼭 감아도 위험과 불행의 현실은 그대로 존재하지만, 그것을 애써 부인하려는 것이다.

둘째는 이와 반대로, 불안정의 상태 때 인간은 내일에 대한 희망을 성급히 끌어당겨 어두운 오늘을 뒤덮으려는 태도를 취한다. "모든 일이 다 잘될 거야!" 라고 근거없는 위로로 스스로를 속인다. 보통 사람이라면 아무도 고통을 즐기거나 그 상태를 연장하려 하지 않을 것이다. 그러나 불행의 현실을 있는 그대로 받아들이는 것도 삶의 지혜가 아닌가? 혹자는 신앙인이 하나님의 섭리를 의심하여 그에게 불만을 토로하고 항의하는 모습을 불신앙의 표현이요, 신앙의 실패로 간주하기도 한다.

그렇지만 시편 기자는 탄식과 불평불만의 절규도 하나님께 마땅히 드려질 수 있다고 주장한다. 나약한 신앙의 표현이 아니라 오히려 용감하고 담대한 신앙의 외침이다. 왜냐하면 인간의 삶의 모든 경험들은 하나님과의 대화의 주제가 되어야 하기 때문이다. 그 어떤 삶의 경험들이라도 하나님께 알려져야 하고, 논의의 대상이 되어야 한다. 왜냐하면 하나님께서 모든 삶의 처음이요 마지막이기 때문이다. 하나님과 대화하는 데 있어서 인간 스스로가 어떤 것은 합당하고 올바른 주제라 하고, 또 어떤 것은 부적당한 논제라 판단하는 그런 일은 있을 수 없다는 것이다. 모든 것이 하나님에게로부터 왔기 때문에 모든 것을 하나님 앞에서 내놓고 논의할 수 있어야 하는 것이다.

150여편의 시편 중에서 1/3이 소위 어둠의 시편(Psalms of darkness)이라 불리는데 이 중 한 예를 들어보자.

> 여호와여, 언제까지입니까?
> 아예 영영 저를 잊으려 하십니까?
> 언제까지 어느 때까지 주님의 얼굴 돌리시렵니까?
> 언제까지 쓰라린 이 마음을 간직해야 하나요?
> 언제까지 이 고통 견뎌야만 하나요?
> 날이면 날마다 당하는 이 괴로움 참아내야만 하나요?
> 언제까지 원수들이 우쭐대며 나를 우습게 여기는 꼴을 지켜 봐야만 하나요?
>
> ─시편 13:1~2

이 구절은 시편 기자가 불만(complaint)을 토로한 것이다. 우리가 주목해야 할 것은 이 기자의 상태가 얼마나 심각한가 하는 것보다, 그의 상태가 바로 하나님의 외면으로 야기되었다는 점이다. 현상태의 정확하고 구체적인 원인이 무엇이든 간에 시편 기자는 자신의 상태를 하나님과의 관계 속에서 인식한 것이다. 이 세상에서의 모든 문제들의 가장 밑바닥에는 하나님의 부재와 하나님의 외면이 있는 것이다.

여호와 나의 하나님, 굽어 살피시어 대답해 주소서.
죽음의 잠에 빠져들지 않도록 눈을 번쩍 뜨게 하소서.
'우리가 저것을 눌러 버렸다' 하고 원수들이 떠벌리지 못하게 하소서.
내가 고꾸라지는 꼴 바라보고 고소해하지 않게 하소서.

―시편 13:3~4

이런 영혼의 고통 속에서 시편 기자는 하나님께 간청(petition)한다. 이 간청이 명령투로 표현되는 것에 주목하자. 피조물인 인간이 창조주에게 명령조로 기도하는 장면을 상상해 보라. 왜 시편은 인간이 이토록 담대한 능력이 있음을 은근히 암시하는가? 하나님이 모든 것을 다 알고 계신다면 왜 시편 기자는 자신의 요구를 이토록 강하게 호소하는가? 이런 명령형의 간청은 시편 기자로 하여금 그 스스로 현 상태의 심각성을 하나님께 알릴 필요가 있음을 자각하게 한다. 하나님이 그의 상태를 아시며 또한 그 해결책도 갖고 있음을 부정하는 것이 아니라, 시편 기자 스스로가 하나님이 무엇을 알고 있으며 어떻게 해결할 것인가를 모르기 때문에 그 나름대로 하나님께 요구해야 함을 가르쳐 준다. 설령 그의 요구가 관철되지 않는다 해도 말이다.

주께서 이 몸을 끊임없이 한결같이 아껴 주실 것을 분명히 믿습니다.

주께서 이 몸 건져 주실 것이기에 한없이 기뻐합니다.

넉넉한 사랑으로 맞아 주시는 여호와 우리 주께 찬양드립니다.

—시편 13:5~6

불만을 토로하고 강력한 호소를 거친 후, 이 시편 기자는 놀랍게도 하나님에 대한 확신을 노래한다. 왜 이런 갑작스런 변화가 일어났을까? 이는 그가 고통의 현실에서 구속받았기 때문이 아니다. 해방은 아직도 미래에 일어날 일이다. 그럼에도 불구하고 이 시편 기자는 과거에 하나님이 자기를 구해 주신 경험을 통해, 오늘도 하나님이 동일한 구속의 능력을 베푸실 것이라고 확신한다. 과거의 경험이 현재의 고난을 극복할 수 있는 원동력이 되었다는 것이다. 이처럼 '불만의 토로→강력한 호소→응답의 확신'이라는 유형은 하나님과의 깨어진 관계를 인정하면서도 하나님의 백성으로 남아 있으려는 몸부림이요, 실패의 삶을 살아가는 지혜임을 보여준다.

이스라엘은 하나님의 부재와 하나님의 침묵이 자신의 현 상태임을 정확히 파악했을 뿐 아니라, 그 고난의 현장이 과거에 있었던 하나님의 구속사건과 연결되어 있기에 미래의 회복에 대한 신뢰의 찬양을 할 수 있었던 것이다. 이 시편은 고통의 현실을 부인하거나 소홀히 취급하지 않고 아픔을 아픔으로 느끼며, 고통의 현장에서 하나님의 새로운 회복의 사건을 기다리는 삶의 태도를 제공한다.

이제 고통 중에 기다리던 구속의 순간이 찾아왔다. 인생이 항상 불안정한 상태로 계속되는 것만은 아닌 것처럼, 신앙의 여정도 회의와 실의를 거쳐 새로운 국면을 맞게 된다. 분명한 것은 '새로운 안정 상태(new-orientation)'가 신앙인의 믿음과 끈질김으로 인해서 생긴 것이 아니라는 것이다. 그와 반대로 이 상태는 하나님이 전격적으로 개입해서 만들어낸, 하나님의 놀라운 선물인 것이다. 인간의 힘으로 새로운 안정 상태를 이룩할 수 있다면, 인간이 삶의 주체됨을 인정하는 것이 아닌가? 하나님이 만물의 질서를 움직이는 분이라고 고백하는 한, 이 새로운 상태도 하나님의 시간에, 하나님의 계획에, 하나님의 방법에 따라 이루어지는 것이다. 신앙자의 신앙 때문이라기보다는 하나님의 무조건적인 자비와 긍휼 때문에 신앙자는 새로운 도약을 할 수 있는 상태로 옮겨지게 되었다. 시편 30편은 이런 새로운 안정 상태를 잘 반영하고 있다.

> 여호와여, 주님을 드높이 받들어 찬양합니다. 주께서는 이 몸을 저 밑바닥에서 들어 올리시어 내 원수들이 다시는 기뻐 날뛰지 않게 하셨습니다.

여호와 하나님이여, 이것이 살려 달라 울부짖을 때 아파서 고통 받는 저를 고쳐 주셨습니다.
여호와여, 주께서는 저 무덤에서 이 몸 건져 주시고 저 죽음의 구렁텅이에 아주 빠져 들지 않게 하셨습니다.

―시편 30:1~3

이 구절에서 보는 바와 같이 시편 기자는 5번에 걸쳐 하나님이 구체적으로 어떻게 자신을 도와주었는가를 상기한다. 스스로 음침한 구덩이에서 탈출한 것이 아니고, 적의 조롱의 화살을 피한 것도 아니며, 죽음의 권세를 깨뜨린 것도 아니다. 하나님이 먼저 이 모든 고통 속에서 그를 건져내셨기 때문에 그는 하나님을 찬양한다.

주님의 성도들아, 여호와께 노래 불러라.
한없이 자비로우신 분 거룩하신 이께서 하신 일마다 기억하여라.
고마워라, 주께 감사하여라.
화를 내시는 것은 잠시뿐 평생토록 어여삐 감싸 주신다.
저녁에 슬퍼 눈물 흘릴지라도 아침이 되면 눈물을 닦아 주신다.
기뻐 소리치게 하신다.

―시편 30:4~5

놀라운 것은 시편 기자가 자신이 구원받은 것을 계기로 해서 믿는 다른 성도들에게 함께 하나님을 찬양하자라고 초청한다는 사실이다. 개인의 삶과 공동체의 삶이 분리된 것이 아니라 서로 불가분의 관계에 있음을 암시한다. 즉, 한 개인의 경험은 공동체의 경험으로 전환되어야 한다. 이 초청은 개인 스스로의 의지로 되는 것이 아니라 그가 겪은 경험이 그로 하여금 말하지 않고는 견딜 수 없도록 그의 내면에서 작용하는 것이다. 따라서 공동체에 속한 모든 신앙자들도 간접적으로나마 하나님의 구속을 경험하게 되는 것이다. 나 스스로는 불안정과 어둠의 실패를 직접적으로 경험하지 못했지만, 타인의 고백에 동참함으로 그의 초청에 응하게 되고 이를 통해 깊고 놀라운 하나님의 활동을 체험할 수 있게 된다.

마음이 이다지도 뿌듯하여라. 절대로 영원토록 흔들림 없어.

여호와여, 그렇게도 잘해 주시더니 든든한 산성같이 지켜 주시더니 얼굴을 가리시니 웬일이신가요? 이 몸은 무서워 떨 뿐입니다.

여호와여, 주께 살려 달라 부르짖습니다. 주님의 손길 애타게 간구합니다. 이것을 불쌍히 여겨 주소서.

이것이 이렇게 죽어 간다고 주께서 좋으실 일 있으신가요?

이 몸이 무덤 속에 들어간다고 주께서 기쁘실 일 있으신가요?

티끌이 어떻게 주님을 찬양하며 어떻게 어진 주님을 사람들에게 자랑할 수 있을까요?

여호와여, 들어주소서. 이 몸을 어여삐 여겨 주소서. 이것을 어떻게 좀 도와주소서.

슬프던 내 마음 이제는 기뻐 덩실덩실 춤추게 하시고 베옷을 벗기어 기쁨의 띠를 띠워 주셨어요.

하온데 어찌 입 다물고 있을 수 있나요?

입 벌려 주께 노래 부르지 않을 수 있나요?

여호와는 나의 하나님, 영원토록 이 고마움 어찌 다 말하리요.

— 시편 30:6~12

시편 기자는 또 한 번 자신의 경험을 자세히 설명한다. 6절에서 보여준 그의 안정된 상태가 하나님의 부재와 외면으로 인해 무참히 깨어졌음을 7절에서 고백한다. 실제로 하나님께서 그를 피한 것이 아니라, 닥쳐 온 불안정의 상태가 그로 하여금 하나님을 볼 수 없도록 가려 버린 것이다. 마치 길을 가다가 먹구름 아래를 지나갈 때, 그 위에서 항상 비치고 있는 태양이 모습을 감추었다고 느끼는 것처럼 말이다. 이런 상태에서 시편 기자는 자신이 어떻게 하나님께 청원하고 호소했는가를 8~10절에 자세히 보도한다. 이런 간구가 하나님의 결정적인 행동들, 즉 '바꾸었다', '벗겼다', '입혔다' 라는 하나님의 행동들에 의해서 응답되었다. 새로운 안정의 상태로 한 단계 높아졌다는 것이다.

중요한 것은 이런 유형(orientation-disorientration-new orientation)이 신앙자를 한층 더 깊은 신앙으로 인도하는 것이다. 하나님에 대해 '알아간다' 는 것은 그저 다람쥐 쳇바퀴 돌듯이 계속 같은 평면에서 회전하는 것이 아니라, 마치 계단을 오르는 것처럼 한 층씩 위를 향하여 올라가는 경험인 것이다. 아픔을 경험할수록 더 성숙한 믿음으로 성장하는 것처럼 말이다. 시간의 흐름이 신앙의 척도가 될 수 없고, 마치 한 계단과 또 다른 계단 사이가 끊어지면서도 연결된 것처럼 신앙의 단계에도 본질적인 뛰어넘음(leap)이 있는 것이다. 불안정의 상태가 예기치 못한 때에 불시로 닥쳐오는 것처럼, 새로운 안정의 상태로의 전환은 또 다른 신앙의 단계로 뛰어넘어감으로 가능하다. 이를 경험한 자는 하나님이 신앙 여정의 시작이요, 중간이며, 끝임을 고백할 수 있는 것이다.

이렇듯 이스라엘은 하나님과의 깨어진 상태를 하나님의 입장에서 고찰하였다. 개인적으로 신체의 병이나 적대자들의 모욕이나 냉대를 감수해야 할 때, 공동체적으로 서로 시기와 분쟁으로 화합이 없을 때, 국가적으로 바벨론의 포로로 국가라는 존재가 송두리째 깨어졌을 때, 그들은 이 모든 일들을 하나님께 토로했으며, 하나님께서 과거에 행하신 행동들로 인해 또다시 직접적으로 개입하시리라 믿었다. 그 믿음을 통해서 하나님을 찬양하였다. 이제는 어린 아이의 신앙이 아니요 사춘기를 거쳐 성숙한 어른의 신앙의 경지로 올라간 것이다. "깨어진 관계를 회복하러 찾아오시는 하나님을 잠잠하여 기다리라. 그가 곧 오시리라." 이것이 시편이 주는 교훈이며 실패의 삶을 견딜 수 있는 유일한 힘인 것이다.

지혜서

지혜를 찾는 것은 삶의 의미를 묻는 것이다. 지혜를 찾는 자는 이 세상 그 어떤 일에도 우연의 일치란 없으며 그 나름대로 특별한 뜻이 내포되어 있다고 전제한다. 또한 세상의 일들이 단순히 산발적으로 발생하는 것이 아니라, 무엇인가 커다란 체계나 원리 가운데 서로 연결되어 있다고 생각한다. 따라서 지혜를 구하는 것은 인간 모두의 기본적인 관심사이고, 그렇게 얻어진 지혜는 시대와 문화와 인종을 넘어서서 서로 나눌 수 있는 인류 공동의 소유물인 것이다. 그렇다면 하나님을 유일신으로 믿는 이스라엘 공동체는 삶의 의미를 무엇이라고 규정하며 어떻게 그것을 찾았을까? 특히 그들은 그들이 처한 고난의 현실을 어떻게 이해했을까? 지혜문서라 불리는 잠언, 욥기, 전도서 등을 통해서 이스라엘이 발견한 '지혜'를 살펴보자.

먼저 잠언서는 세 가지 '지혜'에 대해 논의한다. 첫 번째는 보통 사람들이 인식할 수 있는 생활의 지혜(commonsense proverbs)로 상식에 가까운 것이다. 예를 들면 행복한 삶을 위해서는 게으르지 말고 열심히 일해야 하며, 술 취하지 말고 항상 매사에 신중을 기하라고 잠언서는 충고한다. 이 충고를 명심할 때, 사람들은 장수할 것이며 생산성 있고 만족한 삶이라는 대가를 얻게 될 것이다. 이런 일반적 지혜는 하나님을 믿는 사람이 아니더라도 쉽게 알 수 있으며 건강한 삶을 원하는 모든 이들에게 적용될 수 있는 지혜이다.

둘째로, 잠언서는 '지혜'란 단순히 인간이 마땅히 해야 할 원리적 도덕 행위뿐 아니라, 그것을 넘어서서 창조질서 속에 숨겨진 하나님의 계획과 의도를 찾으려 노력하는 것이라고 주장한다. 세속적인 의미의 지혜가 신학적이고 신성한 의미의 지혜로 발전해 나간 것이다. 만일 우리가 하나님의 비밀스러운 계획을 감지할 수만 있다면, 오늘의 삶에서 우선 순위를 정할 수 있을 것이며, 과거의 일들 또한 올바르게 재평가할 수 있지 않겠는가?

셋째로, 잠언서는 '지혜'란 인간의 노력으로 얻어지는 지식의 한 종류에 그치지 않고, 하나님의 계획을 공포하는 전달자의 사명도 감당하는 그 어떤 것이라고 역설한다. 이 세 번째 의미에서 지혜는 객관화된 실체에서 더 나아가, 인간의 모습을 입은 하나님의 대변자가 된 것이다. '지혜'에 해당하는 히브리어(호크마)가 여성명사이기에 잠언서는 이 세 번째 의미의 지혜를 여성으로 표현하며, 마치 예언자처럼 광장에서 사람들에게 하나님의 길을 택하라고 권면하고 있다. 이와 반대로 하나님의 길에서 인류를 이탈시키려고 유혹하는 반-지혜자의 모습을 잠언서는 '창녀'로 표현한다. 자비로운 '어머니'의 모습을 한 지혜와 '창녀'의 모습을 한 반-지혜가 설파하는 충고 중에서 어느 것을 택해야 하는가는 불 보듯 자명한 이치이다. 그러나 현실적으로 인류는 쉽게 '창녀'의 소리에 귀를 기울여 온 것이 사실이 아닌가?

선한 어머니가 전하는 잠언은 하나님을 두려워하라고 권한다. 이것이 지혜의 시작이기 때문이다("주를 경외하는 것이 지식의 근본이거늘 어리석은 사람은 지혜와 훈계를 멸시한다." 잠언 1:7). 하나님을 독재자로 간주하고서 그 앞에서 두려워 떨라는 것이 아니라, 하나님을 경외하며 그의 광대하심과 거룩하심에 경의를 표하는 것이 지혜를 구하는 첫걸음이라는 것이다. 이는 신앙과 지식은 서로 상반된 것이 아님을 제시한다. 신앙은 지식을 추구하는데 걸림돌이 아니라, 오히려 참된 지식의 기반이 되는 것이다. 이렇게 하나님을 두려워하는 자를 잠언서는 진정한 지혜자라고 부른다. 한 사람이 가지고 있는 우수한 두뇌, 수많은 능력과 재능, 바른 사고방식, 고도의 사회적 위치가 그 사람을 지혜롭게 만드는 것이 아니다. 잠언서에서 말하는 어리석은 자란 지능이 부족한 자를 지칭하는 것이 아니다. 그는 '어머니'의 훈계를 저버리고 '창녀'의 감언이설(甘言利說)을 택한 자이다. 이런 결단은 일시적 삶의 불편함을 넘어서 삶과 죽음을 선택하는 것이기에 심각한 것이다. 지혜로운 자와 어리석은 자의 구분은, 교만과 자만을 버리고 하나님의 뜻을 따르겠다는 결단 여부에 달려 있는 것이다.

문제는 세상에서 벌어지는 일들이 반드시 이런 두 범주에만 속한 것이 아니라는 데 있다. 착실히 법을 지켜가며 사는 일반인들이 부의 축적은커녕 하루하루 살기도 힘든 반면, 거짓과 권모술수로 사람을 이용하는 이들이 더 많은 재물과 권력을 누리는 현실을, 잠언서는 어떻게 설명할 것인가? 왜 선한 사람이 고통을 받아야 하며, 의로운 사람이 핍박을 받아야 하는가? 왜 무죄한 사람이 고난을 받아야 하는가 말이다. 이스라엘 공동체도 이런 질문을 무수히 던졌으리라. 나름대로 열심히 신앙을 지키며 살려고 노력했는데, 축복은 고사하고 타민족으로부터 침략과 수치만 당했다면 과연 잠언서의 말씀이 효력이 있다고 해야 할까? 이스라엘은 야훼 하나님만이 참된 신이며 그는 공의로워서 의로운 자에게는 상급을, 악한 자에게는 심판을 내리시는 신으로 믿었다. 그러나 세상 현실은 이런 보상원칙이 항상 지켜지는 것은 아니지 않는가? 그렇다면 유일한 신인 하나님, 정의로운 하나님에게 문제가 있는 것은 아닌가? 만일 하나님의 말씀을 따라서 살아도 그에 해당하는 보상이 없고, 또 만일 어리석고 악하게 살더라도 아무런 심판과 벌이 주어지지 않는다면, 구태여 하나님의 법을 따를 필요가 없지 않는가? 이것이 지혜문서 중의 하나인 욥기의 질문이다.

> 사람들은 자기 땅을 더 넓히려 경계로 세워 놓은 말뚝을 옮겨 놓고, 가축을 훔쳐다가 자기 가축떼 속에다 섞어 놓기도 하지.
> 고아들에게서 나귀를 빼앗아 가고 빚 갚지 않는다고 과부의 소를 잡아두고 오갈 데 없이 가난하게 살아가는 이들을 길거리로 내몰고 힘 하나 못쓰는 농투성이들에게 마구 폭력을 휘두르니 모두 다 도망치는구나. 몸을 숨기는구나.
> 못된 것들은 아비 없는 어린 것들을 노예로 삼고, 가난한 이들의 자식들을 빚 대신 끌고 가는구나.
> 가난하게 사는 이, 입은 것 하나 없이 일하러 나가고 주린 배 움켜 잡고 곡식 거두는구나.
> 올리브로 기름을 짜내고 포도를 밟아 포도주를 만드나 그저 목마를 뿐이라.

> 사람 북적대는 성안에서 몸 아픈 사람, 죽어 가는 사람, 외쳐대는 비명 소리, 그리하여도 하나님은 저희의 기도를 못들은 체하신다.
>
> ―욥기 24:2~4, 9~12

욥은 하나님이 인정하실 만큼 의로운 자였다. 이런 욥에게 다가온 시련은 상상을 초월할 정도였다. 가뭄과 재해로 인해 소유하고 있던 물질을 다 잃어버렸고, 하루 아침에 그의 열 자녀들이 몰살됐고, 게다가 자신의 온몸에 창병(악질의 피부병)이 돋아났다. 엎친데 덮친 격으로 아내가 "여호와를 저주하고 죽으라"는 폭언을 남기고 떠나갔다. 이젠, 잿더미에 앉아 기왓장으로 가려운 몸을 긁으며 이 모든 일에 대해 자신의 무죄함을 하나님께 탄원한다.

> 야, 이건 정말 폭력이라고 소리쳐 보았지만 누구하나 그 소리에 대답하는 이 없네그려.
> 억울하다고 소리쳐 울부짖어도 도무지 들어주는 이 하나 없네그려.
> 그분이 내 앞길을 막으시니 내가 어찌 길을 갈 수 있겠소.
> 그분이 내 가야 할 길을 어둠 속으로 숨겨 놓으시니 말이지.
> 내 재산도 모조리 가져가 버리셨어.

> 사람들한테서 듣던 명성도 다 그분이 무용지물이 되게 하셨다네.
>
> —욥기 19:7~9

한편 욥을 위로하기 위해 방문한 친구들은 여러 면으로 그의 고난을 설명하려 한다. 먼저 그의 고난은 그가 무엇인가를 잘못했기에 받는 당연한 징벌이기 때문에 무죄를 항변하는 것은 오히려 그의 가식을 드러내는 것이라는 논리로 그들은 욥을 설득한다.

> 한번 생각해 보게. 세상에 흠 없는 사람 망하는 꼴 보았는가. 올곧게 사는 사람 급살맞는 꼴 보았는가.
> 나는 보았지. 악으로 땅을 갈고 고통의 씨를 뿌리는 자는 결국 악과 고통만을 거두는 것을 말일세. 그것밖에 또 무엇을 더 거두겠는가.
> 하나님의 입김으로 그들을 쓸어 버리시지. 분통 터뜨리시어 그 콧김으로 그들을 끝장내 버리시지.
>
> —욥기 4:7~9

둘째 논리는 모든 인간은 죄성으로 가득 찬 존재이기 때문에 인간에게 고난이란 불가피하다는 것이다.

어찌 사람이 깨끗할 수가 있겠는가? 어찌 여인의 몸에서 난 인간이 하나님 앞에서 올바르다 말할 수 있는가?

이것 보게나, 하나님께서는 자신이 거룩하게 여기시는 이까지도, 천사까지도 믿지 아니하시거늘, 하늘까지라도 보시기에 깨끗지 않거늘,

하물며 악을 물 마시듯 하는 인간이야 혐오스러운 존재가 아닌가? 쓸모없는 존재가 아닌가 말일세.

—욥기 15:14~16

세 번째 설명은 고난은 그 자체로서의 목적보다도 하나님을 사랑하는 자에게 하나님께서 더 큰 은혜를 주기 위해 허락하시는 훈련과정이라는 논리이다.

하나님께 얻어맞는 일이 얼마나 복된가!
전능하신 분 꾸짖으실 때 분개하지 말게나.
하나님은 때리시다가도 그 상처 싸매주는 분 아니시던가.
손수 벌을 주시다가도 또 손수 어루만져주는 분 아니시던가.
여섯 번씩이나 고통 속에 빠져든다 해도 그분은 건져 주시지.
아니 일곱 번씩이나 불행을 당한다 해도 그 불운으로 쓰러지지 않게 하시지.

—욥기 5:17~19

넷째로, 욥의 친구들은 그의 고난이 근본적으로 일시적인 것이기에, 참고 인내해야 한다고 그를 격려한다.

> 그러나 하나님께서는 믿음 깊은 이들을 버리지 않을걸세. 결코 저버리지 않으실 거야. 또한 못된 인간들을 도와주시리라고는 생각할 수 없지 않은가?
> 그분께서는 자네에게 함박 웃음을 짓게 하실걸세. 다시 큰소리로 웃을 수 있게 하실걸세.
>
> ―욥기 8:20~21

> 못된 짓만 일삼으며 살아가는 치들이 행복에 겨워 웃음소리 내면서 사는 것도 잠시뿐이란 것을.
> 하나님 없이 살아가는 자들의 즐거움이란 이내 사라져 버린다는 사실 말일세.
>
> ―욥기 20:5

이런 욥의 친구들의 논리들은 사실 우리가 앞서 살펴보았던 인과응보적인 사상을 대변하는 것들이다. 즉, 욥의 고난이 근본적으로 그의 잘못으로 야기된 것이라는 논리이다. 이런 논리에 의하면 욥의 상황을 바꿀 수 있는 것도 욥 자신에게 달렸다고 추론할 수 있다. 그렇다면 욥에게 하나님이란 어떤 존재이며, 하나님을 믿는 신앙이라는 것이 아무런 영향력을 행사할 수 없지 않은가? 욥은 하나님이 공의로운 신이심을 확신한다. 그러나 동시에 그는 그의 무죄도 고집하고 있는 것이다. 따라서 그는 하나님과의 일대 일 정면대담을 욥은 요구하고 나선다.

> 아, 정말 그 누군가라도 내가 하는 말 들어준다면 얼마나 좋으랴!
> 여보게나 이것이 내 소망이라네. 전능하신 하나님 대답해 주시기라도 한다면 얼마나 좋겠어?
> 차라리 내 원수가 쓴 고소장을 그분이 내게 들이밀기라도 한다면 좋겠네.
> 나 그것을 어깨 위에다 자랑스럽게 매달고 다니겠네.
> 내 머리에 왕관처럼 쓰고 다니기라도 하겠네.
> 내가 해왔던 일 모조리 다 말씀드릴걸세.
> 왕자처럼 그분 가까이 당당히 걸어가기라도 할 텐데 말일세.
>
> ─욥기 31:35~37

특기할 만한 것은 하나님은 욥의 친구들의 주장에 대해 아무런 답변도 하지 않으신다는 것이다. 마치 그들의 논리가 욥의 상황을 올바로 이해하지 못했을 뿐만 아니라 궁극적인 해결책으로도 부적당한 것처럼 말이다. 대신 욥기는 하나님이 우주삼라만상을 창조했고, 그 모든 일들을 주관하시며 보존하신다고 재천명하므로 욥의 항변에 일침을 가한다.

> 내가 이 땅의 기초를 놓을 때 너는 어디 있었느냐?
> 그렇게 아는 것이 많거든 대답해 보아라.
> 땅을 얼마나 크게 만들지 결정한 이, 그 누구더냐?
> 땅 위에 다림줄을 도대체 누가 띄웠느냐?
> 네가 알거든 말해 보아라
>
> — 욥기 38:4~5

> 전능한 이인 나와 논쟁을 벌이는 자, 네가 나를 비난하려느냐?
> 아니면 그만두겠느냐?
>
> — 욥기 40:2

창조주 하나님 앞에서, 역사의 주권자 앞에서 욥의 질문인, 왜 내가 고난을 받아야 하는가는 의미를 상실하고 만 것이다. 욥기가 가르쳐 주는 지혜는 무죄한 사람의 고난에 대한 것도 아니요, 인과응보의 원칙이 현실에서 제대로 실행되고 있는가 하는 것도 아니다. 하나님의 호의와 자비에 대한 것도 아니다. 그 지혜는 오직 하나님만이 이 세상의 모든 일의 참 의미를 아시며, 하나님의 우주적 계획 속에서 그가 그의 뜻을 실행에 옮기신다는 것이다. 욥뿐만 아니라, 그 어떤 인간도 하나님의 하시는 일을 다 파악할 수는 없다. 아무리 의로운 자라 칭함을 받은 욥이라 해도 하나님을 완전히 알 수 없는 피조물이라는 한계를 인정해야 한다. 따라서 욥의 잘못은 그의 믿음과 삶으로 하나님을 판단했다는 것이다. 욥이 항변한 것은 하나님의 정의가 아니라 그 자신의 의로움이었다. 이제 욥은 정의로운 하나님의 신비스러움을 한낱 피조물로서 온전히 파악할 수 없음을 고백한다.

> 주께서는 못하시는 일이 없는 줄을 나는 잘 압니다.
> 주께서 원하시는 일이라면 모든 일을 다 이루신다는 것을 나는 잘 알고 있습니다.
> 주께서는 말씀하셨지요. 알지도 못하면서 내 계획을 가리는 자 그 누구냐고 말입니다. 어찌 함부로 말할 수 있느냐고 말입니다. 그렇습니다. 이것이 깨닫지도 못하고 함부로 입을 놀려댔습니다. 주께서 나를 위하여 하시는 놀라운 일을 미처 깨닫지도 못하면서 함부로 말을 해댔습니다.
> 주께서 말씀하시는 동안 듣고만 있으라고 주께서는 말씀하셨습니다. 주께서 질문하실 때 대답해 보라고 말입니다.
> 전에는 내가 소문으로만 주님에 대해서 들어 왔습니다만, 이제 이 두 눈으로 주님을 똑똑히 뵙고 있군요.

이렇게 내가 꿇어 엎드립니다. 먼지바닥 위에 앉아 재를 뒤집어 쓰고 회개합니다.

―욥기 42:2~6

이스라엘 공동체는 욥의 지혜를 통해서 자신들에게 주어진 역사적 사건들을 이해했을 것이다. 즉 그들은 그것이 삼키기 어려운 쓴 약이라 해도 현재의 고난은 야훼 하나님을 우주의 창조자요, 역사의 주관자임을 한층 더 실감있게 인식하는 데 필요한 약으로 말이다.

그러나 불행하게도 우리는 잠언서의 지혜나 욥기의 지혜로 하나님이 이 세상의 모든 일들을 움직이시는 최종목적과 의미를 밝힐 수는 없다. 만일 우리가 삶의 궁극적 목적을 알 수 있다면, 즉 하나님께서 무엇을 계획하고 언제 어떻게 누구를 통해서 그것들을 달성하실 것인가를 알 수 있다면, 우리에게 하나님이라는 존재는 어쩌면 더이상 필요하지 않을 것이다. 왜냐하면 우리

하마와 리바이어던(Behemoth and Leviathan, 욥기 40:15~41?). 윌리엄 블레이크(William Blake, 1757~1827) 作. 뉴욕 피어포인트 모간 라이브러리 소장.

스스로가 모든 일들을 감당할 수 있기 때문이다.

그러나 현실은 우리 인간이 시·공간에 제한되어 있으며 삶의 의미와 신비를 파헤쳐 그 궁극적 의미를 깨닫기에는 한계가 있는 존재임을 드러낸다. 당장 내일 어떤 일이 벌어질지 모르는 것이 모든 인간의 근본적 상태가 아닌가? 지혜자는 일반적으로 각 개인의 경험과 배움을 통해서 한 특정한 시대의 삶의 의미를 규정짓기 때문에 그것은 모든 일에 일관성 있게 적용될 수는 없는 것이다. 따라서 전도서는 "헛되고 헛되니 모든 것이 헛되도다"라고 고백한다. 삶의 의미를 추구하는 것도, 기념될 업적을 남기는 것도, 새 지식을 창출하여 인류문명을 향상시키는 것도 모든 것이 바람의 뒤를 쫓는 것같이 허망한 것이라고 한탄한다.

> 말은 아무리 많아도 충분히 표현하기에는 부족하고 어느 누구도 할 말을 다 할 수가 없다.
> 눈은 아무리 많은 것을 보아도 만족하지 못하며 귀는 아무리 많은 것을 들어도 후련하지 않다.
> 역사는 그저 반복될 뿐이다.
> 진실로 새로운 것은 아무 것도 없다.
> 무슨 일이든지 누가 이미 해보았거나 말한 것이다.
>
> — 전도서 1:8-9

주어진 삶을 선하고 의롭게 살려고 노력하든, 제멋대로 자신만을 위해 살든, 죽음이라는 현실 앞에서는 모든 사람이 동일한 입장이 되지 않는가?

> 나는 마음을 다하여 세상사를 살펴보고 그 되어 가는 이치를 밝혀 내고자 노력하였다. 그리고 결국 의인이나 지혜자들, 또 그들의 모든 행실이 하나님의 섭리에 따라 이루어진다는 것을 알게 되었다. 누가 장차 하나님의 사랑을 받아 의인이 되고 미움을 받아 악인이 될지는 아무도 알 수 없다. 인간의 앞날이 다 이와 같으니 누가 그것을 다 밝혀낼 수 있으랴!
> 모든 사람 앞에 놓여진 인생길은 똑같다. 의인이나 악인이나, 선한 사람이나 죄 많은 사람이나, 정결한 사람이나 부정한 사람이나, 희생제사를 드리는 사람이나 제물조차 바치지 않는 사람이나 다를 바가 없다. 선한 사람의 인생도 악한 사람의 인생과 매 한가지요, 맹세를 바친 사람도 맹세하기를 꺼린 사람과 똑같은 인생길을 걸어간다.
> 인간 세상에서 일어나는 모든 일에는 폐단이 있다. 그 중에서도 가장 큰 것은 누구에게나 똑같이 죽음이 닥쳐온다는 사실이다. 그러므로 인간들은 죽을 때까지 마음속에 악의와 광기가 가득한 채 살아가다가 저승 사람이 되고 만다.
>
> ― 전도서 9:1~3

하나님의 계획과 의도를 간파할 수 없는 인간의 제한성 때문에 전도서 기자는 삶에 대한 실망과 낙망 그리고 비관으로 우리를 몰아간다. 그러면서도 그는 모든 일에는 정해진 '때'가 있음을 역설한다.

> 모든 일에는 정해진 때가 있고, 모든 목적은 다 이룰 기한이 있다.
> 날 때가 있고 죽을 때가 있으며,
> 심을 때가 있고 거둘 때가 있으며,
> 죽일 때가 있고 치료할 때가 있으며,
> 허물 때가 있고 다시 세울 때가 있으며,
> 울 때가 있고 웃을 때가 있으며,
> 슬퍼할 때가 있고 춤출 때가 있으며,
> 돌들을 흩을 때가 있고 돌들을 모을 때가 있으며,
> 껴안을 때가 있고 껴안는 것을 멀리할 때가 있으며,
> 구할 때가 있고 없앨 때가 있으며,
> 간직할 때가 있고 내어 버릴 때가 있으며,
> 찢을 때가 있고 꿰맬 때가 있으며,
> 침묵할 때가 있고 말할 때가 있으며,
> 사랑할 때가 있고 미워할 때가 있으며,
> 전쟁할 때가 있고 평화로울 때가 있다.
>
> —전도서 3:1~8

문제는 우리가 아무리 노력을 해도 이 '정해진 때'를 궁극적으로 알 수 없다는 것이다. 오직 하나님만이 그 때를 아시며, 모든 때를 주관하시며, 그의 시간표에 따라 우주를 관장하신다. 전도서가 말하는 지혜는 이 세상의 일들을 잠언서의 인과응보라는 공식으로만 해결하지 말자는 것이다. 지금까지 습득해 온 삶의 지혜는 당장 어떻게 살아야 할 것인가라는 문제를 해결하는 데 실질적 도움을 주지만, 그것만으로 삶의 총체적 의미를 확정짓지는 말자는 충고이다. 비관주의, 염세주의로 빠져 의미없이 하루하루를 소비하자는 것이 아니라, 현실을 직시하고 이모저모를 판단하되, 겸손하게 삶의 주관자가 하나님임을 고백하는 것이 참 지혜란 것이다.

선과 악이 공존하고 있는 현실을 있는 그대로 받아들이면서도, 쉽게 좌절하지 않고 오히려 우리의 판단에도 오류가 있음을 인정하게 된다. 오늘 벌어진 일들 속에서 조그마한 기쁨을 발견하는 철저한 현실주의, 바로 그것이 전도서가 가르쳐 주는 지혜이다. 그렇기 때문에 전도서는 다음과 같이 끝을 맺고 있다.

> 이제 이 모든 말씀의 결론을 듣자.
> 하나님을 두려워하고 그분의 말씀을 지키는 것, 이것은 모든 사람이 마땅히 지켜야 할 의무이다.
> 우리가 행한 모든 일들은 그것이 악한 일이든 선한 일이든 지금

은 비록 숨겨져 있다 하더라도 하나님께서 심판하실 것이다.

―전도서 12:13~14

    지혜문서의 시작인 잠언서 1장에 언급된 '하나님을 경외하는 것'이 지혜문서의 마지막인 전도서 12장에 또 다시 제시되고 있다. 그러나 전도서의 '하나님을 경외하는 것'은 잠언서의 그것보다 한층 더 성숙된 것임에 틀림없다. 잠언서는 '하나님을 경외하는 것'이 삶의 옳고 그름뿐 아니라 행복하고 건강한 삶을 꾸려 나갈 수 있는 지혜의 첫걸음이라고 권면했지만, 현실은 욥기에서 보듯이 흑과 백으로 쉽게 구분되는 이분화된 실체가 아니기 때문에 우리는 또다른 문제에 직면하게 되는 것이다. 인간의 생각과 경험으로는 선과 악을, 거짓과 참됨을, 의로움과 사악함을 제대로 판단할 수 없는 상황에서 '하나님을 경외하는 것'은 인간의 제한성을 의식하는 것이요, 동시에 만물의 창조주요 보존자로 하나님을 인정하는 것이다.

    안락과 행복의 연속 속에서 깨닫는 하나님의 섭리와 공의를 넘어서서, 고난을 통해서 불투명한 삶의 현장 속에 하나님의 존재를 체험하는 것이 더 성숙된 지혜인 것이다. 수수께끼 같은 삶의 미로에서 좌절하거나 비아냥거리기보다는 모든 일의 최종 판단이 내려질 때까지, 하나님의 가르침을 꾸준히 지켜 나가는 것, 바로 그것이 전도서가 말하는 지혜이다.

4장

예언서

바벨론 포로 이전 시대(기원전 850~587년)

유대교 경전인 TaNaK과는 다르게 구약성서는 예언서라 불리는 문학단원으로 그 끝을 맺고 있다. 이 예언서에는 소위 말하는 3권의 대선지서(이사야, 예레미야, 에스겔)와 12권으로 된 소선지서 그리고 애가서와 다니엘서가 포함되어 있다. 필자는 17권의 이 예언서를 각 권이 지니고 있는 독특한 신학에 초점을 맞추어 개별적으로 한 권씩 살펴보기보다, 예언서 전체를 흐르고 있는 근본적인 신학에 중점을 두어 이야기를 전개해 나가고자 한다. 이러한 접근방법이 하나의 문학단위로서 하나님의 이야기를 전개해 나가는 데 도움이 되기 때문이다.

결론부터 말하자면, 예언서는 선택받은 이스라엘이 하나

님의 원대한 계획을 실행하는 데 실패한 원인이 무엇이었는가를 제공해 주고 있는 책이다. 역사서가 이스라엘이 '어떻게' 실패했는가를 기술하고 있다면, 예언서는 '왜' 실패했는가 하는 이유를 제시하고 있다. 더 나아가, 예언서는 이런 실패의 경험을 지닌 이스라엘이 장차 도래할 메시아의 때, 즉 하나님의 계획이 마침내 실현될 그 때를 얼마나 간절히 기다리고 있는가 하는 것도 보여 주고 있다. 그러기에 이 예언서는 구체적인 역사의 현장 속에서 또다시 찾아오시는 하나님과 그가 펼칠 역사를 꿈꾸며 내일을 바라보게 한다. 이렇듯 각 권의 예언서는 그 나름대로 강조하는 면이 다른 것이 사실이지만, 전체적으로는 이스라엘 자신의 실패한 역사에 대한 철저한 반성인 동시에, 새로운 내일을 희망하는 하나님의 말씀의 선포를 하고 있는 책인 것이다.

예언서 연구의 첫 번째 단계는 '예언자'가 누구인가를 아는 것이다. 흔히 예언자를 마치 일기예보자처럼 어떤 일들이 언제, 어떻게 일어날 것인가를 알려주는 사람으로 오해하는 경우가 많지만, 이러한 미래 지향적인 의미의 예언자 개념은 사실 구약성서가 말하는 예언자 상과는 사뭇 다르다. 예언자란 오히려, 오늘을 향한 하나님의 뜻을 오랜 전통으로 내려오는 하나님의 말씀에 입각하여 선포하는 설교자라 할 수 있다. 미래에 대한 예견의 말씀 선포는 예언자가 현재를 어떻게 이해하고 있는가에 연결되어 있다. 즉, 현재의 상황 판단이 모든 예언의 중추적 역할을 한다는 것이다. 그렇기에 예언자들이 처한 시대의 정치적·문화적·사회적 상황을 이해하는 것은 그들의 예언을 제대로 파악하는 데 필수적인 요건이 된다. 이제 예언서를 이스라엘 역사 중 최악의 상태였던 바벨론 포로 시대를 기점으로 해서 연구해 보도록 하자.

이 바벨론 포로 이전 시기(pre-exilic period)라는 변화무쌍한 시대에 하나님의 말씀을 선포한 예언자로는 북왕국 이스라엘에서 활동한 엘리야, 엘리사, 미가야, 아모스, 호세아가 있고, 남왕국 유대에서는 '예루살렘 이사야'로 불리우는 제1이사야(이사야 1~39장), 미가, 스바냐, 예레미야, 하박국 등이 있다. 그 중 아모스, 호세아 그리고 제1이사야를 중심으로 하나님의 메시지를 들어 보자. 이 세 예언자를 선택한 이유는 그들이 거의 비슷한 시대에 활동했을 뿐 아니라(아모스: 기원전 750년, 호세아: 기원전 745~725년, 이사야: 기원전 742~695년), 서로 비교될 만큼 독특한 메시지들을 선포했기 때문이다.

아모스는 남왕국 유대 출신으로 북왕국 이스라엘에서 사회정의를 부르짖었고, 호세아는 북이스라엘 출신으로 그들의 혼합종교를 질타했으며, 이사야는 남왕국 유대 출신으로 그들의 거룩하지 못한 생활을 신랄하게 비난했다. 이들의 메시지는 각각의 출신지역과 활동지역에 따라 서로 강조점이 다르기는 했지만, 이들 모두가 바벨론 포로 이전 시대에 활동했기 때문에 공통적으로 심판과 희망의 소식이 함께 어우러진 메시지를 선포했다고 보는 것이 합당하다.

아모스가 활동했던 기원전 8세기 중엽의 국제정세는 메소포타미아의 앗시리아라는 강대국이 다마스커스의 시리아를 침공했던 혼란한 상황이었다. 그러나 북왕국 이스라엘은 지리적으로 시리아 아래 쪽에 위치해 있었기 때문에, 아모스 선지자가 활동할 무렵까지는 아직 그토록 절박한 상황에 처하지는 않았었다. 오히려 솔로몬왕 이후 분열된 두 왕국의 역사에서 보기 드물게 정치적으로 안정을 누릴 수 있었던 시기가 바로 아모스가 활동했던 시대였다. 즉, 북왕국에서는 여로보암 2세가 근 40년간(기원전 786~746년) 통치했기 때문에 정치적으로 안정되어 있었고, 남왕국에서는 웃시야왕이 그에 못지 않게 오랜 통치(기원전 783~742년)를 했던 시대였다. 사실 이 시대를 정치·경제적 측면에서 평가한다면, 다윗왕과 솔로몬왕의 영화로운 시대와 버금갈 정도로 안정과 풍요를 누리고 있던 시대라고 보아도 무리는 아닐 것이다. 두 왕국 사이에도 별다른 문제없이 서로 평화스러운 관계가 유지되었다. 부유하고 사치스러운 여인들이 '상아침대'에 누워 한가로이 향락을 누리는 모습을 상상해 보라.

> 너희 사마리아에 사는 여인들아, 이 말씀을 들어라.
> 너희는 바산의 암소들처럼 살이 쪘다.
> 너희는 보잘 것 없는 사람들을 소처럼 무겁게 밟아 누르고 가난한 사람들을 으깨어 놓으며, 남편을 시켜서 훔치고 빼앗아 오고 아무리 술을 많이 마셔도 만족할 줄을 모른다.
>
> —아모스 4:1

자신의 부를 즐기는 것이 문제가 된다는 것이 결코 아니다. 문제는 부자가 되기까지 그들이 어떻게 그 많은 부를 축적했는가 하는 데 있다. 부유층 이스라엘인들은 마치 자신들이 모세의 율법에 따라 하나님의 뜻대로 잘 살았기 때문에 그 대가로 많은 축복을 받았노라고 확신하며 자만하였으리라. 그러나 선지자 아모스가 본 이스라엘의 상황은 그들의 판단과는 전혀 다른 것이었다. 생계를 이어 나가기 위해 몸을 파는 가난한 계층이 생겼을 뿐만 아니라, 빈익빈 부익부라는 기이한 경제현상이 두드러졌고, 소수의 부유층이 대다수의 빈궁한 백성들을 짓밟는 권력의 불평등이 만연했던 사회가 당시의 이스라엘이었던 것이다. 마치 갖은 수단을 다 동원하여 부를 축적하려는 상인처럼 도덕성이 결여되었고, 양심의 소리는 사회 어느 구석에서도 들리지 않는 무감각의 공동체로 타락하고 만 것이다.

보잘 것 없는 사람들을 짓밟으면서 가난한 사람들을 약탈해 먹는 너희 장사치들아, 이 말씀을 똑똑히 들어라.

너희는 '안식일이 어서 지나가고 초하루 절기가 어서 넘어가야 우리가 다시 가게를 열 수가 있고, 시장에 나가서 여러 가지로 속이는 저울들과 됫박들을 이용하여 사기를 칠 수가 있을 텐데' 하면서 안달을 하는 자들이다.

너희는 가난한 사람이 몇 푼의 빚을 갚지 못하여도 그를 노예로 부려먹고 가죽신 한 켤레 값을 주고 노예를 사며 너희의 케케묵은 곡식을 팔아먹으면서 그 값으로 돈 없는 사람들을 종으로 부려먹고 있다.

―아모스 8:4~6

아모스가 정의롭지 못한 이스라엘을 향해 하나님의 심판과 파괴의 말씀을 선포한다. 물론 하나님께서 그의 법도를 따르지 않는 개인과 공동체를 벌하겠다는 경고가 아모스서에만 나타나는 것은 아니다. 그러나 아모스가 공포하는 하나님의 심판은 그 질적인 면에서 한층 심각한 것이었다. 아모스서가 하나님의 심판을 묘사하기 위해 '파괴'라는 의미를 지닌 동사 28개를 사용했다는 사실이 이를 입증한다. 하나님의 심판은 일시적인 채찍질로 끝나는 것이 아니라 이 경우는 이스라엘 공동체의 완전한 붕괴를 의미하는 것이었다.

'아모스야, 네게 무엇이 보이느냐?'

내가 대답하였다.

'추수한 과일이 가득히 담긴 광주리 하나입니다.'

그러자 주께서 내게 알려 주셨다. '내 백성 이스라엘에게 이제 추수 때가 되었다. 그들이 형벌을 받기에 무르익은 때가 되었으니 내가 다시는 그들의 처벌을 연기하지 않겠다. 권력자들을 즐겁게 하려고 노래를 부르는 미녀들이 그날에는 초상집의 여인들처럼 울 것이다. 사방 어디에나 시체들이 흩어져 있을 것이다. 모두 침묵한 가운데 그 시체들이 성 밖으로 실려 나갈 것이다.'

—아모스 8:2b~3

정의사회를 이루기 위한 하나님의 법이 헌신짝처럼 내팽개쳐졌을 때, 하나님은 그에 응당한 벌을 내리신다. 하나님이 공의로운 사회를 그의 백성들에게 요구하신다는 사실은 자연을 통해서나 역사의 흐름을 통해서나 이스라엘에게 확실히 전달되었음에도 불구하고, 이스라엘은 이를 행하지 못했다. 이제 아모스는 그들에게 질책한다. 남은 것은 이제 하나님의 최후 심판이라고.

처녀 이스라엘이 고꾸라져서 다시 일어날 수가 없구나.

제 나라 땅에 쓰러져 있어도 살려 줄 사람 하나 없구나.

―아모스 5:2

이러한 질책에도 불구하고 일부 부유층 이스라엘인들은 자신들의 파렴치한 행동들을 종교적 전통으로 둘러싸고 여러 종교예식을 행함으로써 덮으려고만 노력했다. 설마 하나님이 모세의 전통을 보유하고 있는 우리를, 전해 내려오는 일정한 절기와 거룩한 날들을 지키는 우리들을, 일어나지 못할 정도로 심하게 심판하시랴, 그들은 이렇게 생각했을 것이다.

그러나 아모스는 실제의 삶에 영향력을 행사하지 못하는 이스라엘의 종교행위의 위선을 적나라하게 파헤친다. 믿음이 그저 믿는다는 것으로 끝날 뿐 삶에 적용되지 못하는 이원적 신앙으로 남아 있을 때 문제가 된다. 가식과 허위로 가득 찬 종교행사가 하나님의 뜻을 사회에 실현하는 데 아무런 효력이 없음은 자명한 사실이다. '하나님의 날'을 고대하는 이스라엘에 대한 아모스의 선언을 들어보자.

'주님의 날이 오기만 하면, 하나님이 모든 원수들의 손에서 우리를 건져 주실 것이다!' 하고 너희들은 큰소리를 친다.
그러나 너희는 그 소리가 무슨 말인지를 깨닫지 못하고 있다.
그 날은 빛과 영광이 아니라 어둠과 멸망이 될 것이기 때문이다.

그 어둠이 너희에게 얼마나 무섭겠느냐!

기쁨이나 희망의 빛은 한줄기도 비치지 않을 것이다.

그 날에는 너희가 사자에게 쫓기다가 곰을 만나는 사람이나 캄캄한 방에서 벽에 몸을 기대었다가 뱀을 손으로 짚는 사람과 같이 될 것이다.

그렇다. 그 날은 너희에게 어둡고 희망이 없는 날이 될 것이다.

—아모스 5:18~20

전통적으로 '하나님의 날'은 선택받은 이스라엘 백성들에게는 축복과 환희의 날을 의미했다. 고난과 불행의 역사현장에 회복과 승리를 안겨 주는 날이기 때문이었다. 아모스는 이스라엘이 꿈꾸며 희망했던 하나님의 날이라는 전통을 송두리째 뒤엎어, 그 날이 하나님의 축복의 날이 아니라 심판의 날임을 선포했던 것이다. 이 얼마나 파격적이고, 충격적인 예언인가? 현대어로 표현해 보자. 많은 교회 공동체에서 즐겨 부르는 노래 중에 이에 견줄 만한 예가 있다.

이 날은 이 날은 주의 지으신 주의 날일세. 기뻐하고 기뻐하라, 즐거워하세 즐거워하세······.

이 찬양을 아모스가 예배 시작 전에 다음과 같이 큰 소리로 부르고 있다.

> 이 날은 이 날은 주의 심판날 주의 심판날, 기대하고 기대하라, 망할 것이라 망할 것이라…….

독자들은 교회 회중들의 경악스러운 눈총을 상상할 수 있을 것이다. 아모스는 분명하게 하나님께서 이스라엘의 종교 행위를 거부하셨음을 보여 준다.

> 너희의 가식과 과시를 내가 싫어한다. 온갖 종교 행사들과 장엄한 집회들을 열어 나를 '섬긴다' 하는 너희의 위선을 내가 배격한다.
> 너희가 불살라 바치는 짐승의 제물들과 감사의 예물로 바치는 곡식을 내가 받지 않겠다.
> 살진 짐승을 구워다가 평화의 제물로 공동 식탁 위에 차려 놓지만 나는 거들떠보지도 않겠다.
> 너희의 찬양 노래들을 집어치워라.
> 내가 듣기에는 소음이나 마찬가지이다.
> 또 너희가 아무리 아름다운 음악을 연주한다고 하여도 내가 너희의 음악은 듣지 않겠다.
>
> ─아모스 5:21~23

종교라고 하는 겉모습으로만 치장한 이스라엘, 소외되고 힘없고 가난한 이들을 억압하고 착취하여 부를 즐기며 불공평을 일삼는 이스라엘, 하나님의 정의와 법도를 무시한 이스라엘이 과연 하나님의 최후의 심판에서 건져냄을 받을 수 있을까?

예언자 아모스는 이들에게 한가닥 희망의 소식을 전한다.

> 악한 일을 미워하고 선한 일을 사랑하며 너희의 법정들을 참된 정의의 집으로 바꾸어 놓아라.
> 온 세계의 주인이신 하나님께서 어쩌면 지금이라도 자기의 살아 남은 백성을 불쌍히 여겨 주실지도 모른다.
> 내가 보고 싶어하는 것은 강물처럼 도도히 흐르는 정의와 격류와 같이 넘쳐 흐르는 선행이다!
>
> —아모스 5:15, 24

이스라엘의 지형을 생각해 보면, 이 구절이 얼마나 충격적인 것인가를 알 수 있다. 이스라엘의 대부분의 강들은 아랍어로 와디(wadi)로 표현되는데, 이 말은 비가 올 때에는 걷잡을 수 없을 정도로 홍수를 이루지만, 비가 오지 않을 때에는 골이 파일 정도로 바짝 마른다는 뜻이다. 아모스는 이런 와디처럼 굴곡이 심한 이스라엘 사회에 하나님의 정의가 강물처럼 흐르되, 변함없이 항상 충만하게 차고 넘치기를 소원하고 있다. 아모스가 꿈꾸는 이스라엘 공동체는 모세의 율법에 확연히 계시된 하나님의 사회, 즉 모든 사람들이 한 하나님의 다스림 아래 서로 나누며 함께 사는 사회, 힘의 평등과 부의 공평함이 넘치는 사회인 것이다.

아모스처럼 북왕국 이스라엘에서 활동한 호세아의 외침을 들어 보자. 호세아는 아모스보다 몇 년 뒤에 활동을 시작했기에(기원전 745~725년), 연대상으로 보면 거의 동시대 인물로 추정하기 쉽다. 그러나 그의 시대상황은, 아모스 때와는 매우 다르다. 여로보암 2세가 가져다준 정치적 안정과 경제적 부가 급격한 국내의 정세의 소용돌이 속에서 거침없이 무너져 내리는 상황이 호세아의 시대적 배경이다. 여로보암 2세의 죽음 이후로 6명의 왕들이 북왕국 이스라엘의 왕위를 계승했지만, 그 중 5명이 쿠데타의 희생양이 될 만큼 국내정세가 불안정했으며, 밖으로는 압박해 오는 앗시리아 제국의 침공을 감수해야 했던 것이다.

이런 틈바구니 속에서 앗시리아를 견제하기 위해 시리아와 동맹한 이스라엘은 우선 남왕국 유대를 침공했지만(Syro-Ephramite War, 기원전 735~733년), 오히려 크게 실패하고 만다. 이로 인해, 시리아가 앗시리아에 점령당하게 되자, 이제 이스라엘은 불 같은 앗시리아의 군사력을 피부로 직접 느껴야 하는 위치에 놓이게 되었다. 뿐만 아니라 앗시리아에 바쳐야 하는 조공 때문에 경제파탄은 물론이요, 부유층의 약탈과 착취가 여로보암 2세의 치세 때보다 더욱 악화되었다.

호세아는 이런 정치적 붕괴와 경제적 파탄 가운데, 이보다 사실상 더 근본적인 문제가 이스라엘 전체를 파괴해 왔음을 간파했다. 그것은 다름아닌 야훼 하나님을 진정으로 알지 못했다는 사실이다. 야훼 하나님에 대한 지식의 부재, 그것이 이스라엘의 종교행위를 오류와 혼란과 거짓된 길로 빠지게 했다는 판단이었다. 한마디로, 호세아는 야훼 종교가 가나안의 다산의 신인 바알종교에 전염되어 병들어 가고 있음을 직시한 것이다. 역사서를 다루면서 간략하게 언급한 대로 가나안인들에게 바알 신은 비를 관장함으로써 땅의 소출을 좌우하는 신이었다. 이스라엘의 사막과 유사한 기후를 생각해 볼 때, '비를 다스리는 신'은 그들을 유혹하기에 충분한 힘을 가지고 있었을 것이다.

가나안인들은 5월부터 9월까지 비가 오지 않는 시기를 천둥 번개의 신인 바알이, 죽음과 무생산(barrenness)의 신 모트(Mot)에게 죽임을 당한 것이라고 믿었다. 그 황폐함을 되돌리기 위해서 바알의 여동생이며 연인인 아나트(Anat)가 모트를 죽임으로써 다시 바알을 살려냈고, 이제 재생한 바알과 아나트의 격렬한 성행위가 바로 우기(雨期)의 시작인 10월을 가능하게 하는 것이라고 확신했다. 따라서 가나안인들은 풍년을 기약하기 위해 바알과 아나트의 성교합을 모방하는 '거룩한 결혼(sacred marriage)'이라는 축제를 거행했다. 왕으로부터 시작해 일반인에게 이르기까지 가나안 남자들은 신전 창기와의 성행위를 통해 바알을 예배했다.

이렇듯 종교적 의미에서의 '거룩한 결혼'은 가나안의 풍토와 농경사회의 배경에 비추어 보면, 엄숙한 종교행위임에는 틀림없다. 그러나 성(聖)스러운 행위가 그 궤도에서 이탈해 점점 세속화되어 감에 따라 종교적 의미보다는 인간 본성의 육체적 향락과 유희를 위한 하나의 합법적인 방편으로 그들의 행위가 변질되어 간 것, 그것은 어쩌면 당연한 결과인지도 모른다.

더 중요한 문제는 야훼 하나님을 경배하는 이스라엘인들이 이 바알 신앙과 타협하여 혼합된 종교생활을 하기 시작했다는 데 있다. 걷잡을 수 없을 정도의 혼잡하고 난잡한 종교제의가 참된 야훼 하나님을 알고 믿게 하는 데 심각한 방해요소가 된다는 것은 불 보듯 뻔한 일이다. 호세아는 풍부한 소출이, 우주삼라만상을 창조하고 경영하는 창조주 야훼 하나님에게서 온 것이 아니라 바알에게서 온 것이라 믿으며, 그 모든 공을 바알에게 돌린 이스라엘의 잘못을 지적한다. 신전 창기와의 육체적인 결합이나 산당에서의 우상숭배를, 마치 야훼 하나님을 예배하는 것으로 착각했던 이스라엘 사람들을 질타했다.

저희가 먹어도 배부르지 아니하며 행음하여도 수효가 더하지 못하니 이는 여호와 좇기를 그쳤음이니라.

음행과 묵은 포도주와 새 포도주가 마음을 빼앗느니라.

내 백성이 나무를 향하여 묻고 그 막대기는 저희에게 고하나니, 이는 저희가 음란한 마음에 미혹되어 그 하나님의 수하를 음란하듯 떠났음이니라.

저희가 산꼭대기에서 제사를 드리며 작은 산 위에서 분향하되, 참나무와 버드나무와 상수리나무 아래서 하니, 이는 그 나무 그늘이 아름다움이라.

이러므로 너희 딸들이 행음하며 너희 며느리들이 간음을 행하는도다.

—호세아 4:10~13

이러한 이스라엘의 종교적 타락과 참 하나님에 대한 무지 상태를 호세아는 두 가지 비유를 통해 신랄하게 비판한다. 먼저 하나님과 이스라엘의 계약관계를 결혼이라는 비유, 즉 남편과 아내의 관계로 설명한다. 남편을 저버리고 틈만 나면 외도하는 고멜을 아내로 인정하고 용서하며 다시 새롭게 부부의 삶을 꾸려 나가기를 원하는 호세아의 사랑을, 바로 바알을 섬기며 또 다른 우상에게 절하는 이스라엘을 그래도 용서하시며 계약의 백성으로 환원시키려는 하나님의 사랑과 의지에 비유하고 있는 것이다.

여기서 우리는 부인의 간음이 그 당시 사회적으로 죽음이라는 심판을 받는 것처럼, 바알을 섬김으로 완전 붕괴의 운명을 자초한 이스라엘을, 그럼에도 불구하고 회복시키려고 애쓰시는 하나님의 몸부림을 느낄 수 있다. 설령 하나님이 이스라엘을 벌하고 심판한다 해도, 호세아는 그것이 이스라엘의 잘못을 고치려는 하나님의 일순간의 행동이며 방편으로 이해하는 것이다.

> 여호와께서 내게 이르시되, 이스라엘 자손이 다른 신을 섬기고 건포도 떡을 즐길지라도 여호와가 저희를 사랑하나니, 너는 또 가서 타인에게 연애를 받아 음부된 그 여인을 사랑하라 하시기로, 내가 은 열다섯 개와 보리 한 호멜 반으로 나를 위하여 저를 사고 저에게 이르기를, 너는 많은 날 동안 나와 함께 지내고 행음하지 말며 다른 남자를 좇지 말라. 나도 네게 그러하리라 하였노라. 이스라엘 자손들이 많은 날 동안 왕도 없고 군(君)도 없고 제사도 없고 주상도 없고 에봇도 없고 드라빔도 없이 지내다가, 그 후에 저희가 돌아와서 그 하나님 여호와와 그 왕 다윗을 구하고 말일에는 경외하므로 여호와께로 와 그 은총으로 나아가리라.
>
> ―호세아 3:1~5

거듭되는 배신과 불륜을 뛰어넘어서 끝까지 부부의 관계를 회복시키려는 하나님의 행동이 바로 이스라엘을 향한 하나님의 사랑의 본체인 것이다.

둘째로, 호세아는 하나님과 이스라엘을 부모와 자식의 관계라는 비유로 설명한다. 여느 부모들처럼 하나님은 이스라엘을 애굽의 압제에서 해방시킴으로써 아들로 삼았고, 약속의 땅인 가나안 땅으로 가는 광야 여정에서 불기둥과 구름기둥으로 인도하심으로 그들을 지키셨다. 그들이 허기지지 않도록 만나와 메추라기로 먹이시고, 갈증으로 괴로워할 때마다 바위의 생수로 축이시며 하나님은 이스라엘을 돌보셨다. 그들이 옳고 그름을 판단할 수 없어 불평과 불만을 토로할 때에도, 자상한 음성으로 어느 길로 가는 것이 바르게 사는 것인가를 가르쳐 주셨다. 심지어 하나님은 이스라엘이 그의 유일한 아들이며 이 세상에서 가장 소중한 민족임을 법적으로 공포하고 그에 응당한 지위와 권위를 약속하셨다.

그러나 하나님의 보살핌과 인도함이 깊어질수록 이스라엘은 더욱더 바알에게 고개를 숙이며 이방우상에게 제사를 드렸다. 하나님을 외면하던 것을 넘어서서 반역의 길로 나아간 것이다. 마치 사춘기의 아들이 부모의 관심과 사랑을 헌신짝처럼 버리고 제 마음대로 판단하고 행동하는 것처럼 말이다. 하나님은 배은망덕한 이스라엘의 버릇을 고치기 위해 사방의 주변국들을 동원해 채찍질하시면서, 이스라엘을 다시 애굽으로 돌아가게 하거나, 앗시리아 왕이 그들의 왕이 될 것이라고 경고도 하셨다. 그럼에도 불구하고 되돌아오지 않는 이스라엘을 어떻게 할 것인가? 인간의 부모라면 과연 어떻게 할 것인가? 호세아는 이러한 절박한 상황 속에서 변하지 않는 사랑으로 인해 고민하시는 하나님을 우리에게 보여주고 있다.

> 에브라임이여 내가 어찌 너를 놓겠느냐,
> 이스라엘이여 내가 어찌 너를 버리겠느냐,
> 내가 어찌 아드마같이 놓겠느냐,
> 어찌 너를 스보임같이 두겠느냐,
> 내 마음이 내 속에서 돌아서 나의 긍휼이 온전히 불붙듯 하도다.
> —호세아 11:8

멀리 떠난 아들을 걱정하며 그리워하는 어머니의 모습처럼, 돌아오기를 거부하는 딸을 다시 한 번 설득하는 아버지의 모습처럼, 야훼 하나님은 이스라엘을 포기하지 않았다. 설령 인간 부모는 인내와 용서에 있어서 그 한계를 드러낸다 해도, 하나님은 결코 이스라엘을 그냥 죽어가도록 내버려 두지 않으실 것이다. 왜냐하면 하나님은 인간이 아니시기 때문이다. 호세아는 이러한 하나님의 지속적이며 변함없는 사랑(חסד)

을 이스라엘이 알아야 한다고 역설한다.

이스라엘의 사랑이 아침 안개나 이슬처럼 잠시 있다가 사라져 버리는 순간적인 것이라면, 하나님의 사랑은 어떤 일이 있더라도 새 아침에 동녘에서 해가 떠오르는 것처럼, 확실하게 기대할 수 있는 것임을 말한다. 이른 봄비가 남은 겨울 눈을 녹이듯, 하나님의 사랑은 이스라엘과의 관계를 말끔히 회복시킬 수 있는 것이다. 때를 따라 알맞게 내리는 비와 적절한 햇살은 바알에게서 온 것이 아니라, 떠나간 자식을 애타게 고대하는 하나님이 주시는 분에 넘친 선물인 것이다. 호세아는 이런 하나님을 알자고 권한다.

> 그러므로 우리가 여호와를 알자.
> 힘써 여호와를 알자.
> 그의 나오심은 새벽 빛같이 일정하니 비와 같이, 땅을 적시는 늦은 비와 같이 우리에게 임하시리라 하리라.
>
> ─호세아 6:3

아모스와 호세아가 북왕국 이스라엘에서 활동할 시기에 제1이사야는 그들보다 조금 후인 기원전 742년부터 남왕국 유대에서 40여 년간 예언활동을 했다. 이때 강력한 왕 웃시야의 죽음으로 인해 유대는 사회 전역에서 걷잡을 수 없는 붕괴의 소용돌이에 휘말리게 되었다. 그 원인은 앗시리아의 집요한 침공 때문이었다. 기원전 735년에 일어났던 시리아-에브라임 전쟁(The Syro-Ephramite War)은 앗시리아가 시리아를 점령하는 결과를 가져왔고, 13년 뒤인 기원전 722년엔 북왕국 이스라엘의 수도인 사마리아가 앗시리아 왕 살만에셀 5세(Shalmaneser V)에 의해 함락되었다. 북왕국 이스라엘이 역사의 장에서 영원히 사라진 것이다. 10년 뒤인 기원전 712년에, 유대는 애굽과 손을 잡고 앗시리아의 계속되는 남침을 저지하려 했지만, 아세도(Ashdod) 전쟁에서 대참패를 당하고 말았다. 연이어 앗시리아왕인 산헤립(Sennacherib)이 예루살렘을 제외한 유대의 모든 땅을 초토화시켰다. 남왕국 유대의 존립에 최대의 위기가 온 것이다.

그러나 이상하게도 앗시리아의 군대가 유대의 마지막 보루인 예루살렘을 고스란히 남겨둔 채, 제 나라로 후퇴한 일이 벌어졌다(기원전 701년). 유대왕국은 거의 황폐해졌지만, 예루살렘의 성벽만큼은 보존되었다. 왜 산헤립이 그렇게 쉽게 물러났던 것일까? 앗시리아의 기록에는 아무런 설명이 없지만, 구약성서는 앗시리아 군대에 전염병이 돌아서 전력이 쇠퇴해진 것을 이유로 들고 있다. 그보다 가장 근본적으로 성서는 하나님의 능력이 예루살렘을 건졌다고 설명한다. 과연 제1이사야는 이런 절체절명의 위기를 어떻게 이해했을까? 모든 일을 단순히 앗시리아의 영토확장의 결과로 보지는 않았을 것이다. 그는 하나님의 사람으로서, 정치적 소용돌이 속에서 하나님의 계획과 활동들을 보았다. 즉, 그의 중심 메시지는 하나님께서 앗시리아를 사용해서 그의 백성인 유대 왕국을 심판하고 정화하고 계신다고 설파한다.

도대체 유대사회가 얼마나 부패했기에 하나님의 진노가 이토록 컸던 것일까? 모든 성읍이 다 무너진 상태에서 어떻게, 왜 예루살렘만 보전되었을까? 제1이사야는 이런 상황을 남왕국 유대를 수백년간 지탱해 왔던 특이한 사상, 즉 '시온 전승'과 연관지어 설명한다.

'시온'은 '예루살렘'을 지칭하는 또 다른 명칭으로 이 전승은 제1이사야 때부터 350여 년을 거슬러 올라간 다윗왕의 통일왕국 건설 때부터 시작된다. 기원전 1000년경 다윗왕이 이스라엘의 12지파들을 통합해서 통일왕국을 세울 때, 그 당시 여부스 족속의 관할이었던 예루살렘을 점령하여 새 왕국의 정치적 수도로 만들었다. 정치와 종교가 분리되지 않았던 당시의 사고방식에 비추어 보면, 다윗이 예루살렘을 군사적으로 점령한 것은 다윗의 신인 야훼 하나님이 예루살렘, 즉 시온을 지키던 바알을 이긴 것으로 간주되었다. 예루살렘은 단순히 정치적 수도가 아니라, 이제부터 이스라엘의 하나님이 거하시는 종교적 중심지가 된 것이다. 하나님이 바알을 몰아내고 시온을 그의 거처로 삼았기 때문에, 이제부터는 하나님이 예루살렘을 지키신다는 이데올로기가 예루살렘의 중요성을 더욱 공고히 한 것은 자명한 사실이다.

바알을 쳐부수고 진정한 왕으로 시온에서 의로운 통치를 베푸시는 야훼 하나님은, 통일국가인 이스라엘에게 거룩한 생활을 요구하신다. 하나님은 다윗과, 그리고 그의 후손과 계약을 맺음으로써 이스라엘로 하여금 거룩한 생활을 유지하도록 하셨다. 다윗 왕조가 예루살렘을 중심으로 펼치는 하나님의 거룩한 통치를 위임받았다는 것이다. 이 시온전승은 통일왕국이 분열되었을때, 남왕국 유대에게로 계승되었다. 어쩌면 이런 뿌리 깊은 전통 때문에 남왕국이 북왕국 이스라엘보다 정치적으로나 사회적으로 더 안정된 왕조를 지탱해 왔다고 볼 수도 있다. 따라서 제1이사야는 남왕국의 왕들이 솔선수범하여 하나님의 거룩한 본성을 본받아야 한다고 믿고 있었다. 그러나 실제 상황은 북왕국 이스라엘에 버금가는 사회 부조리와 부패가 남왕국 유대에 만연해 있었다. 그는 이와 같은 현실을 신랄하게 고발하고 비판하지 않을 수 없었던 것이다.

주께서 말씀하신다.
백성을 탄압하기 위하여 흉악한 법률을 제정하는 자들과 그런 법에 따라 재판하여 빈민과 과부와 고아들이 살 길을 찾지 못하게 만드는 불의한 재판관들아, 저주를 받아 죽어라!
과부와 고아들의 재산이 얼마나 된다고 법이라는 이름으로 강탈해 가다니!

—이사야 10:1~2

이런 불공평과 부정의는 야훼 하나님의 거룩한 명성에 치명적 손실을 입히는 것임이 분명하다. 제1이사야는 스스로 자신이 부정한 사람임을 고백한다.

그때에 내가 외쳤다.
'이제 나는 죽었구나. 입술이 더러운 이것이 입술이 더러운 사람들과 어울려 살면서 만군의 여호와이신 임금님을 눈으로 직접 뵙다니!
아, 이제 나는 저주받은 몸이 되었구나.'

—이사야 6:5

부정한 예언자 이사야를 정결케 한 후에 하나님은 그를 보내어 그의 백성에게 메시지를 선포하게 하신다.

주께서 말씀하셨다.
"그래, 그럼 네가 가서 이 백성에게 이 말을 전하여라.

'너희가 듣기는 아무리 많이 듣더라도 깨달을 수는 없을 것이다. 너희가 보기는 끊임없이 보더라도 그 의미는 알 수가 없을 것이다.

이 백성의 마음을 둔하게 하여라.

귀를 막아 버려라.

눈을 아예 감겨 버려라.

그들이 눈으로 보거나 귀로 듣거나 마음으로 깨달아 내게로 돌아오지 못하게 하여라.

그들이 고침받는 일이 없게 하여라.' "

—이사야 6:9~10

얼마나 충격적인 말씀인가? 이 말씀은, 하나님이 제1이사야를 통해서 그의 백성들을 귀먹게 하고 눈멀게 해서 그들을 어떻게 심판하실 것인지 알지 못하게 하시겠다는 선언이 아닌가? 만일 존경받는 교회 지도자가 공공방송을 통해 이런 내용의 신탁을 선포한다면 일반인들은 어떻게 그것을 받아들일까? 이것은 신탁을 받은 예언자 이사야 본인에게도 믿기지 않았던 것이다. 그래서 그는 하나님께 되묻는다. "언제까지입니까?" 이에 대한 하나님의 대답은 그의 상상을 넘어선 것이다.

그들의 도성이 모조리 파괴되고 집에는 한 사람도 남아 있지 않고 온 토지는 완전히 황무지로 변하고 그들은 모두 노예가 되어 먼 다른 나라로 끌려가, 결국 이스라엘 온 나라가 허허벌판으로 바뀔 때까지는 그들이 내 말을 들으려고 작정도 하지 않을 것이다! 그 주민 가운데 10분의 1이 살아남는다 하더라도 그들마저 타 버리고 말 것이다.

— 이사야 6:11b~12

 마치 앗시리아 군대가 유대왕국을 유린한 것과 비슷한 상황이 아닌가? 하나님의 심판이 한두 번의 채찍질로 끝나는 것이 아니라, 모든 부정이 제거될 때까지 계속될 것이라는 하나님의 의지를 볼 수 있다. 그렇다면 건재해 있는 예루살렘은 무엇인가? 그것은 마치 한 나무의 잎이 떨어지고, 가지가 잘려 나가며, 심지어 기둥이 끊어져 나가더라도 그 그루터기는 남아 있는 것처럼, 유대의 구석구석이 깨지고 벌거벗겨졌다 해도, 하나님이 거하시는 예루살렘만은 남아 있으리라는 뜻일까? 예루살렘은 하나님의 거처이기에 하나님 자신이 지킨다는 시온전승은 이스라엘인들에게 아직도 살아 있는 듯하다.

 하지만 참나무와 상수리나무를 베어 넘어뜨려도 그 그루터기는 남아 있는 것같이 비록 이스라엘이 거듭거듭 침략을 당해 멸망하여도 그 뿌리는 살아남는 나무와 같을 것이다.

그 나무의 그루터기는 항상 다시 살아서 자라날 것이다.

그 그루터기는 거룩한 씨인 까닭이다.

— 이사야 6:13

제1이사야는 이런 시온전승에서 한걸음 더 나아가 그것을 재개념화하였다. 즉, 하나님께서 예루살렘은 보호하시지만, 그 속에 거하는 거민들의 부정함은 깨끗이 청소하시겠다는 것이다. 하나님의 집이기에 하나님이 스스로 앗시리아를 통해 청결케 하시겠다는 것이다. 마치 우리들이 사는 집이 불결해졌을 때, 불을 놓아서 전체를 다 태우기보다는 시간을 가지고 차근차근 불결한 곳을 말끔히 청소하는 것처럼, 하나님도 그의 집인 예루살렘을 청소하기 위해 북왕국 이스라엘을, 그리고 유대의 전 성읍을 차례로 청소하신 것이다. 이렇듯 제1이사야에게 주어진 신탁은 아모스나 호세아보다 더 심각하고 파격적인 것이었다.

그러나 예언자 이사야 역시 이들과 비슷하게 희망의 소식을 전하기도 했다. 그것은 하나님께서 심판을 견뎌낸 남은 자(remnant)들을 바탕으로 새로운 예루살렘을 건설할 것이라는 희망이었다. '남은 자'는 소수에 불과하지만, 그들은 하나님의 거룩성을 인정하고 이를 실생활 속에서 실천하려는 신실한 자들이기 때문에 예루살렘의 정결성을 지켜 나가리라 믿는 것이다. 아모스가 부르짖은 사회정의와 공평의 삶, 호세아가 간곡히 부탁했던 굴곡이 없고 지칠 줄 모르는 사랑, 제1이사야가 외쳤던 거룩한 생활을, 만일 이스라엘 온 민족이 청종하고 실행한다면 하나님은 그의 택한 백성을 그냥 내버려 두지 않았을 것이다. 왜냐하면 이들을 통한 하나님의 뜻, 즉 모든 민족을 하나님께로 환원시키고자 하는 계획이 아직 완성되지 않았기 때문이다.

바벨론 포로 시대(기원전 587~538년)

바야흐로 기원전 587년에 예루살렘이 바벨론 군대에 의해 무너지고 남왕국 유대란 국가가 역사의 현장에서 사라졌다. 시드기야왕을 포함한 지도급 계층의 인사들이 대거 바벨론으로 끌려갔다. 바벨론 포로시대가 시작된 것이다. 예언자들은 이 사건을 단순히 정치적 사건으로 보기보다는 하나님과의 관계에서 이해하려 했다. 즉, 야훼 하나님에 대한 이스라엘의 믿음에 절체절명의 위기가 온 것이다. 이런 최악의 상황을 하나님의 관점에서 이해하려 했던 에스겔과 소위 제2이사야라 불리우는 (이사야서 40~55장의 저자) 예언자를 생각해보자.

에스겔 선지자(기원전 593~573년)는 포로민들과 함께 생활하면서 하나님의 진정한 의도를 선포한다. 하나님의 거처인 예루살렘이 무너진 것은 결코 그의 죽음을 의미하는 것이 아니며, 특히 마르둑과의 싸움에서 패한 것도 아니다. 단지 거룩한 하나님이 부정으로 가득 찬 예루살렘을 떠났음을 말해 주는 것이다. 유대 백성들의 영적 상태가 그만큼 타락한 것이다. 에스겔은 유대 여인들이 바벨론의 다산 신인 타무즈(Tammuz)를 위해 통곡하며, 남정네들은 동쪽을 향해 떠오르는 태양을 숭배했다고 비난한다. 또한 각 가정의 비밀스러운 곳은 동물들의 형상으로 새겨진 우상들로 가득했으며, 지도자들은 자신들의 권익만을 위한 악한 계획들을 세우고 있었다고 고발한다. 구석구석에서 썩은 악취가 풍길 정도로 유대 사회는 청결하지 못했기 때문에, 심지어는 전통적으로 내려오는 이스라엘의 의인들인 노아, 다니엘, 욥이 있다 해도 회복의 가망이 없다고 에스겔은 판단한다.

> 너 사람아, 만약 어떤 민족이 내게 반항하고 나와 맺었던 의리도 깨어 버렸기 때문에, 내가 그 나라에 벌을 내려 기근이 들게 하고 사람과 짐승도 다 굶어 죽게 한다고 치자. 그러면 비록 그 나라에 노아와 다니엘과 욥같이 위대한 세 사람이 있을지라도 그들 자신은 의로운 생활을 한 보상으로 겨우 자기 목숨이나 건지게 될 것이다. 나 주 여호와가 하는 말이다. 또 내가 만약 어떤

나라에 흉악한 짐승들을 보내 백성들을 다 잡아먹게 하여, 그 나라에는 목숨을 잃을까 두려워 아무도 들어가려 하지 않아서 온 나라가 폐허처럼 인적이 끊어진다고 치자. 그러면 그 나라에 비록 그 위대한 세 사람이 살고 있다하더라도 그들은 자기들의 아들과 딸조차 건져낼 수 없을 것이다. 나 여호와가 확실히 살아 있음을 걸고 맹세하지만 그들마저도 자기 목숨이나 겨우 건져낼 것이다. 그리고 온 나라는 무인지경으로 바뀔 것이다.

—에스겔 14:13~16

한걸음 더 나아가, 에스겔은 이스라엘이 한 공동체로 시작했던 광야시대부터 지금까지의 전체 역사가 야훼 하나님께 대항한 반역의 역사였음을 주장한다. 이스라엘의 전 역사가 반항과 불순종으로 점철된 죄악의 역사라는 것이다. 이렇듯 예루살렘이 극도로 불결해졌기 때문에 거룩한 하나님은 그곳을 떠날 수밖에 없었다.

그룹에 머물러 있던 이스라엘 하나님의 영광이 올라 성전 문지방에 이르더니

—에스겔 9:3

이번에는 여호와의 영광이 성전의 문지방을 떠나 다시 그룹들

위에 좌정하시는 것이 보였다. 그러자 그룹들이 날개를 펼치고 내가 보는 앞에서 땅 위로 조금 떠올랐다. 그들이 떠오를 때에 바퀴들도 함께 떠올랐다. 그런 다음에는 이스라엘 하나님의 영광이 그룹들의 보좌를 타고 성전의 동문을 통과하여 성전 구역에서 떠나가셨다.

— 에스겔 10:18~19

여호와의 영광이 성읍 중에서부터 올라가서 성읍 동편 산에 머물고.

— 에스겔 11:23

그러나 다른 한편, 에스겔 선지자는 함께 생활하는 포로민들에게 희망의 메시지를 선포하기도 했다. 에스겔은 환상을 통해 비록 이방인의 나라에서 조롱받으며 실패자로 살고 있지만, 그들의 하나님인 야훼는 결단코 그들을 저버리지 않으시며, 반드시 거룩한 땅으로 그들을 회복시켜 주시리라는 꿈을 포기하지 않았다.

그 한 예로 하나님은 선한 목자처럼 흩어진 이스라엘을 한 사람 한 사람씩 모으실 것이라고 예견한다. 유대 백성들이 경험했던 지도자들은 자신만을 돌보는 삯군 목자였지만, 에스겔이 말하는 하나님은 상처받고, 길잃고 헤매는 양들을 애타게 찾으며 그들을 풍요롭고 기름진 목장으로 인도해 배부르게 먹이시는 바른 목자인 것이다.

> 나 주 여호와가 말한다.
> 이제는 내가 직접 내 양 떼를 찾아서 손수 그들을 돌보아 주겠다.
> 맹수에게 쫓겨 흩어진 양 떼를 목자가 하나하나 다시 모아 놓듯이 나도 이제 내 양 떼를 찾아서 다시 모아 놓겠다.
> 그 환난의 날에 맹수에게 쫓겨 흩어져 간 그 모든 곳에서 내가 다시 그들을 데려오겠다.
> 세계 여러 나라와 뭇 민족들 사이에 흩어진 그들을 내가 데리고 나와서 한곳에 모으겠다.
> 그리고 다시 고향 땅으로 데리고 들어가 이스라엘의 산과 시냇가와 골짜기에서 내가 그들을 먹이겠다.
> 기름진 초원으로 내 양 떼를 데리고 다니며 먹이겠다.
> 이스라엘의 높은 산들 위에도 기름진 목장을 만들고 그곳에서 내 양 떼를 쉬게 하겠다.
> 내가 손수 내 양 떼를 돌보고 내가 직접 그들을 데리고 가 쉬게 하겠다.
> 나 주 여호와가 하는 말이다.
>
> ─ 에스겔 34:11~15

한걸음 더 나아가, 이 선한 목자는 예루살렘도 새롭게 건설할 것이다. 시온산은 움직이지 않지만, 하나님은 자유롭게 움직이시는 신이기에 바벨론 군대의 손에 의해 청결케(?) 된 예루살렘에 다시 돌아옴으로써 무너진 성전을 회복시킬 것이다.

> 그때 내가 보니 이스라엘 하나님의 영광이 동쪽에서 오고 계시는데 큰 물이 흐르는 것 같은 소리가 들려 오고, 온 땅은 그 영광으로 환하게 빛나고 있었다. 그 모습은 바로 내가 그발 강가와 또 주께서 예루살렘을 멸하러 오실 때에 보았던 것과 똑같았다. 그래서 내가 얼굴을 땅에 대고 엎드려 있었더니 여호와의 영광이 동문을 지나서 성전 안으로 들어가셨다. 이때에 하나님의 영이 나를 땅에서 들어 올려 성전의 안마당에 데려다 놓으셨다. 내가 보니 성전의 건물에는 여호와의 영광이 가득 차 있었다.
> ― 에스겔 43:2~5

회복된 성전으로부터 생수가 흘러나와 황폐한 이스라엘의 사막을 흠뻑 적시며, 말라 비틀어진 나무들을 소생시켜 철마다 온갖 과실들을 맺게 할 것이다. 이 생수는 죽음의 바다인 사해(死海)를 온갖 물고기가 살 수 있는 곳으로 바꿀 것이다. 상상을 초월한 새로운 일을 하나님이 계획하시고 있음을 에스겔은 환상을 통해 보고 있다. 포로민들이 귀를 기울이며 경이에 찬 눈으로, 믿기지 않는다는 마음으로, 에스겔의 설교를 듣는 모습을 상상해 보라. 신앙의 절대위기 속에서 에스겔은 야훼 하나님이 새로운 일을 하실 것이라고 예견하고 있는 것이다.

이제 에스겔은 야훼 삼마(야훼께서 거기 계시다)로 그의 48장에 해당되는 예언을 마친다. 이것은 돌아오신 하나님이 다시는 떠나지 않을 것이라는 에스겔의 확신에 찬 외침인 것이다. 우리는 이 장면을, 한곳에 머물러 있는 신이 아니라 자유자재로 이동할 수 있는 능력의 신인 야훼 하나님께서 온갖 부정의 온상인 예루살렘을 떠나 바벨론 포로민들과 함께 피난(?)했다고 볼 수는 없을까? 삶의 터전을 송두리째 빼앗기고, 고향을 등진 채로 이방 나라에서 포로의 삶을 사는 이들에게는 눈에 보이는 성전보다는 피부로 느낄 수 있는 하나님의 숨결이 더 큰 위로가 되었으리라! 에스겔은 바벨론으로 함께 이주하신

고레스 왕의 칙령이 담긴 원주(cylinder), 대영박물관 소재.

하나님이 또다시 그들을 고향으로 환원시킬 수 있는 능력의 하나님임을 고백하며, 이제 새로 회복한 땅에서 다시는 하나님이 떠나지 않으시리라는 기대와 환상으로 끝을 맺는다.

기원전 587년부터 시작된 바벨론 포로 시대는 이제 거의 막을 내리고 있었다. 페르시아의 고레스왕이 메대(Media, 550년)와 리디아(Lydia, 546년)를 차례로 점령했고, 539년에는 바벨론 제국과 티그리스(Tigris) 강변의 오피스(Opis)에서 대격전 끝에 승리를 거두었다. 이로 인해 바벨론 제국이 무너지고 바야흐로 페르시아 제국의 시대가 동터 오르게 된 것이다.

이 페르시아의 고레스왕은 기원전 538년에 공식적으로 칙령을 내려 바벨론 제국으로부터 포로된 민족들이 각기 제 나라로 돌아갈 수 있게 하였다. 50여 년의 포로생활에서 해방을 맞이한 것이다. 이 국제정세의 변화는 단순히 정치적 결과를 초래하는 것으로만 그치지 않았다. 소위 제2이사야라 불리는 익명의 예언자는 이 페르시아 제국의 신흥을 야훼 하나님의 도래(advent of YHWH)로 해석했다. 즉, 이스라엘의 하나님인 야훼가 페르시아의 고레스왕을 사용해서 바벨론을 멸망시키며 새로운 이스라엘을 창조하신다는 주장이다. 제2이사야는 새 이스라엘 창조를 위한 하나님의 우주적 행동에 초점을 둔 것이다.

귀향을 꿈꾸며 사는 실향민과 해방을 갈구하는 포로민들에게 하나님이 역사의 참 주인임을 선포한 제2이사야의 첫 메시지를 들어보자.

하나님이 천상에서 회의를 여시고 종들에게 말씀하셨다.
"너희는 내 백성을 위로하고 격려하여라!
너희는 예루살렘에서 포로로 잡혀 온 백성들을 찾아가서 이제 안심하라고 일러주어라.
이렇게 선포하여 그들을 위로하여라.
'이제 너희는 죄값을 다 치렀다. 이제는 너희의 죄가 용서되었다. 너희가 여호와께 순종하지 않았으나 이제는 그 벌을 모두 다 받았다. 이제 모두 청산되었다. 너희는 복역기간을 다 채우고 이제 석방되었다!'"
천상의 회의에서 여호와의 종들에게 명령하는 소리도 들렸다.
"너희는 여호와께서 예루살렘의 성전으로 가실 길을 광야에 뚫어 놓아라. 거친 사막을 평평하게 다듬어서 우리 하나님이 통과하실 큰 길을 닦아 놓아라. 깊은 골짜기마다 흙을 메워서 평지로 돋워 올리고 산과 언덕들을 모두 깎아 내려 낮게 만들어서, 결국 높은 곳들이 평평한 곳으로 바뀌고 울퉁불퉁한 산봉우리들이 나온 것마다 드넓은 평원으로 바뀌게 하여라."

— 이사야 40:1~4

에스겔 예언자를 통해서 밝힌 바와 같이 하나님은 바벨론 군대를 통해서 예루살렘의 부정함을 송두리째 뿌리뽑으셨다. 예루살렘을 징계하신 하나님은 이제 페르시아의 고레스 왕을 통해 새롭게 이스라엘을 창조하시고자 한다. 바벨론 포로로 잡혀올 때에는 모든 사람들이 지나다니는 일반 루트(route)를 따라서 길고 험한 치욕의 여정이 이스라엘 백성들에게 주어졌지만, 예루살렘으로의 귀환은 상상을 초월할 만큼 빠른 길, 사막을 가로질러 만든 초고속도로로 진행될 것이다. 모든 산이 낮아지고, 모든 계곡이 높아져서 만들어진 평평한 대로로 하나님은 이스라엘을 다시 예루살렘으로 인도하셨다. 이렇듯 제2이사야는 이스라엘의 하나님인 야훼가 마르둑에게 패한 신이 아니라 천지만물을 자유자재로 변형시킬 수 있는 우주의 창조자이시며, 심지어 페르시아의 왕인 고레스를 그의 목자로 사용하실 수 있는 역사의 참 주인이라고 고백한다. 내가 이제 고레스에게 새 임무를 준다. '내가 너를 내 백성의 목자로 삼는다!' 내가 하려는 일을 그가 모두 실현할 것이다.(이사야 44:28)

바벨론 디아스포라에게 야훼 하나님은 인류뿐 아니라 이 세상 땅끝까지 창조하신 분이며, 역사의 장에서 일어나는 모든 사건들을 주장하며 영광과 권능이 충만한 역사의 주재자라는 선포는, 그들의 마음을 동요시키며 새로운 각오를 불러

일으키기에 충분했으리라. 따라서 이스라엘이 바벨론 포로에서 해방되는 사건은 단순히 이스라엘 자신들만의 문제가 아니라 모든 인류가 주목해야 할 우주적 사건인 것이다.

> 그 길로 여호와께서 영광스럽게 오실 것이니 모든 인간이 그분을 바라볼 것이다.
> 여호와께서 직접 하시는 말씀이다.
>
> ─ 이사야 40:5

이 사건을 제2이사야는 제2의 출애굽 사건으로 비유한다. 역사적으로 출애굽은 '이스라엘'이라는 공동체의 시작을 의미한다.(기원전 1250년경) 이 공동체가 국가의 형태를 갖추었고(기원전 1020년경부터), 앗시리아에 의해 북왕국 이스라엘(기원전 722년)이, 바벨론에 의해 남왕국 유대가 차례로 붕괴됨(기원전 587년)으로 인해 국가로서의 그 존재를 상실했다. 이제 고레스왕의 칙령(기원전 538년)에 의해 진행된 예루살렘으로의 귀환이 새로운 이스라엘의 탄생을 의미하는 것은 자연스러운 결과라 볼 수 있을 것이다. '제2의 출애굽', 듣기만 해도 심장의 피가 힘차게 뛰는 소리가 들릴 것 같은 말이다.

이스라엘의 거룩하신 분, 너희의 해방주 여호와께서 이렇게 말씀하셨다.

'너희를 위하여 내가 바벨론으로 정복자를 보내겠다. 그러면 그 도성의 주민들이 잔치를 벌이며 즐기는 유람선들을 타고서 강물을 따라 모조리 도망할 것이다. 나는 너희의 거룩한 하나님 여호와요, 일찍이 너희를 창조하고 언제나 너희를 보호하고 인도하는 왕이다.'

이스라엘의 해방주이신 여호와께서 말씀하셨다.

'내가 애굽에서 내 백성을 해방시킬 때에 바다 속에서도 큰길을 냈고 거센 물결 속에서도 곧은 길을 냈다. 이스라엘을 뒤쫓는 그 엄청난 애굽 군대를 전차와 말들과 함께 내가 모조리 깊은 물 속에 집어넣었다. 그들이 깊은 바다 속에 잠겨서 다시는 기어나오지 못하였다. 마치 꺼져 가는 심지처럼 그들이 모두 사그라졌다.'

— 이사야 43:14~17

그러나 제2이사야가 이스라엘의 바벨론 포로 귀환을 과거의 출애굽과 동일한 의미로만 여기지 않는다는 점에 주목하자. 비록 출애굽을 회상할 만한 비유들을 많이 사용했음에도 불구하고, 그는 그 귀향의 의미를 근본적으로 바꾸어 놓았다. 다시 말하면, 제2이사야에게 있어 탈바벨론 사건은 과거 출애굽 사건을 재개념화한 것이다. 출애굽이 새 이스라엘만을 위한 사건이라면, 탈바벨론은 우주적 사건이다. 이스라엘을 이집트에서 해방시킴으로써 하나님의 능력과 주권을 세상 만방에 공포하는 것이 출애굽 사건의 근본적 목적이었다면, 탈바벨론은 한걸음 더 나아가, 하나님만이 참된 신이요, 유일한 신임을 선언한 사건이었던 것이다.

> 온 세상에 사는 사람들아, 너희는 모두 내게로 돌아오너라!
> 구원을 받아라!
> 이 세상의 신은 바로 나이며 나 이외에는 신이 없기 때문이다.
> 내가 나 자신을 걸고서 맹세하지만 내가 말한 의로운 일은 취소되는 일이 없이 그대로 이루어진다.
> 세계 만민이 내 앞에 무릎을 꿇고 모든 사람이 나에게 신앙을 고백할 것이다.
>
> —이사야 45:22~23

출애굽 사건을 통해서 하나님이 이스라엘을 거룩한 백성으로, 제사장 나라로 세우신 것이라면,

> 온 누리가 다 나의 것이 아니냐? 너희가 내 말을 잘 듣고 내가 세워 준 계약을 잘 지키면 너희는 뭇 민족 가운데에서 나의 소유

가 되리라. 너희야말로 나를 섬기는 제사장 나라가 되고 거룩한 민족이 되리라. 너는 이 말을 이스라엘 사람들에게 반드시 일러주어라.

—출애굽기 19:5~6

탈바벨론은 이스라엘을 하나님의 공의와 정의를 실천에 옮기는 공동체로 부르고 있다. 이스라엘에게 '만국의 빛'이라는 새 소명이 주어진 것이다.

나 여호와가 이것을 시키려고 너를 불러 세웠다.
내가 항상 네 곁에 있으며 너를 승리의 용사로 무장시켜 주겠다.
너는 내 백성에게 평화를 가져다줄 것이며 온 인류에게 생명의 빛이 될 것이다.
너는 감옥에 갇힌 자들을 그 캄캄한 감방에서 데리고 나오며 소경의 눈을 다시 열어 줄 것이다.

—이사야 42:6~7

또한 아브라함의 소명(창세기 12:1~3) 차원에서 이해된 출애굽 사건은 이스라엘이 복의 근원이 됨으로써 제사장 나라의 역할을 수행하는 것이었다. 그러나 제2이사야는 이스라엘이 고난과 치욕을 짊어지는 수난의 종으로서의 역할을 부각시킨다. 이스라엘은 명예와 권력과 부귀가 아니라 슬픔과 고통, 인내와 겸손의 길로 부름받은 것이다. 제2이사야는 4편의 '수난의 종의 노래(42:1~4, 49:1~6, 50:4~11, 52:13~53:12)'를 통해 이 점을 확실히 했다.

이스라엘은 고난과 고통을 통해 하나님의 의로운 가르침과 정의로운 사회상을 세상 만방에 밝히 드러내며, 하나님의 나라를 이 땅에 건설하는 새 소명을 부여받은 것이다. 하나님이 말씀하시기를, 그의 종 이스라엘이 부귀와 영화로 높임을 받은 것은 그가 세계 열방 가운데 해야 할 사명이 있기 때문이다.

> 여호와께서 말씀하신다.
> '나의 종을 보아라! 그는 내가 시킨 대로 할 일을 다할 것이다. 이제 모든 사람이 그를 높이며 아주 높이 존경할 것이다. 그는 보는 사람들마다 놀라서 고개를 돌릴 정도로 몰골이 상하였다. 그는 이미 사람과 비슷한 모습도 지니고 있지 않다.
> 그러나 이제는 오히려 세계 만민이 그를 보고 감탄할 것이며 세상의 모든 왕들도 놀라서 입을 열지 못할 것이다. 그들은 한 번도 들어 보지 못한 일을 체험하며 전에는 생각도 못했던 일을 눈으로 직접 바라볼 것이다.'
>
> ─ 이사야 52:13~15

열방의 왕들이 말하기를, 이스라엘의 배경과 모습은 그리 대단하지도 않을 뿐 아니라 우러러볼 필요도 없을 만큼, 형편없는 몰골을 하고 있지 않은가? 자신의 하나님으로부터 선택을 받고 높은 위치에 올려졌다는 것이 고작 마른 땅의 풀 한 포기처럼 보잘 것 없다는 말인가? 그 어느 누가 이스라엘을 선택받은 민족으로 보겠는가?

> 우리가 들은 소식을 아무나 믿겠느냐? 여호와의 권능과 승리가 그토록 비천하고 멸시받는 사람에게서 나타난다는 것을 도대체 믿을 사람이 어디에 있겠는가?
> 그러나 여호와의 종이 실제로 마른 땅에서 돋아난 연한 순같이 형편없는 모양으로 자라났다. 여호와께서 그토록 기막힌 꼴이 되게 하셨다. 그의 모양은 아름답지도 않고 장엄한 것도 없었다. 도대체 우리가 부러워하고 매력을 느낄 만한 것이 그에게 하나도 없었다. 모든 사람이 그를 깔보고 피하였다. 그는 중병에 걸려 온갖 고통에 시달리는 사람이었기 때문이다. 우리가 모두 그를 미워하며 기피하였다. 우리는 더 이상 그를 사람으로 여기지도 않았다.
>
> ― 이사야 53:1~3

그러나 열방은 비로소 이스라엘의 고난의 참 의미를 알았다고 고백한다. 이스라엘이 다름아닌 우리들의 잘못으로 인해서 우리 대신 만군의 하나님으로부터 벌과 징계를 받고 있구나 하고 말이다.

> 그러나 사실은 여호와의 종이 우리의 온갖 질병을 대신하여 앓고 우리가 당해야 할 고통을 대신 당하였다.
> 그런데도 우리는 그가 천벌을 받아서 고난을 당하는 것으로 생각하였다.
> 그러나 그는 우리의 죄악 때문에 고통을 당하고 우리가 범죄하였기 때문에 그가 무서운 채찍에 맞아 살이 찢어진 것이다. 우리가 범죄하고서도 무사하게 넘긴 것은 그가 대신 형벌을 받았기 때문이다. 그가 우리 대신에 채찍을 맞아 우리 몸이 성하게 되었다.
> 우리는 모두 목자를 떠난 양들처럼 길을 잃고 헤매며 제멋대로 돌아다녔으나 여호와께서는 우리의 죄악을 모두 그에게 지워 놓으셨다.
> — 이사야 53:4~6

열방이 다시 말한다, 이스라엘은 우리 때문에 받는 고난 속에서도 묵묵히 그 치욕을 참고 있다고.

그러나 그가 고난을 당하고 상한 몸으로 죽게 된 것은 여호와의 선하신 뜻이었다. 다른 사람들이 범죄하고 죽어야만 했을 때에 그가 대신 자기 목숨을 바쳤기 때문에 그의 후손들이 끝없이 행복하게 오래오래 살 것이다. 그가 고난을 당하고 죽음으로 여호와의 선하신 뜻이 성취될 것이다. 그가 무서운 고통에서 벗어나 다시 빛을 보고 영광을 누릴 것이다.

이제 여호와께서 이렇게 말씀하시기 때문이다. '내 종이 내 뜻을 옳게 알았다. 내 종 자신은 아무 죄가 없으면서도 많은 사람들의 죄를 대신 지고 죽음으로써 그들을 죄악에서 해방시켜 주었다. 그는 다른 사람들이 받아야 할 죄의 벌을 대신 받았기 때문이다! 그러므로 내가 그를 위대한 종들과 함께 상을 받게 하고 승리자들과 함께 전리품을 나누어 갖도록 하겠다. 그가 생명의 피를 제물로 쏟아 붓고 스스로 범죄자들의 편에 서서 죽음으로써 뭇사람의 형벌을 대신 지고 죄인 취급을 당하였기 때문이다.'

—이사야 53:10~12

한마디로, 하나님은 이스라엘을 통해서 하나님과 관계가 끊어진 이 세상과의 화해를 시도하고 계신 것이다. 수난의 종 이스라엘은 하나님과 이 세상과의 화목을 위한 중재자의 역할을 담당하고 있는 것이다.

종합해 보면, 제2이사야에 의하면 예루살렘의 함락은 야훼 하나님의 실패가 아니라 하나님의 우주적 계획의 한 방편이었다. 이스라엘의 부정과 오만함을 꺾고 겸손케 해서, 이 세상과의 또 다른 새 출발을 위해 이스라엘을 고난과 슬픔의 길로 내몰았다. 이제 탈바벨론을 통해 이스라엘은 하나님의 온 세계를 향한 원대한 뜻과 계획을 좀더 확실히 알게 되었으며, 선민으로서의 자부심과 우월감에서 벗어나 섬김의 종, 수난의 종으로 하나님과 이 세상과의 관계질서 회복을 위하여 부르심을 받은 것이다.

문제는 과연 이스라엘이 이런 새로운 자기반성과 소명의식을 실생활에 옮겼는가 하는 것이다. 이스라엘이라는 공동체를 통해 하나님이 하시고자 한 새로운 일, 즉 온 세상과의 화해가 제대로 이루어졌는가? 이제 이 질문을 안고 또 다른 역사의 페이지를 들여다보자.

바벨론 포로 후기 시대(기원전 538~428?년)

 해방의 감격과 부푼 희망을 안고 고향땅을 밟은 귀향민들을 맞은 것은 암울한 현실이었다. 예루살렘성은 물론이고 야훼 하나님의 성전은 폐허가 된 채 방치되어 있었고, 연이은 가뭄과 흉년으로 식생활조차 곤란에 처하게 됐다. 더욱이 바벨론으로 강제 이주나 피난을 떠나지 않고, 초토화된 땅에서 삶을 꾸려 가던 유민들, 고향을 맨주먹으로 지켰던 이들의 눈빛 속에서 의심과 혐오와 심지어 경쟁의 그림자를 볼 수 있었다. 이국 땅에서 나름대로 하나님의 백성이란 긍지와 마르둑이 아닌 야훼 하나님이 우주의 참 주인임을 고백하며 신앙을 지켜 왔었고, 이젠 이 하나님이 고레스왕의 칙령을 계기로 삼아 자신들을 새 이스라엘로 다시금 회복시키신다는 확신을 가지고 고향으로 성급히 돌아왔건만, 거듭되는 도적의 침입과 사마리아 유대인들의 기득권 행세와 같은 팔레스타인 유대인들과의 갈등은 귀환한 유대인들을 실망시키기에 충분했다. 과연 고향으로 되돌아온 것이 올바른 선택이었는가?

만일 지금의 현실이 아직도 페르시아의 세계 정치 영향권에서 탈피하지 못한 상태라면, 과연 에스겔 예언자가 꿈꿨던 새 이스라엘로의 회복이라는 현실성은 결여된 것이 아닌가? 제2이사야가 선포한 위로와 희망의 말씀과 하나님이 만유의 유일한 신이라는 선언은 이 현실을 변혁시킬 힘이 없는 한낱 허상에 불과한 것인가? 같은 유대 민족끼리 불신과 시기와 혐오로 단합하지 못한 상태에서 어떻게 하나님의 공의로운 우주통치를 모든 민족에게 보여 줄 수 있겠는가? 포로기 때의 꿈과 이상은 포로 후기의 냉철한 현실을 통해 여과되어야 하며 유대 공동체를 구체적으로 이끌어 나갈 수 있는 대안으로 탈바꿈해야 했다. 포로 후기의 선지자들인 학개, 스가랴, 오바댜, 요엘, 소위 제3이사야(이사야서 56~66장), 말라기 중에서 두 가지 대안을 간략하게 생각해 보자.

첫째, 학개와 스가랴 선지자는 포로 후기의 유대 공동체가 하나님의 성전 재건과 제의 의식의 회복을 모든 일에 앞서 우선적으로 해야 할 과제라 주장한다. 고향으로 다시 돌아왔어도 황폐한 땅과 곤경의 현실이 지속되는 것은 바로 하나님이 함께 계시지 않기 때문이다. 하나님의 집인 예루살렘 성전이 아직도 폐허로 방치되어 있는데, 어떻게 하나님이 다시 돌아올 수 있겠는가 하는 논리다. 에스겔의 환상처럼 하나님이 성전에 다시 임재하실 때, 생명의 생수가 성전 문턱에서부터 솟아나와 팔레스타인 전역을 풍요롭게 만든 것처럼, 포로 후기의 새 유대 공동체가 살 길은 하나님이 그들과 함께 해야 한다는 신앙이다.

> 그러므로 온 세상의 주인이신 여호와께서 이렇게 말씀하셨다. '너희 형편이 왜 그토록 어렵게 되었는지를 너희가 아직도 깨닫지 못하느냐? 너희는 산에 가서 재목을 베어다가 나의 성전을 건축하여라! 그러면 내가 그 성전을 만족하게 여기고 내가 영광을 받으며 거기서 너희에게 나타나겠다.'
> 주께서 말씀하셨다. '너희는 많은 것들을 기대하였으나 얻은 것은 지극히 적었다. 너희가 거둔 것을 집으로 많이 가져왔으나 내가 그것을 불어서 날렸다. 내가 왜 그렇게 하였는가를 너희는 도대체 깨닫지 못하느냐?'
> 온 세상의 주인이신 여호와께서 물으셨다. '그것은 잿더미 속에 묻혀 있는 내 성전 때문이다. 그런데도 너희들은 누구나 제 집만 잘 짓느라고 정신이 없다. 그러므로 하늘이 비를 그치고, 땅이 소출을 내지 않는다.'
>
> ─학개 1:7~10

이는 유대 민족을 오랫동안 지탱해 왔던 시온 전승의 조명 아래 현실을 이해한 것이다. 하나님이 예루살렘 성전인 시온을 그의 거처로 정하셨기에 그곳에 사는 사람들이 하나님의 백성으로서의 의무를 간과하고, 부정한 상태로 빠졌을 때는 앗시리아를 통해 청결케 하셨고(제1이사야 선언), 더 이상 머물 수 없도록 오염되었을 때는 바벨론을 통해서 완전 파괴하셨으며(에스겔의 이해), 새로운 성전으로 이주 계획을 세우셨다.(학개) 새로운 성전이 완성되어야 하나님의 귀환이 이루어질 것이며, 그때에야 비로소 하나님께서 헐벗음과 배고픔에 허덕이는 그의 백성을 풍요롭게 하실 것이다.

> 온 세상의 주인이신 여호와께서 이렇게 말씀하셨기 때문이다.
> '이제 조금만 시간이 지나면 내가 하늘과 땅, 바다와 육지를 뒤흔들고 또 내가 세계 만민들을 소름이 끼치도록 공포에 몰아넣어 그들이 자기들의 보물을 모두 이곳으로 가져오도록 하겠다. 나의 집이 화려하게 장식되도록 내가 그런 계획을 하고 있다.'
> 온 세상의 주인이신 여호와께서 말씀하셨다.
> '나는 그런 일을 할 수 있는 은과 금을 충분히 가지고 있다!'
> 온 세상의 주인이신 여호와께서 하신 말씀이다. 이 성전의 장래 영광이 본래의 영광보다 더 클 것이다.
> 온 세상의 주인이신 여호와께서 말씀하셨다. '또 내가 이곳에서

내 백성에게 평화를 주겠다.'

온 세상의 주인이신 여호와께서 하신 말씀이다.

— 학개 2:6~9

그러나 이제는 내가 살아남은 이 백성에게 완전히 다르게 대해 주겠다!

온 세상의 주인이신 여호와께서 하신 말씀이다.

'이제는 내가 오직 너희에게 평화와 번영을 심어 주겠다. 너희의 농사는 평화로운 시절을 맞이하여 풍년이 들고, 포도나무마다 열매가 풍성할 것이다. 온 땅은 풍년을 누리고, 하늘은 철마다 고른 비를 내릴 것이다. 살아남은 이 백성에게 내가 이 모든 복을 누리게 하겠다.'

— 스가랴 8:11~12

학개의 대안은 '성전재건→제사장 제도의 재확립→하나님의 귀환→하나님의 임재→포로 후기 공동체의 진정한 재구성→하나님의 물질적 축복'이라는 과정을 보여준다. 따라서 이 대안은 제2이사야가 예언한 대로 유대 공동체가 열방의 빛으로서의 역할보다는 먼저 하나님의 백성으로서의 존립에 더 많은 관심을 둔다. 성전 건립을 위한 열심과 헌신은 의기소침된 현실을 타개하고, 귀향한 난민들에게 새로운 활력소를 제공하며, 포로 후기의 사회를 신정 공동체로 확정하는 데 절대적 영향을 주었을 것이다. 그러나 타민족들과의 관계뿐만 아니라 하나님의 온 세계 주권 통치에 어떻게 기여할 것인가에 대해선 함구하고 있다.

둘째, 소위 제3이사야는 유대 공동체가 우선 해야 할 것이 모든 민족을 사랑하고, 통치하고자 하는 하나님의 우주적 계획을 위해 이스라엘은 윤리적으로 도덕적으로 바른 삶을 살아 본을 보이는 것이라고 주장한다. 역사적 현실을 보면, 학개 이후에 예루살렘 성전은 재건되었다.(기원전 515년) 그러나 유대 민족은 아직도 한 종교 공동체로만 머물러 있어야 했고, 페르시아의 외교정책에서 헤어날 수 없었다. 다른 강대국의 틈바구니 사이에서 숨을 죽이며 한 국가로서의 면모를 갖추기에는 역부족임을 실감해야 했다. 왜 하나님의 성전이 완성되어 하나님의 임재가 확실함에도 불구하고 하나님의 주권이 실행되는 하나님의 왕국은 도래하지 않는가? 시온의 영광이 단지 그것을 인정하는 소수의 유대 민족에게만 의미가 있다는 말인가? 제3이사야는 하나님을 믿는 유대인들의 실생활의 변화가 선재되어야 하나님의 우주적 통치가 가능하다고 선언한다.

이스라엘 백성들아, 너희는 여호와의 팔이 짧아서 너희를 구원

하지 못하시며 귀가 어두워서 도와 달라고 부르짖는 너희의 호
소를 듣지 못하신다고 생각하느냐?
오히려 너희의 죄악이 너희를 하나님과 갈라 놓았다.
너희의 죄악이 너희와 하나님 사이에 장벽처럼 쌓여 있기 때문
에 너희가 부르짖어도 하나님이 들으실 수가 없다.
너희의 온갖 악행이 쌓여서 하나님의 얼굴을 가려 놓았기 때문
에 하나님이 너희의 비참한 모습을 바라보실 수가 없다.

— 이사야 59:1~2

　제3이사야가 본 유대인들의 생활은 거짓과 죄악으로 가득 찼다. 법정에서 지켜져야 할 기본적인 자세와 절차가 무시된 채, 정당하게 소송하는 자도 없고, 진리대로 판결하는 재판관도 없으며, 바른 말로 증언하는 이도 없다고 한탄한다. 무죄한 자를 핍박하여 평화와 함께 사는 길에서 벗어났고, 따라서 빛에 거하기보다는 캄캄한 가운데 눈 먼 소경이 담을 더듬듯 하루하루를 영위한다. 하나님을 믿노라 하지만, 그 믿음이 실생활에 아무런 영향을 주지 못하는 삶이다. 이런 유대 사회 생활의 질책은 하나님이 예루살렘 성전 안에 갇히게 해서는 안 된다는 암시이다. 성전이 재건되었고, 제사의식이 다시 거행된다 해서 하나님이 그 안에 계시며, 이를 통해서 자동적으로 축복하리라는 신앙에는 문제가 있다. 하나님은 자유로운

분으로 한 특정 공간에 제한된 신이 아니라, 전 세계를 창조하신 분으로 세상 어느 곳에서든지 그의 임재를 느껴야 한다.

> 여호와께서 경건한 이들을 격려하기 위하여 거짓 예배에 빠진 이들에게 심판을 선포하셨다. '하늘은 나의 보좌요 땅은 나의 발판인데, 너희가 나를 위해서 어디에 성전을 지을 수 있겠느냐? 내가 들어가서 쉴 수 있는 곳이 어디에 있느냐? 이 하늘과 땅이 모두 내 손으로 만든 것이다. 이 세상에 있는 것들은 모두 나 여호와가 만든 것들이다.'
>
> — 이사야 66:1~2a

야훼 하나님은 성전에 거하시지만 성전이 하나님의 집일 수는 없다. 전통적인 시온 전승에 대한 충격적인 비판이다. 하나님이 우주 삼라만상을 일하시는 터로 삼는다는 것을 잊지 말자. 따라서 하나님은 그가 택한 유대 민족뿐 아니라 이 세상 모든 민족을 그의 백성으로 삼으셨다. 이 우주적 하나님과 바른 관계를 유지하고자 한다면, 그가 원하시는 공의와 질서를 실생활에서 실천하자는 것이다. 이를 통해 그 어느 민족이든 하나님의 왕국을 이 세상에 건설하는 데 참여할 수 있는 것이다.

하나님이 모든 백성을 그의 백성으로 삼고 공의와 평화를 원하신다는 신앙은 말라기에서 한층 더 확실히 나타난다. 말라기의 전체 55절은 하나님의 사랑은 이스라엘의 국경을 넘어선 사랑임을 밝힘으로 시작한다. "너희 자신도 그런 일을 직접 체험할 것이고, 저절로 이같이 선언할 것이다. 진실로 여호와의 크신 권능은 이스라엘에서 먼 밖에까지 뻗칩니다!" (말라기 1:5) 이에 근거하여 말라기는 겉치레만 난무한 예배와 제의 형식만을 고집하며 신성한 제사장의 의무를 소홀히 하는 제사장들을 질책하고, 한 아내에 충실하고 헌신하지 못하는 남편들의 불신실함을 들어, 이스라엘 공동체가 한마음으로 한 하나님을 섬기지 못함을 꼬집는다. 이제 하나님은 온 세상을 공의로 심판할 날을 위해서 미리 전달자(messanger)를 보내리라 선언한다.

> 보라! 내가 이제 내 심부름꾼을 보내어, 내 길을 준비하도록 하겠다. 내가 약속한 대로 너희가 고대하는 천사가 이미 너희에게 가고 있는 중이다.
>
> ― 말라기 3:1a

예언서의 마지막인 말라기는 구약성서의 마지막을 장식하기도 한다. 이런 위치에 있는 말라기는 야훼 하나님은 "해 뜨는 곳으로부터 해가 지는 곳까지"를 그의 영역으로 삼으시고, 의롭지 못한 모든 민족을 공의로 심판하러 오신다고 선언함으로써 우리를 자연스럽게 신약성서로 연결하고 있다.

그러나 내 이름은 해가 뜰 때부터 해가 질 때까지 세계 만민들에게 추앙을 받게 될 것이다. 그래서 세상 어느 곳에 사는 사람이든지 향기로운 번제와 깨끗한 제물을 바쳐서 내 이름을 영화롭게 할 것이다. 진실로 내 이름은 세계 만민들에게 위대한 이름이 될 것이기 때문이다.
온 세상의 주인이신 여호와께서 말씀하셨다.

― 말라기 1:11

여호와께서 말씀하셨다.
 '내가 온 세상을 심판하는 그 무섭고 위대한 날이 오기 전에, 보라. 내가 예언자 엘리야를 너희에게 보내겠다. 그러면 그가 부모의 마음을 자녀들에게로 돌려주고, 자녀들의 마음을 부모에게로 돌려줄 것이다. 그가 부모와 자녀들이 화목하도록 가르쳐 주어, 내가 가서 심판할 때에 온 세상을 완전히 멸망시키지 않도록 할 것이다.'

― 말라기 4:5~6

5장 복음서

복음서란 무엇인가

　지금까지 우리는 구약성서를 하나님이 이 세상과의 깨어진 관계를 회복하기 위해 끊임없이 인간들에게 찾아오는 이야기라는 데 초점을 맞추어 살펴보았다. 이 하나님 이야기는 신약성서에 와서 획기적인 국면을 맞이하게 된다. 특히 신약성서의 첫 문학단원인 복음서는 나사렛 예수의 삶과 죽음 그리고 그의 부활을 통해서 하나님의 이야기가 절정에 이르렀으며, 이 예수를 통해 하나님과 인류 사이의 깨어진 관계가 완전히 회복되었다고 주장한다. 더욱 놀라운 것은, 복음서가 예수를 하나님이 자신의 계획을 성취하는 데 사용한 한 방편일 뿐만 아니라, 인간의 모습을 띤 하나님 자신이라고 고백한다는 사실이다. 즉, 하나님은 인간이 되어 세상과의 단절된 관계를 스스로 연결하셨다. 도무지 끊어질 수 없을 만큼 견고하게 그 관계를 회복하신 것이다. 이런 엄청난 주장을, 기독교가 정경으로 채택한 네 복음서를 통해 연구해 보자.

'복음'이란 단어는 영어로 'Gospel'이라 표기하는데, 헬라어인 'euangelion'에서 비롯된 것으로 '좋은 소식(Good News)'이라는 뜻이다. 그러면 도대체 무엇이 '좋은 소식'인가? 이 단어가 단순히 일상생활에서 접할 수 있는 기쁜 소식을 의미하지는 않을 것이다. 구약성서와 연관지어 생각해 보면, '복음'이란 하나님이 이 세상을 자신에게로 환원시키고자 한 계획이 마지막 단계에 도달했음을 선포하는 것이다. 하나님이 솔선해서 이 세상에 내려오셨기 때문이다. 복음서 이전까지는 하나님이 인류에게 다가오시되, 그것들은 간접적인 방법에 국한되어 있었다.

예를 들면 아브라함을 부르는 것으로 시작해서 이스라엘이라는 한 특정한 민족을 선택한 후, 그의 계획을 실행하셨다. 율법을 통해 모든 이에게 그의 길을 분명히 가르쳐 주셨고, 예언자를 통해 잘못된 길로부터 돌이켜 자신에게로 다시 돌아올 것을 간청하셨다. 시편을 통해 그의 계획은 완전하며 그의 길은 올바른 것임을 재천명했고, 지혜문서를 통해 삶의 깊은 의미를 자신과 연관해 찾을 수 있도록 하셨다. 그러나 이제는 직접적인 방법으로, 즉 인간의 모습으로 이 세상에 내려오심으로써 하나님 스스로가 그의 계획을 완성하고자 하신 것이다. 이것이 인류에게는 '좋은 소식'이 아니고 무엇인가?

구약성서는 하나님이 이스라엘로 하여금 법을 지킴으로써 그와의 의로운 관계를 설정하며 유지할 수 있게 하셨다고 보도한다. 신명기 30장에 보면, 하나님의 대변자인 모세가 하나님의 법을 24장(4~28장)에 걸쳐 자세히 설명한 후에 다음과 같이 이스라엘 민족을 격려하고 있다.

> 내가 오늘 여러분에게 전한 이 명령은 여러분이 깨달을 수 없을 만큼 어려운 것도 아니요, 도달할 수 없을 만큼 먼 곳에 있는 것도 아닙니다. 그것은 하늘에 있는 것이 아닙니다. 그래서 '누가 우리를 위하여 하늘로 올라가서 그것을 가져다가 우리에게 들려주어 우리가 그대로 할 수 있게 하겠느냐?' 하고 한탄할 필요가 없습니다. 그것은 바다 건너편에 있는 것도 아닙니다. 그래서 '누가 우리를 위하여 바다를 건너가서 그것을 가져다가 우리에게 들려주어 우리가 그대로 할 수 있게 하겠느냐?' 하고 한탄할 필요도 없습니다. 그것은 여러분에게 아주 가까이 있습니다. 그것은 여러분의 입 속에 있고 마음 속에 있어서 언제든지 행할 수 있습니다.
>
> — 신명기 30:11~14

하나님의 법이 '가까이' 있기 때문에 지킬 수 있다는 논리다. 그러나 이스라엘의 역사는 위에서 살펴본 대로 실패로 점철된 역사였다. 예레미야 선지자는 이스라엘의 실패의 연속 속에서도 하나님께서 새로운 언약을 맺어 그의 법을 이스라엘의 가슴 '속'에 새겨 넣어 주심으로, 그들이 하나님의 법의 길로 되돌아올 수 있게 해 주셨다고 선언한다.

> 여호와께서 말씀하셨다. "내 백성아, 너희는 똑똑히 듣고 알아라. 이제 얼마 있지 않으면 내가 이스라엘과 유다 백성 전체를 상대로 새 계약을 체결하겠다. 물론 내가 그들의 조상들과도 계약을 체결한 일이 있었으나 이번에는 그것과 아주 다른 새 계약이다. 그들의 조상들이 애굽에서 종살이를 하고 있을 때에 나는 그들을 데리고 나왔다. 내가 이렇게 그들을 해방시키던 날에 그들과 계약을 체결하였다. 나는 그 계약을 충실하게 지켜 주었으나 그들이 일방적으로 그 계약을 깨뜨려 버렸다. 그래서 나는 그들을 미워하고 징계하였다. 그러나 이제 내가 이스라엘 백성과 체결하려는 새 계약은 완전히 옛것과 다를 것이다. 이 계약은 내가 각 사람과 개인적으로 체결하겠다. 나는 이제 나의 새 계약을 돌판에 써서 그들에게 주지 않고 그들 각자의 마음과 양심에 새겨 놓겠다. 나는 이렇게 내 법을 그들의 가슴 속에 새겨 놓고 그들의 부드러운 살과 핏속에 넣어 주어 나는 그들의 하나

님이 되고 그들은 나의 백성이 되도록 하겠다. 그러면 아무도 다른 사람을 훈계할 필요가 없고 아무도 자기 형제에게 '주님을 알고 두려워하여라'고 말하지 않을 것이다. 그때에는 가장 친한 사람에서 가장 존귀한 사람에게 이르기까지 모든 사람이 내가 누구인가를 알 것이기 때문이다. 이렇게 모든 사람이 나를 알 때가 오면 나도 모든 인간의 불순종과 반역을 용서하고 더 이상 인간의 악행과 허물을 기억하지 않을 것이다. 이것은 내가 온 세상의 주인으로서 하는 말이다."

— 예레미야 31:31~34

그러나 이스라엘은 하나님의 법이 그들 '가슴'에 새겨졌음에도 불구하고 이를 지키지 못했을 때, 하나님은 에스겔 예언자를 통해 이스라엘의 마음에 새로운 영을 부어 주시며 그의 굳어진 '마음판을 송두리째 바꾸어서' 그의 법을 지킬 수 있도록 해 주셨다.

그때에 나는 그들에게 변화된 새 마음을 주고, 또 새 정신을 불어넣어 주겠다. 내가 그들의 가슴 속에서 돌처럼 단단해진 마음을 들어내고 살같이 부드러운 마음을 넣어 주겠다. 그러면 그들이 내 지시에 따라 살고 내가 준 명령들을 존중하며 지켜 갈 것이다. 그래서 그들은 나의 백성이 되는, 나는 그들의 하나님이 될 것이다.

— 에스겔 11:19~20

    그럼에도 불구하고 이스라엘은 하나님의 법을 지키지 못했다. 선민으로서 하나님과의 바른 관계를 유지하지 못했기에, 하나님의 궁극적인 목적, 즉 그를 통하여 이 세상을 축복하셔서 깨어진 관계를 회복시키려는 계획은 수포로 돌아갈 수밖에 없었다. 따라서 이스라엘에 대한 진노의 말씀으로 말라기는 구약성서를 끝맺었지만, 이제 신약성서의 첫 문학단원인 복음서는 하나님이 예수를 통해서 그의 계획을 완성시킨다고 선언한다.

마태복음서

내가 모세의 율법과 예언자들이 쓴 책을 없애러 온 줄로 생각하지 말라. 없애러 온 것이 아니라 완성하러 왔다. 진정으로 너희에게 말한다. 천지가 없어지더라도 율법은 일점 일획도 없어지지 않고 다 이루어질 것이다. 그러므로 만일 누구든지 별로 중요하지 않은 계명이라 하여 이를 어기거나, 어기도록 남을 가르치는 사람이 있다면 그는 하늘나라에서 가장 보잘 것 없는 사람이 될 것이다. 그러나 하나님의 율법을 가르치고 그 율법에 순종하는 사람은 하늘나라에서 큰 사람이 될 것이다.

―마태복음 5:17~19

마태복음서는 예수가 하나님의 법을 성취하러 왔다는 선

포로 새 시대의 문을 열고 있다.

예수가 하나님의 법을 성취하러 왔다는 주장은 마태복음서 전체의 구조에서도 잘 반영되어 있다. 일반적으로 학계에서는 마태복음의 구조를 분석할 때, 예수 탄생기사(1~2장)를 서론으로, 수난기사(26~28장)를 결론으로 하면서, 나머지 중간 부분이 다섯 부분으로 구성되었다는 데 의견을 모은다.

의로움의 참된 의미(3~7장)
진정한 제자도(8~10장)
하나님의 나라(11~13장)
새 이스라엘(14~18장)
현 세대의 종말(19~25장)

이처럼 마태 기자는 예수의 가르침을 TaNaK의 첫 부분인 모세의 다섯 권의 책들, 즉 토라(율법)의 구조에 맞추어 재구성했다. 더욱이 마태 기자는 예수의 탄생을 구약 예언의 성취로 보도한다. 예수 탄생의 방법(1:22)뿐 아니라, 탄생장소(2:5), 피난처(2:15), 헤롯왕의 잔인한 살육(2:17) 그리고 나사렛에서의 새로운 삶(2:23)까지 모두 이미 오래전에 예언되었던 것이 비로소 이루어졌다는 것이다. 또한 제1장에서 예수의 족보를 열거하면서, 마태 기자는 예수가 이스라엘 역사 중 가장 중요한 두 인물인 아브라함과 다윗의 후손임을 명시한다. 하나님께서 아브라함을 통해서 큰 민족을 이루고, 그의 이름을 창대케 하고, 복의 근원이 되게 하리라고 하셨던 약속을 기억해 보자. 또 하나님께서 다윗을 선택하여 영원한 왕국을 약속했으며 다윗의 자손 중에 하나님의 진정한 나라를 건설할 메시아가 나오게 하시리라는 약속을 상기해 보자. 이런 약속들을 기억해 볼 때, 예수를 아브라함과 다윗에 연결함으로써 마태 기자는 그들에게 맹세하신 하나님의 약속들이 이 예수를 통해서 비로소 성취되었음을 보여 주고 있다.

뿐만 아니라 마태 기자는 예수가 하나님의 말씀을 온전히 지킬 수 있는 인물임을 강조한다. 왜냐하면 예수는 하나님께서 그의 백성과 '함께' 하시는 증표이기 때문이다. 이것은 하나님께서 그의 백성들로부터 멀리 떨어져 있는 것이 아니라 예수를 통해 함께 계신다는 획기적인 이해이다. 마태복음서가 예수를 다른 복음서와 마찬가지로 메시아, 그리스도, 하나님의 아들, 주, 사람의 아들 등 많은 칭호를 사용해 묘사하면서도, 특별히 '임마누엘(하나님께서 우리와 함께하신다)'이라는 용어를 선택해서 예수의 존재를 규정하고 있다는 사실이 이런 우리의 이해를 뒷받침해 준다.

예수의 탄생기사 중에 천사가 예수의 이름을 임마누엘로 지으라고 명령했다.(" '보아라, 동정녀가 잉태하여 아들을 낳을

성수태 고지(The Annunciation).
로버트 캠핀(1375/80~1444) 作.
3단 제단화 중 가운데 부분. 뉴욕
메트로폴리탄 미술 박물관 소장.

것이니 그의 이름을 임마누엘이라고 할 것이라' 하신 말씀을 이루려고 하신 것이다. 임마누엘은 번역하면 '하나님이 우리와 함께 계시다'는 뜻이다." 1:23). 또한 예수가 그의 제자들에게 두세 사람이 자신의 이름으로 모이면 그가 그 가운데 함께 있겠다고 한 사실(18:20), 부활 후에 제자들을 온 세상에 파송시키면서 세상 끝날까지 그들과 함께 있으리라 약속했음을 또한 묵상할 필요가 있다(28:20). 이렇듯 마태복음서는 처음부터 마지막 장까지 예수의 정체가 '임마누엘'임을 선포한다.

그렇다면 문제는, 어떤 의미로 하나님께서 예수를 통해 그의 백성과 함께 하시는가이다. 만일 어떤 사람이 항상 우리 곁에 있어 수시로 우리의 잘못된 점들을 꼬집어 내고 비판하고 괴롭힌다면, 그 사람과 함께 있다는 것이 '좋은 소식'은 결코 아닐 것이다. 오히려 성가신 존재이기에 가능한 멀리 떨어져 있으려고 노력할 것이다. 마태복음서는 예수가 의로운 임마누엘(righteous Immanuel), 즉 하나님의 뜻에 합당하게 살아가는 임마누엘임을 밝힌다. 하나님 앞에서 바르게 사는 삶이란, 하나님의 법을 기계적으로 또는 의무적으로 지키는 것을 의미하지는 않는다. 법이 단지 지켜야 할 규칙이기 때문에 지키는 것이라면, 그것은 속칭 율법주의로 전락해 법의 노예가 되는 것을 의미할 뿐이다. 그것은 하나님의 법을 하나님과 분리시키는 데서 비롯된 결과이다. 의로운 삶이란 하나님의 법을 그의 뜻과 계획에 비추어 진지하게 검토하며 지키는 것이다. 따라서 의로운 임마누엘인 예수는 율법을 지키려 애쓰는 바리새인들의 노력을 인정하면서도 당신의 제자들에게 바리새인들보다 더 높은 수준의 순종을 요구한다. 예를 들어 보자.

> 내가 너희에게 분명히 말한다. 너희가 바리새파 사람들이나 율법학자들보다 더 의롭게 살지 못한다면 결코 하늘나라에 들어가지 못할 것이다. 모세의 율법에는 '만일 네가 사람을 죽이면 너도 반드시 죽어야 한다'는 조문이 있다.
>
> —마태복음 5:20~21

이런 모세의 율법을 문자 그대로 해석하기보다는 이 법을 지탱하고 있는 하나님의 근본적인 의도를 예수는 다음과 같이 역설하고 있다.

> 그러나 나는 이 조문에 덧붙여 말한다. 까닭없이 형제에게 화내는 자는 심판받을 것이며, 어리석다고 욕하는 자는 법정에 끌려갈 것이며, 형제를 저주하는 자는 지옥불 속에 던져질 것이다.
> ─마태복음 5:22

하나님께서 예수를 통해 새롭고 획기적으로 함께 하시기 때문에, 이제는 그에 걸맞은 높은 수준의 의로움이 요구되는 것이다. 율법을 문자 그대로 맹목적으로 순종하는 것이 아니라 하나님의 법의 참된 정신을 깨달으며 실천에 옮기는 것이 하나님 앞에서 의롭게 사는 것이다. 이런 정신을 간략하고 명료하게 드러낸 것이 그 유명한 예수의 '산상수훈'이다.

> 마음이 가난한 사람들은 행복하다. 하늘나라가 그들의 것이다.
> 슬퍼하는 사람들은 행복하다. 그들이 위로를 받을 것이다.
> 온유한 사람들은 행복하다. 그들이 땅을 차지할 것이다.
> 올바르게 살려고 애쓰는 사람들은 행복하다. 그들이 만족할 것이다.

친절과 자비를 베푸는 사람들은 행복하다. 하나님이 그들에게 자비를 베풀 것이다.

마음이 깨끗한 사람들은 행복하다. 그들이 하나님을 볼 것이다.

평화를 위하여 일하는 사람들은 행복하다. 그들이 하나님의 아들이라 불릴 것이다.

올바른 일을 하다가 박해받는 사람들은 행복하다. 하늘나라가 그들의 것이다.

나의 제자라는 이유로 모욕당하고 박해받고 터무니없는 말로 비난받을 때 너희는 행복하다.

그럴 때 행복해하고 즐거워하라. 너희가 받을 큰 상이 하늘에 마련되어 있다. 옛 예언자들도 이같이 박해를 받았다는 것을 생각하라.

— 마태복음 5:3~12

모세의 율법도 제대로 지키지 못했던 이스라엘인들이 어떻게 이렇듯 수준 높은 의로운 삶을 살 수 있을까? 이 질문에 대해 마태 기자는 예수가 스스로 그 모범을 보여 주었다고 대답한다. 예수가 40일간의 금식으로 굶주려 있을 때, 사탄은 예수를 세 번이나 유혹한다. 돌로 떡을 만들라, 성전 꼭대기에서 뛰어내려 하나님의 아들임을 증명하라. 사탄인 내게 경배하면 세상 온갖 부귀영화를 다 누리게 하겠다. 이런 유혹에 대해 예수는 하나님의 말씀으로 물리침으로써 말씀에 순종하는 모습을 보였다.(4:1~11) 마태복음 8장과 9장에 기록된 10가지 기적 사건들 속에서 우리는 예수가 율법의 참된 정신, "마음과 뜻과 힘을 다하여 하나님을 사랑하며 이웃을 네 몸과 같이 사랑하라"를 실천에 옮기고 있음을 볼 수 있다. 겟세마네 동산에서의 기도(26:36~46)를 통해, 우리는 또한 십자가의 고통과 죽음을 눈앞에 두고 하나님 아버지의 뜻에 자신을 맡기는 예수의 참된 의로움을 배울 수 있다. 특이한 것은 예수가 창검으로 무장한 병정들에게 잡히는 사건까지도, 예수는 그것이 하나님의 뜻에 순종하는 것이라고 제자들에게 가르친다는 것이다.

> 그러자 예수께서 말씀하셨다. "네 칼을 칼집에 도로 꽂으라. 칼을 쓰는 사람은 칼로 망한다. 너희는 내가 내 아버지께 청하기만 하면 당장에 열두 군단도 더 넘는 천사들을 보내어 우리를 지켜 주실 수 있다는 것을 모르느냐? 그러나 만일 내가 그렇게 한다면 이미 이 일이 일어나리라고 한 성경의 말씀이 어떻게 이루어지겠느냐?"
>
> ―마태복음 26:52~54

이렇게 볼 때, 예수의 십자가상에서의 죽음도 고통과 치욕, 좌절과 실패의 현장이 아니라, 그가 하나님의 말씀에 절대 순종한 삶을 살았음을 가장 잘 드러낸 사건인 것이다. 그의 일생을 통해 예수는 단순히 수준 높은 의로움을 설교한 것이 아니라 본인 스스로가 그러한 삶을 산 것이다. 그것은 바로 하나님이 함께 하셨기에 가능한 것이었다.

이제는 임마누엘인 예수가 제자들과 함께 있을 것을 약속함으로써 그들로 하여금 하나님의 복음을 모든 민족에게 전파하도록 명령하신다.

> 예수께서 제자들에게 가까이 오셔서 말씀하셨다. "나는 하늘과 땅의 모든 권한을 받았다. 그러므로 너희는 가서 모든 민족을 제자로 삼아 아버지와 아들과 성령의 이름으로 세례를 베풀고 내가 너희에게 명한 모든 것을 가르쳐 지키게 하라. 내가 세상 끝날까지 항상 너희와 함께 있겠다."
>
> ─ 마태복음 28:18~20

예수를 통해서 하나님께서는 그가 그의 백성들과 함께 하신다는 획기적인 행동이 무엇을 의미하며 그가 원하시는 의로운 삶이란 무엇인가를 확실히 보여 주셨다. 이스라엘이 하나님과 바른 관계를 회복할 수 있는 방법이 예전보다 더 분명히 제시된 것이다. 임마누엘인 예수의 사역을 본보기로 그들은 이 방법을 실행에 옮길 수 있게 되었기 때문이다. 더 나아가 이 '좋은 소식'이 모든 민족에게 전파되어 그들 역시 하나님과 의로운 관계를 맺을 수 있는 길이 열린 것이다.

마가복음서

마가복음서도 마태복음서와 마찬가지로 예수를 구약성서의 예언들의 완성이라고 선포한다. 마태복음서가 예수의 탄생기사와 복음서 전체 구조를 통해 이 점을 증거했다면, 마가복음서는 처음의 14절을 통해 명료하고도 조직적으로 이를 선포한다. 오른쪽 도표를 통해 이해해 보자.

거시적으로 보면 A·B·C는 하나님께서 행하셨던 옛 방식을 종합한 것으로 그 자체가 새로운 의미를 예견하고 있다. 이와 상응하는 C′·B′·A′는 하나님의 새로운 역사가 비로소 시작되고 있음을 드러낸다. 도표에 나타난 바와 같이, 예수의 세례(D)가 이런 전환의 분기점으로 작용하고 있다. 좀더 자세히 살펴보자. 마가복음 1장 2절, 3절은 구약의 세

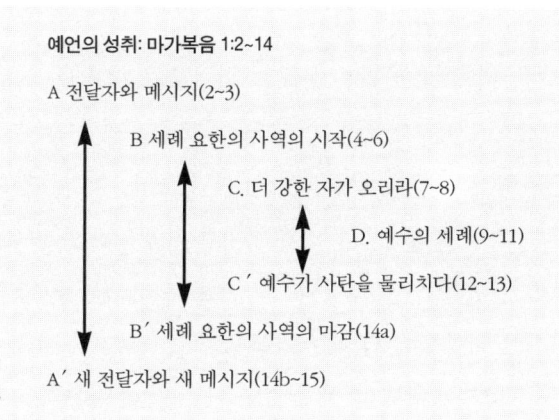

군데와 직접적으로 연결되어 있다.

"예언자 이사야의 글에 '보라! 내가 이제 내 심부름꾼을 보내어, 내 길을 준비하도록 하겠다' 라는 말씀이 있다. '너희는 여호와께서 예루살렘의 성전으로 가실 길을 광야에 뚫어 놓아라. 거친 사막을 평평하게 다듬어서 우리 하나님이 통과하실 큰길을 닦아 놓아라!' 라는 말씀도 있다."

'전달자를 보내겠다'는 구절은 구약의 마지막 책인 말라기 3장 1절과 4장 5절에서 온 것으로 하나님께서 오시기 전에 그의 백성을 준비시키는 자로 엘리야 선지자가 오리라고 했던 예언이다. 엘리야는 죽지 않고 하늘로 들려 올라갔기 때문에(열왕기하 2:1~25), 유대인들은 하나님께서 오시기 바로 직전에 그의 길을 예비하는 마지막 선지자로 그가 다시 돌아오리라고 믿고 있었던 것이다.

또한 '너희 앞에' 라는 문구는 출애굽기 23장 20절에서 인용한 것으로 이 '전달자' 가 과거 이스라엘 민족이 애굽에서 해방됐을 때, 그들을 약속의 땅인 가나안 땅으로 인도하는 안내자요, 광야 생활의 허기짐과 목마름을 채워 주는 수혜자요, 광야의 공포와 이방 민족의 침입으로부터 그들을 지켜주는 보호자의 역할을 감당한다고 암시한다. 나머지 구절들은 이사야서 40장 3절을 인용한 것으로 이스라엘이 바벨론 포로의 생활에서 해방되어 예루살렘으로 다시 돌아오리라는 희망에 찬 소식이다. 다시 말해 포로로 끌려갔을 때처럼 먼 길을 돌아가는 것이 아니라, 예루살렘으로 다시 돌아가는 길은 누구도 상상할 수 없을 정도로 평탄한 길이어서 빠른 시일에 귀향이 이루어지리라는 기쁨의 소식이다.

이렇듯 마가복음서는 유대인들이 학수고대하던 엘리야를 상기시킴으로써 과거 출애굽과 탈바벨론의 역사적 경험과 버금가는 새로운 일이 이제 곧 벌어질 것이라는 선언으로 시작한다. 그토록 기대하던 하나님의 나라가, 꿈에서나 상상할 수 있었던 우주적 평화와 하나님의 주권행사가 마침내 현실화된다는 소식은, 유대인들을 흥분시키기에 충분했으리라! 더욱이 예수 당시의 유대사회가 로마군의 압제하에 정치적 자유를 잃어버린 상황임을 생각해 볼 때, 마가복음서의 시작은 신앙적인 면을 넘어서서 정치적 희망 또한 암시하고 있는 것이다. 드디어 하나님께서 엘리야를 통해서 그의 백성을 로마로부터 해방하실 때가 온 것이다. 마치 과거 그들의 선조들을 애굽의 핍박으로부터, 바벨론의 포로생활로부터 구출해주신 것처럼 말이다. 지금의 암울한 시대는 끝나고 하나님께서 공의로 통치할 시대가 곧 임박한다는 것이다. 이것은 하나님 이야기에 획기적인 전환이 올 것이라는 예견이다.

이러한 희망의 기대감에 가슴 벅찬 상황에서 마가복음서의 기자는 엘리야를 상징하는 전달자로 세례 요한을 소개한다. 구약의 여느 예언자들처럼 세례 요한은 광야에서 죄의 회개와 용서를 외친다. 새로운 방향은 제시되었지만 그 내용은 여전히 구약에 나타난 예언자들의 선포와 별다르지 않다는 것에 주목하자. 세례 요한은 구약의 회개 선포 속에서도, 하나님의 구원 역사에 새로운 지평이 곧 열릴 것이라는 것을 간과하지 않았다. 자신보다 더 높은 권위와 더 큰 능력을 지닌 자가, 물이 아닌 하나님의 영으로 세례를 베풀 수 있는 자가 오리라 전파한다. 권위와 능력에서 지금까지 보지 못했던, 과거 예언자들을 능가하는 자가 곧 오리라. 마가복음서 기자는 '그 기대한 자'가 바로 예수라고 전하고 있다. 이것은 엘리야를 대신하여 세례 요한이 온 것처럼 엘리야 후에 오실 하나님을 대신하여 예수가 오셨다는 암시가 아닐까? 직접적으로 예수가 하나님이라는 선언이 아니라, 하나님의 권위와 능력을 다른 이들과는 질적으로 다르게 보여 줄 수 있는 자가 예수라고 마가 기자는 이해하고 있는 것이다.

그렇다면 마가복음서 기자가 이해한 예수는 누구인가? 마태복음서는 예수를 "하나님께서 그의 백성과 함께 하신다"는 뜻의 임마누엘이라고 정의한 반면, 마가복음서는 그를 '하나님의 아들'이라 규정한다. 이 복음서의 표제인 1장 1절뿐만 아니라 마가복음서 안의 여러 구절에서 예수가 하나님의 아들임이 선포되고 있다. 예수가 세례받은 장면에는 "이는 내 사랑하는 아들이라"(1:11)는 음성이 하늘로부터 들려왔음이 기록되어 있다. 3장 7~12절에는 예수가 많은 병자들을 고친 기록이 간결하게 요약되어 있는데, 이런 치유가 있을 때마다 그 병자들 안에 있던 정하지 못한 영들이 예수의 정체를 알아보고 그를 '하나님의 아들'이라고 외친다.

5장 1~20절에는 거라사 땅(Gerasene)에서 더러운 귀신들린 이가 예수를 지극히 높으신 하나님의 아들이라 인정한다. 더러운 귀신이 예수의 참 정체를 꿰뚫고 있는 장면이다. 9장 2~8절은 예수가 그의 제자 중 베드로, 야고보 그리고 요한을 데리고 높은 산에 올랐을 때, 예수의 모습이 인간의 눈으로는 잘 바라볼 수가 없을 정도로 환하게 바뀐 사건을 기록하고 있다. 이 변화된 예수의 좌우에 구약성서의 율법과 예언서를 대표하는 모세와 엘리야가 섰으며, 하늘로부터 예수를 가리켜 "나의 사랑하는 아들"이라는 음성이 들린다.(9:7) 마지막으로 15장 39절은 한 로마 장교가 예수의 죽음을 보고 "진실로 이는 하나님의 아들"이라고 고백한다.

    이렇듯 마가 기자는 예수를 지칭하는 많은 칭호들 중에서 특별히 '하나님의 아들'이라는 칭호를 선택해서 예수의 정체를 이해한다. 표제를 제외한 많은 '하나님의 아들' 선언들을 서로 비교해 보면, 한 가지 독특한 점이 대두된다. 마지막 예인 로마 군인의 고백을 제외하고는, 모두가 사람의 음성이 아닌 하늘의 음성, 또는 귀신의 외침이라는 공통점을 가지고 있다. 다시 말하면 이것은 로마 군인의 고백 이전에는 그 어떤 사람도 예수의 참 정체에 대해 바르게 이해한 자들이 없었다는 것을 의미한다.

    왜 마가복음서는 마지막에 가서야 비로소 예수의 참 정체를 하늘의 음성이 아닌, 그리고 부정한 영들의 외침이 아닌 사람의 입을 통하여 고백하게 했을까? 그나마 그 마지막 부분의 고백은 유대인이 아닌 로마인을 통해서, 그것도 예수를 믿고 따랐던 제자나 추종자들이 아니라, 오히려 그를 십자가에 처형한 로마 군인의 음성을 통해 예수가 하나님의 아들임이 고백되고 있지 않은가? 이는 마가 기자가 유대의 일반 군중들이나 제사장과 서기관들, 심지어 예수의 제자들까지도 예수의 참 정체에 대해 모르거나 오해하고 있었음을 나타내려 한 것이다.

예수는 유대인들이 기대하고 바랐던 모습의 인물이 아니었다. 예수는 세례 요한보다 더 큰 권위와 능력을 행사함에도 불구하고 고난을 당하고 모욕을 당한 후, 십자가에서 죽임을 당해야 하는 하나님의 아들이었다. 유대인들이 꿈꾸어 왔던 대로 다윗 왕국을 재건설할 수 있는 능력의 소유자로서의 하나님의 아들이 아니라(시편 2:8~9, 사무엘하 7:4~17), 슬픔과 죽음을 통하여 부활에 이르는 수난의 종으로서의 하나님의 아들인 것이다.(이사야 52:13~53:12) 마가 기자는 예수의 정체를 제2이사야서에서 하나님이 결심하신 새로운 일을 궁극적으로 달성하는 자로 이해했다. 권위와 능력의 종으로서가 아니라 세상 죄를 자기 몸에 짊어지고, 하나님의 백성들에게 버림받아 로마의 형틀에서 목숨을 잃는 과정을 통해서만 비로소 하나님의 나라는 이 세상에 건설될 수 있다는 것이다.

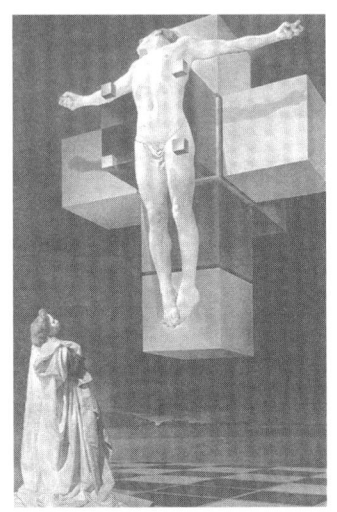

십자가형(the Crucifixion). 살바도르 달리 作. 뉴욕 메트로폴리탄 미술 박물관 소장.

그렇기에 예수는 세례 요한이 예견한 대로 더 큰 권위와 더 강력한 능력의 소유자가 아니기 때문에 고난을 받는 것이 아니다. 예수의 권위와 능력은 일반상식의 틀을 벗어난 것으로, 자신보다 못한 사람들의 경멸과 멸시를 받으며, 그들의 손에 죽임을 당하는 것을 능히 감당하게 하는 능력인 것이다. 예수의 권위는 고난을 통해 높아질 것이며 그의 능력은 그의 죽음을 통해 다시 부활할 것이다. 이런 의미의 예수를 마가 기자는 그의 복음서의 중간부분인 8장 27~38절에서 분명히 보여 주고 있다.

> 예수께서 제자들과 함께 갈릴리를 떠나 가이사랴 빌립보 지방의 여러 마을로 가셨다. 가시는 도중에 예수께서 제자들에게 물으셨다. "사람들이 나를 누구라고 하느냐?" 제자들이 대답하였다. "어떤 사람들은 선생님을 세례 요한이라고 합니다. 또 어떤 사람들은 엘리야라고 하고, 또 예언자 중의 한 사람이라고 하는 이도 있습니다."
>
> — 마가복음 8:27~28

가이사랴 빌립보라는 지역은 유대땅에서 보기 드물게 신선한 물이 솟아 나오는 곳이다. 예수는 이곳으로 그의 제자들을 대동하고 그의 사역이 무엇이며, 그가 누구인가를 제자들에게 생각하게 하는 기회를 주고자 수양회를 떠나고 있었다. 유대 일반 군중들은 예수가 헤롯왕에게 바른 말을 하다가 처형당한 불 같은 성미의 세례 요한 같다고 말한다. 마가복음서 6장 14절을 보면 헤롯왕 자신이 예수를 죽은 세례 요한이 다시 살아난 것으로 정의하고 있다. 어떤 이는 죽음을 보지 않고 병거 타고 하늘로 올라간 능력의 예언자 엘리야와 예수를 비교하고 있고, 또 어떤 이는 하나님의 말씀을 누구보다 더 권위있게 전파하는 선지자 중의 하나로 이해한다. 이 모든 대답들은 예수의 행동과 사역을 멀리서 지켜보았던 이들의 평가였다. 이제 예수는 제자들에게 질문한다. "너희는 나를 누구라 하느냐?"

> 예수께서 다시 물으셨다. "너희는 나를 누구라고 생각하느냐?"
> 베드로가 대답하였다. "선생님은 그리스도이십니다."
> 그러자 예수께서는 그들에게 그 사실을 아무에게도 알리지 말라고 엄하게 이르셨다.
> 그때에 비로소 예수께서는 자신이 많은 고난을 받고 유대인 지도자들과 대제사장들과 율법학자들에게 배척을 받아 그들의 손에 죽었다가 사흘 만에 다시 살아나리라는 것을 제자들에게 알리셨다.
> 예수께서 이 같은 일을 사실대로 말씀하시자 베드로가 예수를

붙들고 "선생님이 그런 일을 당하셔서는 안 됩니다" 하고 말하였다.

그러자 예수께서는 돌아서서 제자들을 보신 다음 베드로에게 "사단아, 물러가라! 너는 하나님의 일을 생각지 않고 인간의 일만 생각하는구나" 하고 꾸짖으셨다.

― 마가복음 8:29~33

    제자들은 예수를 가까이서 보았던 자들이다. 이 가이사랴 빌립보로 오기 직전에 그들은 벳세다에서 예수가 눈 먼 이를 고치는 것을 보았다. 오천 명이 넘은 군중을 물고기 두 마리와 보리떡 다섯 덩어리로 배불리 먹이는 기적을 체험했고, 귀머거리, 벙어리, 귀신 들린 자, 병든 자들을 치유하는 예수를 보았다. 심지어 물 위로 걸어오는 예수를 그들은 목격했을 뿐 아니라 오직 하나님만이 할 수 있다고 믿었던 죄의 용서를 서슴지 않고 선언하는 예수를 목격했다. 그보다 더, 이들은 예수로부터 더러운 귀신을 제어하는 권세를 이양받아서 자신들이 직접 회개의 복음을 전파하며, 많은 귀신을 쫓아내고 병든 자에게 기름을 발라 고치는 사역을 했던 자들이었다. 예수로부터 부름을 받아 그의 능력과 권위를 손수 실행에 옮겼던 자들이 바로 이 제자들이었다. 제자들 중 한 명인 베드로는 예수를 "당신은 그리스도이십니다"라고 서슴지 않고 고백한다. 이상한 것은, 마가복음에서 예수는 베드로의 고백을 듣고 잘했다고 칭찬하거나 축복하지 않고 아무에게도 그 사실을 말하지 말라고 경계했다는 점이다. 더욱이 예수는 자신이 고난과 버림을 받고 죽임을 당한 후에 사흘 만에 살아나야 할 것을 베드로의 고백 이후에 처음으로 제자들에게 가르쳐 주셨다. 이는 자신이 고통의 길, 죽음의 길을 먼저 가야 하는 자임을 비로소 드러내 놓고 가르치신 것이다.

이런 가르침에 대한 베드로의 태도에 주목하자. 그는 예수를 붙들고 간청했다고 본문은 말한다. 헬라어 원문을 보면, 30절에 나타나는 '경계하시고', 32절의 '간했다', 그리고 33절의 예수가 베드로를 '꾸짖어'라는 단어들이 모두 같은 헬라어에서 유래했음을 알게 된다. 따라서 헬라어 원문에 비추어 보면, 본문의 상황은 베드로가 예수를 그리스도라 대답했을 때, 예수는 그를 심하게 꾸짖었고, 그 후에 예수가 그의 정체를 비로소 확연하게 드러냈을 때, 이제는 베드로가 예수를 붙잡고 심하게 꾸짖었으며, 이에 대해 예수는 제자들을 보면서 베드로를 또다시 심하게 꾸짖는 상황이다. 제자인 베드로가 선생인 예수를 붙잡고 꾸짖는 광경을 상상해 보자. 만일 베드로의 대답이 예수가 생각한 것과 일치한 것이었다면, 왜 예수가 그를 심하게 꾸짖었겠는가? 왜 예수는 베드로를 사탄이라 부르며 "내 뒤로 물러가라. 네가 하나님의 일을 생각하지 않고 도리어 사람의 일을 생각하는도다"라고 책망했을까? 사실 본문은 "나 예수는 너 베드로가 의미하는 그리스도는 아니다"라고 선언하고 있는 것이다.

   베드로가 의미한 그리스도는 아마 이러했을 것이다. "예수, 당신은 지금 한가롭게 샘물이 솟는 가이사랴 빌립보로 후퇴해 있을 사람이 아닙니다. 당신의 그 병 고치는 능력으로, 오천 명을 먹였던 기적으로, 그로 인해 생겨난 민중들의 호응과 인기도에 힘입어, 로마의 압제하에 있는 불쌍한 우리 유대 민족을 해방시켜야 합니다. 그러기 위해 지금이라도 길을 돌이켜 예루살렘 성으로 힘있게 돌진해야 할, 기름부음 받은 이의 사명을 감당해야 할 우리의 지도자가 아닙니까?", "권세 있게 하나님의 말씀을 전한 선지자보다도 더 권위 있는 사람, 죽음을 보지 않고 또다시 하나님의 사명자로 올 엘리야보다 더 기대했던 사람, 죽음에서 다시 살아난 불 같은 세례 요한보다도 더 저돌적인 사람, 그런 사람이 바로 당신이 아닙니까?"

   그러나 예수는 베드로와 그의 제자들에게 "나는 그런 의미의 그리스도는 아니다"라고 선언한다. 하나님의 입장에서 본 예수는 베드로가 고백한 의미의 그리스도가 아니다. 고난을 통해서만 영광에 이르는 하나님의 아들인 것이다.

   이런 예수의 정체성에 관한 직접적인 선언이 9장 31절과 10장 33절에 연이어 나오고 있다. 특히 마가복음서의 1/3을 차지하는 11장 1절~16장 8절까지의 부분은 '예수의 수난기사'라 불리는데, 예수가 구약의 예언을 성취하기 위해 예루살렘에 입성한 때로부터 십자가에서 죽임을 당하고 사흘만에 부활할 때까지의 일주일을 자세히 기록하고 있는 부분이다. 이 일주일 동안에 일어났던 많은 사건들이 예수의 참 정체를 분명하게 밝혀 주는 것들이다.

한 예로, 빈 무덤은 예수의 고난에 대한 결정적 변호(vindication)이다. 고난의 아들인 예수를 통해 하나님의 전 우주에 대한 계획이 확연해진 것이다. 이 세상과의 깨어진 관계를 회복하기 위해 하나님은 고난의 길을 택하셨으며, 그의 아들인 예수를 통해서 이를 완성시키셨다. 마태복음서가 율법주의자들보다 더 높은 의를 행함으로 하나님과의 바른 관계를 정립할 수 있다고 설파했다면, 마가복음서는 하나님 나라의 영광에 이르기 위해서는 예수의 고난에 동참해야 함을 강조한다. 자기의 십자가를 지고 예수를 따르는 것이 하나님과의 깨어진 관계를 다시 회복할 수 있는 길인 것이다.

> 그러고 나서 제자들과 군중을 불러 이렇게 말씀하셨다. "누구든지 나를 따르려는 사람은 자기를 버리고 자기 십자가를 지고 따라야 한다.
> 자기 목숨을 구하려는 사람은 잃을 것이고 나와 복음을 위해서

자기 목숨을 버리는 사람은 생명을 얻을 것이다.

사람이 온 세상을 얻는다 해도 자기 목숨을 잃어버린다면 무슨 유익이 있겠는가?

사람이 자기 목숨을 무엇과 바꿀 수 있겠는가?

음란하고 죄 많은 이 세대에서 누구든지 나와 내 말을 부끄럽게 생각하면 인자도 아버지의 영광에 싸여 거룩한 천사들을 거느리고 올 때에 그를 부끄럽게 여길 것이다."

―마가복음 8:34~38

누가복음서

앞에서 살펴본 마태복음서나 마가복음서와는 달리 누가복음서는 왜 예수에 관한 이야기를 새롭게 기록해야 하는가를 머리말에 밝히면서 복음서를 시작한다.

존경하는 데오빌로님, 우리들 가운데서 있었던 일을 기록한 사람은 이미 여럿 있습니다. 그들은 모두 예수의 제자들과 또 예수께서 행하신 일을 직접 눈으로 본 사람들이 우리에게 전해 준 그대로를 써 놓았습니다. 그런데 나도 이 모든 것을 처음부터 끝까지 세밀히 조사해 둔 것이 있기 때문에 이것을 순서대로 엮어서 당신에게 써 보내는 것이 좋겠다고 생각하였습니다. 당신이 이미 듣고 계신 모든 사실이 참되다는 것을 다시 확증시켜 드리고 싶기 때문입니다.

— 누가복음 1:1~4

    이 머리말은 예수에 대한 기록들이 이미 존재하고 있으며 그것들이 예수사건을 목격한 증인들로부터 후세대로 전승되고 있음을 밝혀 준다. 이렇게 산재한 기록들을 연구해서 좀더 객관적이고 정돈된 기록으로 예수사건을 기록함으로써 누가 기자는 그 사건이 진실임을 밝히고자 한다. 특히 이 복음서의 수신인으로 데오빌로(Theophilus, '하나님의 친구'라는 뜻으로 로마의 한 고위 관리를 지칭함)를 내세우고 있어 이 복음서의 전체 청중이 헬라문화에 익숙하면서도 예수에 대한 이야기를 어느 정도는 알고 있으며, 유대인들이 신봉하는 야훼 하나님을 경외하는 이방인들임을 암시하고 있다. 또한 학계에서는 누가 기자가 복음서뿐 아니라 초대교회의 역사를 간략하게 서술한 '사도행전'도 저술했다고 생각한다. 즉, 누가복음서와 사도행전이 두 부분으로 된 한 권의 책으로서 서로 상호보완적인 관계를 갖고 있다는 점에 유의하자. 따라서 누가복음서의 전체 문학구조는 사도행전의 구조와 평행한 구조를 보여 준다.

Ⅰ 서론(1:1~4)

  Ⅱ 예수의 탄생과 하나님의 영이 그와 함께 하심(1:5~4:13)

    Ⅲ 예루살렘을 향한 준비작업(4:14~9:50)

      Ⅳ 예루살렘을 향해 올라감(9:51~19:27)

        Ⅴ 예루살렘에서 있었던 사건들(19:28~24:53)

Ⅰ′ 서론(1:1~5)

  Ⅱ′ 교회의 탄생과 하나님의 영이 함께하심(1:6~2:47)

    Ⅲ′ 세상을 향한 준비작업(3:1~12:25)

      Ⅳ′ 세상을 향해 복음이 전파됨(13:1~19:20)

        Ⅴ′ 세상의 중심인 로마에 복음이 전파됨(19:21~28:31)

누가복음서가 지닌 문학적 특징들은 이 복음서가 예수를 누구로 정의하고 있는가 하는 질문뿐 아니라 마태복음서, 마가복음서와의 관계성을 이해하는 데 결정적 역할을 한다는 데 있다. 먼저, 우리가 마태·마가복음서들만 경전으로 가지고 있다고 가정한다면, 예수에 대한 많은 신학적인 문제점들이 제기될 수 있다. 먼저 예수의 세례로부터 복음서를 시작하고 있는 마가복음서는 예수가 본래부터 하나님의 아들이었는가, 아니면 사람의 아들로 있다가 세례를 받는 순간에 하나님의 아들로 인정을 받게 된 것인가 하는 의문을 갖게 한다.

왜냐하면 마가복음서는 예수가 세례 받기 이전에 무엇을 했는가에 대해서는 아무런 언급이 없기 때문이다. 소위 말하는 '신인양자설(神人養子說)'이라 해서, 예수를 우리와 같이 한 인간으로 태어났지만 세례를 통해서 하나님의 아들로 입양된 것이라고 보려는 주장이다. 만일 마가복음만 우리에게 주어졌다면 이런 문제가 야기될 수도 있다. 이런 오해의 여지를 마태복음은 깨끗하게 씻어 준다. 마태복음서는 예수의 족보로 복음서를 시작함으로써 예수는 아브라함과 다윗의 자손으로 과거에 이미 예견되었던 자며, 예수의 탄생기사 역시 구약 예언들의 성취들로 가득 차 있기 때문에 예수는 인간의 아들이 신의 아들로 승격된 것이 아니라 원래 하나님의 아들로, 임마누엘로서 하나님의 말씀을 완성하러 온 자임을 선언한다.

좀더 자세히 살펴보면, 마태복음서의 예수의 족보가 선택받은 이스라엘의 시조인 아브라함으로부터 시작되기 때문에 예수는 오직 하나님의 백성들인 이스라엘에게만 의미 있는 하나님의 아들로 부각되기 쉽다. 과연 예수는 하나님께서 특별히 선택한 이스라엘, 유대인들만의 구원자인가? 아니면 하나님께서 창조하신 전 우주를 감당해야 하는 구속자인가? 누가복음은 이런 질문에 예수가 하나님을 대신하여 온 세상에 그의 주권을 행사하는 '우주적인 주(universal Lord)'로 규정함으로써 대답한다. 마태와 마가가 갖는 예수의 신적 권위에 대해 충분한 보상을 하고 있는 셈이다. 특히 누가 기자는 3장 23~38절까지의 예수의 족보를 통해서 그가 이스라엘의 시조인 아브라함을 넘어서 구약성서에서 밝히는 인류의 첫 사람, 아담에게까지 연결되어 있는 하나님의 아들임을 주장한다. 이렇듯 마가복음서 1장에서 발생될 수 있는 예수의 신성에 대한 질문이 마태복음서의 첫 시작인 족보로 일단락되었고, 한걸음 더 나아가 누가복음서의 첫 부분을 통해서 완전히 마무리되었다.

또 한편으로는 마가복음서의 마지막 장면에서 파생되는 신학적 질문을 간과할 수 없다. 이 복음서는 예수 부활의 소식이 빈 무덤을 찾아온 여인들을 제외한 어느 누구에게도 선포되지 않았다는 보도로 막을 내리고 있다.

> 여자들은 겁에 질려 무덤에서 정신 없이 도망쳐 나왔으나 너무나 놀라서 아무에게도 말을 하지 못하였다.
>
> —마가복음 16:8

이런 문제점을 마태복음서는 부활한 예수가 제자들에게 세상 곳곳에 가서 부활의 기쁜 소식을 전파하라는 명령으로 해결하고 있다.

> 예수께서 제자들에게 가까이 오셔서 말씀하셨다. "나는 하늘과 땅의 모든 권한을 받았다. 그러므로 너희는 가서 모든 민족을 제자로 삼아 아버지와 아들과 성령의 이름으로 세례를 베풀고 내가 너희에게 명한 모든 것을 가르쳐 지키게 하라. 내가 세상 끝날까지 항상 너희와 함께 있겠다."
>
> ─ 마태복음 28:18~20

예수가 바리새인들보다 더 높은 의로움을 지킬 수 있었던 것은 바로 하나님께서 그와 함께 하셨기 때문이다. 이와 비슷하게 마태 기자는 제자들도 예수의 명령을 지킬 수 있으리라고 확신했다. 왜냐하면 예수가 그들과 세상 끝날까지 함께 있으리라고 약속했기 때문이다. 이제 예수의 부활소식은 모든 민족에게 전파될 수 있게 되었다.

그러나 만일 우리가 마가·마태 두 복음서만 가지고 있다면, 이 두 복음서의 끝부분과 관련해 논란이 될 수 있는 신학적인 문제가 있다. 그것은 부활하신 예수는 지금 과연 어디에 있는가 하는 질문이다. 마태복음 28장 20절의 예수의 약속대로라면, 그가 지금 역사의 현장에 그의 제자들과 함께 있어야 하지 않겠는가? 부활한 예수가 시·공간을 초월하여 세상 끝날까지 지속해서 역사 속에 현존한다면, 기독교가 전하려는 복음에 부인하지 못할 신빙성을 안겨다 줄 것이다.

마태·마가복음서가 안고 있는, 부활한 예수의 역사 속에서의 부재를 누가복음서는 그 독특한 마지막 장에서 잘 해결해 주고 있다. 누가복음서는 부활한 예수가 하늘로 올라가는 승천의 기사로 마지막을 장식하고 있는 것이다. 뿐만 아니라 예수는 이 장면에서 자신을 대신해서 제자들의 복음 전파를 도와줄 하나님의 능력(하나님의 영)을 보내줄 것까지 약속했다.

> 예수께서 또 말씀하셨다. "그렇다. 그리스도가 반드시 고난을 받고 죽었다가 사흘 만에 죽은 자 가운데서 다시 살아나리라는 것은 이미 오래전에 기록된 말씀이다.
> 그리고 내게 돌아오는 사람은 모두 죄를 용서받는다는 이 구원의 도가 예루살렘에서 시작하여 모든 민족들에게 전파될 것이다.
> 너희는 이 예언들이 이루어진 것을 목격한 증인들이다.
> 이제 나는 내 아버지께서 약속하신 것을 너희에게 보내겠다. 그러니 너희는 아직 다른 사람들에게 알리지 말고 성령이 오셔서 하늘의 능력을 채워 주실 때까지 이 성에 머물러 있어라."
> 예수께서 그들을 베다니 근처로 데리고 나가셔서 하늘을 향해 두 손을 들고 축복해 주셨다.
> 그리고 그들을 떠나 하늘로 올라가셨다. 그들은 예수께 경배를 드린 후에 기쁨에 넘쳐서 예루살렘으로 돌아가 계속 성전에 머

물면서 하나님께 찬양을 드렸다.

— 누가복음 24:46~53

    누가복음서는 예수를 전 세계를 감당할 '주(Lord)'로 정의함으로써 하나님의 우주적 계획의 완성으로 선택받은 유대인에게 초점을 맞춘 마태·마가복음서의 제한성을 보완하고 있다. 또한 부활의 예수가 승천했으며 그 뒤를 이어 하나님의 영이 임하리라는 약속으로 예수를 통한 하나님의 일하심이 계속될 것도 암시해주고 있다. 미리 앞서 말한다면, 누가 기자는 그의 두 번째 책인 사도행전에서 예수가 약속하신 그 하나님의 영이 강림한 것(사도행전 2:1~47)과 승천하는 예수가 또다시 오리라는 재림의 약속을 상기시키는 것으로 그의 초대교회 역사를 시작한다.(사도행전 1:6~11) 그에 비해 요한복음서는 예수가 단순히 임마누엘, 하나님의 아들, 또는 '주'가 아니라 하나님 그 자체임을 주장했고, 신약성서의 21권이 되는 서신서들은 예수 재림의 약속이란 조명 아래 현재를 재해석하여 어떻게 하나님의 사람으로 살아야 하는가를 알려준다.

    이 모든 생각들을 종합해 보면 신약성서가 주장하는 예수의 참 정체를 완벽하게 알 수 있다. 쉽게 도표로 나타내 보자.

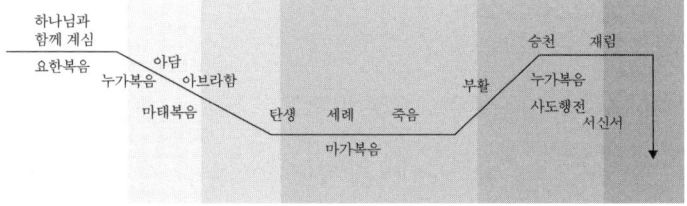

 누가복음서로 돌아가서 예수가 우주의 '주'로서 어떤 의미를 지니고 있는가를 본문을 통해 간략하게 살펴보자. 마태복음서와 같이 누가복음서도 예수의 탄생에 대해 자세히 기록하고 있는데, 특기할 만한 점은 천사가 예수의 이름을 마태복음서의 '임마누엘'이 아니라 '그리스도(메시아), 주'라고 예보하고 있다는 것이다. 메시아라는 칭호는, 이스라엘 12지파를 처음으로 결속해서 통일왕국을 이룩한 다윗왕의 자손으로서 그의 뒤를 이어 무너진 이스라엘 왕국을 재건하도록 기름부음 받은 자를 의미한다. 이 용어가 유대 민족의 역사와 전통에 깊이 뿌리박힌 용어이기에 유대인이 아니고서는 그 중요성을 쉽게 인식하기 어렵다.

 이 메시아라는 히브리 단어가 헬라어로 번역된 것이 '그리스도'이다. 따라서 신약성서에서 예수의 제자들이 특히 베드로가 예수를 '그리스도'라 고백했을 때에는 다분히 정치적인 색채로 그를 정의한 것이다. 그러나 단순히 이스라엘 왕국의 회복이라는 메시아 개념보다는 그리스도가 앞으로 도래할 하나님의 나라, 즉 하나님의 공의와 질서가 온 세상을 지배하는 때를 지칭한다. 다시 말하면 메시아가 그리스도로 번역되었을 때에는 하나님의 역사가 이스라엘에만 국한되었던 것에서 전 우주를 포함하는 광범위한 모습으로 전환된 것이다.

누가복음서의 '주'는 막강한 권력과 숭고한 권위를 자유자재로 발휘할 수 있는 위치를 상징하며 유대인이 아닌 일반 헬라인들에게도 쉽게 이해될 수 있는 용어이며 개념이다. 아마도 누가복음서에서 유대인 예수를 '그리스도'와 '주'로 동시에 정의한 것은 이 복음서의 청중이 헬라 문화권에서 유대의 야훼 하나님을 경외하는 공동체임을 암시하며 그들에게 더 깊은 의미가 있었을 것이다. 이렇듯 우주적인 관점으로서의 '주'는 천사가 예수의 탄생을 '모든 사람들을' 위한 기쁨의 큰 소식으로 선언한 것에서도 찾을 수 있다.(누가복음 2:10)

또한 마가복음서에서 세례 요한을 '길을 예비하는 자'로 표현하면서 이사야 선지자의 예언 중의 한 부분(이사야 40:3)만 인용한 것에 비해, 누가복음서에서는 이사야 40장 2~5절 전부를 사용해서 세례 요한의 사역이 모든 사람들이 볼 수 있는 하나님의 우주적 구원 사건의 전초임을 강조한 것 역시 이런 '우주의 주'로서 예수를 암시해 주는 것으로 이해할 수 있다. 세례 요한 뒤에 등장할 예수의 활동은 하나님이 이 세상을 구원하시는 사건으로 모든 민족들이 그것을 지켜볼 수 있다는 것이다.

둘째로, '우주의 주'로서 예수의 사역의 초점은 이방인들의 구원이었다. 물론 같은 민족인 유대인들에게 하나님의 말씀을 선포하여 그의 능력을 행사했지만, 예수의 사역의 특성은 하나님이 이방인들도 하나님의 계획에 포함되어 있을 뿐 아니라, 하나님이 그들에게 더 많은 관심을 가지고 계시다는 것이다. 선택받은 유대인들에게는 충격적인 선언이 아닐 수 없다. 어쩌면 '이방인 구원'이라는 하나님의 우주적 관심을 날카롭게 선포한 것이 기득권자들인 제사장들과 서기관들로 하여금 예수를 로마의 십자가 형틀로 몰고 갔는지도 모른다. 예수의 첫 공식 설교인 누가복음 4장 16~30절이 그의 사역의 특성을 밝히 보여 주고 있다.

> 예수께서는 자기가 자라난 고향 동네 나사렛에 오시자 전에 하던 대로 안식일에 회당에 들어가 성경을 읽으려고 일어나셨다. 예언자 이사야의 책을 받아든 예수께서는 이런 말씀이 있는 곳을 펴셨다.
> '주 여호와의 기운이 나를 휘감아 돌았다. 여호와께서 내게 기름을 부어 예언자로 세우시고 불쌍한 사람들에게 기쁜 소식을 전하고 마음이 상한 이들에게 새로운 용기를 일으켜 주고 감옥

에 갇힌 이들에게 너희가 이제 풀려 나간다! 모든 옥문들이 열리게 된다고 알려 주라고 나를 예루살렘으로 보내셨다. 우리의 하나님 여호와께서 우리의 억울하고 원통한 일을 다 풀어 주시며 슬피 우는 모든 사람을 위로해 주시는 시대가 되었다고 널리 알리도록 주께서 나를 보내셨다.'

― 누가복음 4:16~19

위에 인용된 이사야 선지자의 예언은 로마의 압제에서 신음하는 유대인들에게 기쁨과 희망에 찬 하나님의 말씀이었다. 그렇기 때문에 예수가 "이 말씀이 오늘 이루어졌다"라고 설파했을 때, 나사렛 회당에 모인 청중들은 하나님의 신실하심과 구원의 손길을 새삼 느꼈을 것이다. 그들의 마음을 움직일 수 있을 만한 설교였다. 그래서 그들은 예수를 칭찬했다. "거기 있던 사람들은 모두 경탄을 금치 못하였다." (누가복음 4:22a)

그러나 한편으로, 그들은 예수가 이런 엄청난 선언을 할 만한 자격이 있는가를 의심한다. 이 의심에는 예수가 전파한 하나님의 말씀에 대한 회의가 저변에 깔려 있는 것이다. 수백 년 전에 약속하신 하나님의 해방과 구원이 오늘날 이루어지기는커녕 아직도 현실은 암담하기만 하지 않은가? 하나님의 말씀이 듣기는 좋아도 실제로 현실상황을 뒤바꿀 수 있는 능력이 있는가? 하나님의 말씀에 대한 회의와 불만족으로 인해, 그들은 선택받은 민족이지만 예수를 통한 하나님의 새로운 역사를 보지 못한 것이다. 그러한 청중들의 의심과 회의를 꿰뚫어 본 예수는 구약성서에서 두 개의 예화를 들어 그의 설교의 초점을 확실히 한다.

> 예언자 엘리야가 시돈 땅에 있는 사렙다 과부를 도운 일을 생각해 보라. 그 당시 3년 6개월 3일 동안이나 비가 오지 않아 온 땅에 기근이 계속되던 때에 도움이 필요한 이스라엘인 과부가 많이 있었으나 엘리야가 보냄을 받은 것은 그들이 아니라 이방인 과부가 아니었느냐?
> 또한 엘리사는 도움이 필요한 이스라엘인 나병환자들이 많이 있었는데도 그들을 제쳐놓고 오히려 수리아 사람 나아만을 고쳐 주지 않았더냐?
> ─ 누가복음 4:25~27

예수는 구약의 하나님도 이스라엘 백성뿐 아니라 그들이 혐오하고 제쳐 놓은 이방인들까지도 구원의 대상으로 삼으시며, 실제로 곤경 속에서 그들을 해방시켜 주셨음을 열거한다. 야훼 하나님은 이스라엘만의 하나님이 아니라 이 세상 모든 민족들의 하나님이며, 한 국가의 안녕에만 매여 있는 신이 아니라 세계를 경영하는 우주적 통치자라는 가르침이다. 이제 나사렛 회당의 청중들은 예수가 이해한 하나님의 말씀의 진의를 파악한 후, 분노에 차서 그를 해하려 한다.

> 이 말씀을 듣고 있던 사람들은 화가 나서 뛰어 일어나 예수께 몰려들었다. 그리고 동네 끝에 있는 벼랑으로 끌고 가서 아래로 밀쳐 떨어뜨리려고 하였다.
>
> ─ 누가복음 4:28~29

조금 전의 가슴 설레임이 순식간에 참을 수 없는 증오와 분노로 변화되었다. 경의의 눈초리와 칭찬의 입술이 일순간 재판도 거치지 않은 채 사람을 죽이려는 폭도의 손길로 바뀐 것이다. 야훼 하나님이 당신이 선택한 백성들의 상황보다도 이방인들의 어려움을 먼저 해결해 주셨다는 예수의 설교 때문이었다.

셋째로, 누가복음서는 예수의 파격적인 사역은 그가 하나님의 영(聖靈)으로 무장되었기 때문에 가능했음을 증언하고 있다. 누가복음서는 성령의 복음서(Gospel of the Spirit)라고 불릴 정도로 예수의 탄생부터 그의 부활까지 모든 면에 하나님의 영의 역할을 강조하고 있다. 예수의 탄생(1:3~5), 어린 시절(2:25~27), 세례(3:21~22), 광야 40일 동안의 시험(4:1), 시험 후의 사역의 첫 시작(4:14), 부활 후 제자들에게 하신 약속

(24:49)에 이르기까지 하나님의 영이 예수를 계속 인도하고 있다. 특이한 것은 다른 복음서들과는 달리 누가복음서는 사탄이 예수를 시험한 후에 그를 떠났다가(4:13) 예수를 배반한 가룟 유다가 그를 배반하려 할 때 다시 등장하는 것으로 (2:23) 기록하고 있다. 이것은 예수의 전체 사역에 사탄의 영향이 전혀 없었음을 간접적으로 보여 주는 것이다. 대조적으로 하나님의 영은 예수의 모든 사역에 걸쳐 스며들어 있어서 예수로 하여금 이방인들의 구원을 우선으로 하는 하나님의 포괄적 역사를 담대히 증거할 수 있게 한다.

넷째로, '우주의 주'로서의 예수는 다른 복음서들보다도 정의로운 사회, 불공평과 불이익을 당하는 소외된 사회계층, 특히 여인들의 위치와 역할에 대해 많은 관심을 보여 주었다. 예수의 어머니인 마리아가 노래한 '마리아의 노래'와 마태복음서의 '산상수훈'에 비교할 만한 누가복음서의 '산상수훈'을 들어보자.

> 마리아가 노래하였다.
> "오, 이 몸이 주님을 찬양하며
> 내 구주 하나님을 기뻐함은
> 주님이 비천한 계집종을 돌보셨음이라.
> 이제부터는 모든 세대가 나를 하나님의 복을 받은 자라 하리니

전능하시고 거룩하신 그분이 내게 큰일을 하셨음이라.

그분의 자비는 그분을 경외하는 자들에게 대대로 있으리로다.

그분의 팔이 능력을 베푸심이여! 교만한 자들을 흩으셨도다!

그분은 왕들을 그들의 왕좌에서 쫓아내시고 천한 자들을 높이셨도다.

그분은 마음이 갈급한 자들을 만족하게 하시고 부자를 빈손으로 돌려보냈도다.

그분의 종 이스라엘을 도우심이여! 자비를 베푸시마 하신 약속을 잊지 않으셨도다.

우리 조상 아브라함과 그 후손에게 약속하신 대로 그분의 자비는 영원히 있으리로다."

―누가복음 1:46~55

예수께서 제자들을 향해 말씀하셨다.

"가난한 너희는 복이 있다. 하나님 나라가 너희의 것이다.

지금 배고픈 너희는 복이 있다. 너희가 만족하게 될 것이다. 지금 울고 있는 너희는 복이 있다. 너희가 기뻐하며 웃을 날이 올 것이다."

―누가복음 6:20~21

마태복음서가 예수를 의로운 임마누엘로 하나님의 뜻을

바로 이해하고 끝까지 실천에 옮긴 모습으로 정의했다면, 마가복음서는 예수를 고난을 통해 영광에 이르는 하나님의 아들임을 고백했다. 한편 누가복음서는 임마누엘이며 하나님의 아들인 예수가 유대의 전통과 사상의 틀을 넘어서서 우주적으로 역사하시는 그리스도요, 주임을 선언한다. 예수는 하나님의 사역을 이스라엘에게 향한 예언의 성취에 국한시키지 않고, 모든 민족을 포함한 우주적 차원으로 승격시키셨다. 누가복음서의 예수는 장차 도래할 하나님의 나라는 정의와 기쁨과 평등이 넘쳐나며, 사회 각 층의 무리들을 포함하고, 이방인들이 유대인들과 함께 하나님의 주권을 인정하며 그의 통치를 염원하는 것임을 당당히 선포하고 있는 것이다.

요한복음서

요한복음서는 앞서 논의된 세 복음서들보다 예수의 정체성에 대한 물음에 대해 한층 더 강도 높은 대답을 한다. 요한 기자는 예수를 '임마누엘'로서, '하나님의 아들'로서, 또는 '우주의 주'로서가 아니라 '하나님 그 자체'라고 선언한다. 따라서 예수를 보는 것은 하나님을 보는 것이다. 하나님이 인간의 모습으로 이 세상에 직접 오셨다는 것이다. "예수가 하나님이시다"라는 이 획기적 고백을 요한복음서는 서론에서 '로고스(말씀)'라는 헬라어로 표현한다.

천지가 창조되기 전, 아무 것도 존재하기 전에 말씀이 계셨다. 이 말씀은 그리스도이시며 그리스도는 하나님과 함께 계셨다.

그분은 천지가 창조되기 전부터 계셨다. 그분은 하나님이시다. 그분은 모든 것을 창조하셨으며 그분이 만들지 않고 존재하는 것은 아무 것도 없다. 그분 안에 영원한 생명이 있고 이 생명은 모든 인류에게 빛을 주신다. 그분의 생명은 어둠 속에서 비추는 빛이며 어둠이 결코 그 빛을 끌 수가 없다.

— 요한복음 1:1~5

로고스는 흔히 '말씀'으로 번역되는데, 이는 헬라철학이 의미하는 무질서한 세계를 지탱하는 질서의 원칙이나 합리적 이성의 총체를 지칭하지는 않는다. 유대전통에서 이해하는 것처럼 하나님의 뜻을 계시한 토라도 아니고, 또한 유대교 지혜전승에서 말하는 삶의 의미를 설파하는 하나님의 대변자도 아니다. 로고스는 이 세상이 창조되기 이전부터 하나님과 영원히 함께 있었고, 하나님과 동일하다. 로고스를 통해서 세상만물이 창조되었으며, 그가 생명 자체이기에 그를 떠나서는 그 어떤 것도 존재할 수 없는 것이다. 이처럼 영원하며, 인격적이고, 창조의 주역이며, 하나님인 로고스가 인간의 육체를 입고 이 세상에 왔다.

말씀이 육신이 되어 우리와 함께 사셨다. 그분에게는 은총과 진리가 충만하였다. 우리 가운데 몇 사람이 그분의 영광을, 하늘에 계신 아버지의 외아들의 영광을 보았다.

요한은 그분에 대하여 군중들에게 "내가 전에 '내 뒤에 오시는 분이 나보다 앞선 것은 그분이 내가 있기 전부터 계셨기 때문이다' 라고 말했는데 그것은 바로 이분을 두고 한 말입니다!" 하고 외치며 증거하였다.

우리는 모두 그분에게서 넘치는 은혜를 입었으며 한없는 복을 받았다.

모세는 우리에게 율법을 주었으나 예수 그리스도께서는 우리에게 사랑과 용서를 주셨다.

사실 아무도 하나님을 본 사람은 없다. 그러나 아버지의 외아들이신 그분께서 아버지를 우리에게 알려 주셨다.

— 요한복음 1:14~18

로고스가 육체를 입었다는 선언은 육체를 부정하는 헬라 철학과 영지주의(신비한 지식을 얻음으로 육체의 제한으로부터 탈피할 수 있음)에 대한 전격적 반격이다. 또한 이 선언은, 오직 대제사장을 통하여 간접적으로만 성전에 거하는 하나님의 영광을 볼 수 있다고 주장하는 유대교의 전통을 뒤엎는 것이다. 하나님을 직접 볼 수 있는 길이 열린 것이다. 율법이나 예언자들, 제사장들, 지혜자들을 통하는 것보다 더 확실히 하나님을 알 수 있는 길이 생겼다. 이 로고스가 예수이다.

예수가 하나님임을 입증하기 위해 요한 기자는 두 가지 특이한 방법을 쓴다. 첫 번째로, 예수의 사역을 7개의 표적(sign)에 초점을 맞추어 기술하고 있다. 표적이라는 개념은 예수가 행한 초자연적인 행위가 단순히 기적이라는 차원을 넘어서 그의 로고스로서의 영광을 드러내는 사건을 의미한다. 전형적으로 요한 기자는 한 기적 사건 후에 예수의 독백이나 또는 누구와의 대화를 연이어 서술함으로써 이 기적이 예수의 정체성을 드러내는 데 어떻게 사용되고 있는가를 보여 준다.

7개의 표적은 다음과 같다.

혼인잔치에서 물을 포도주로 바꾼 사건	2:1~11
가나에서 이방인 백부장의 아들을 치유한 사건	4:46~54
예루살렘에서 안식일에 38년된 병자를 치유한 사건	5:1~15
갈릴리에서 오천 명을 보리떡 다섯 개와 물고기 두 마리로 먹인 사건	6:1~15
물 위로 제자들에게 걸어 온 사건	6:16~21
예루살렘에서 날 때부터 눈 먼 자를 치유한 사건	9:1~41
베다니에서 죽은 나사로를 살리신 사건	11:1~57

이 중 첫째, 셋째, 여섯째, 일곱째 이적은 다른 복음서들에는 기록되지 않은 요한복음서만의 것들로 모두 예수가 삶을 주관하는 참 하나님임을 증거하고 있다.

두 번째로, 요한 기자는 '하나님의 이름'을 사용하여 예수가 하나님임을 증거한다. 유대인들은 이름을 한 사람의 정체를 밝혀 주는 것으로 이해했기 때문에 감히 하나님의 이름을 부를 수 없었다. 단순히 하나님의 이름이 거룩해서라기보다, 그의 이름을 부른다는 것은 곧 그의 정체를 온전히 알 수 있다는 인간의 자신감이 암시되는 것이기 때문이다.

예를 들어 모세에게 밝혀진 하나님의 이름은 "나는 나노라(I am that I am)"로 하나님을 피조물의 그 어떤 것으로도 설명하지 못하는 것이다. 이 절대 명칭인 "I AM"이 이사야 선지자를 통해서 "나는 그다(I AM he)"로 다시 불려진다. 하나님의 이름을 감히 부를 수 없기에 유대인들은 아도나이(주님), 혹은 "그 이름'으로 대신 부르기 시작했다. 나중엔 아도나이에 사용된 모음을 하나님의 이름인 יהוה에 붙여서 '여호와'라 불렀고, 최근 학자들의 연구로 יהוה의 본 발음을 야훼로 추정하여 부르고 있다. 중요한 것은 하나님은 창조주이시기 때문에 피조물이 그의 정체를 온전히 이해할 수 없다는 사실이다. 이런 절대 타자인 하나님이 인간이 되셨기에 예수는 "나는 ……"이란 선언으로 우리들로 하여금 하나님을 알 수 있게 해 주었다. 요한 기자는 "나는……(I AM sayings)"를 7번이나 그의 복음서에 적고 있다.

나는 생명의 떡이다.(6:35)

나는 세상의 빛이다.(8:12)

나는 양의 문이다.(10:7)

나는 선한 목자다.(10:11)

나는 부활이요 생명이다.(11:25)

나는 길이요 진리요 생명이다.(14:6)

나는 참 포도나무다.(15:1)

이 "I AM" 선언은 이중적 의미를 갖고 있다. 먼저 예수가 누구인가를 확실히 알 수 있다. 떡, 빛, 양의 문, 포도나무 등 일상생활에서 쉽게 접할 수 있는 사물들로 예수의 정체를 규정한다. 또한 부활, 생명, 길, 진리라는 추상적인 개념으로도 예수의 참 모습을 설명할 수 있다. 이 차원을 넘어서 "I AM"이 하나님의 이름이기 때문에 예수를 앎으로 인해 하나님을 알 수 있다는 것이다. 하나님의 이름이 알기 쉽게 보여진 것이다. *누구든지 나를 본 사람은 아버지를 본 것이다.*(요한복음 14:9b)

따라서 예수를 영접하는 자, 곧 그의 이름을 믿는 자들에게는 하나님의 자녀가 되는 권세와 영광이 주어지는 것이다. 그들은 사람의 혈통으로나 인간의 의지로 태어난 것이 아니라 하나님의 뜻에 의해서 새로 태어나 거듭난 사람들이다. 이제 신약성서의 첫 문학단원인 복음서를 요한복음서의 신학으로 정리해 보자. '임마누엘'로, '하나님의 아들'로 '우주의 주'로서 예수의 사역의 목적은 하나님의 이름을 세상에 알리는 것이다. 흔히 말하는 예수의 대제사장적 기도가 요한 기자가 의도한 예수의 정체성과 사역을 간결히 정리해 주고 있다.

> 이 말씀을 모두 마치신 후에 예수께서는 하늘을 우러러보며 말씀하셨다. "아버지, 때가 왔습니다. 아들의 영광을 드러내 주셔서 아들이 아버지께 그 영광을 되돌리게 해 주소서.
> 아버지께서는 아들에게 땅 위에 있는 모든 사람들을 다스릴 권한을 주셨습니다. 그래서 이 아들은 아버지께서 맡겨 주신 모든 사람에게 영원한 생명을 줄 수 있게 되었습니다.
> 영원한 생명에 이르는 길은 오직 한 분이신 하나님 아버지를 알고 아버지께서 땅 위에 보내신 예수 그리스도를 아는 것입니다.
> 나는 아버지께서 맡겨 주신 그 모든 일을 이룸으로써 이 땅 위에서 아버지께 영광이 돌아가게 하였습니다.
> 아버지, 이제는 세상이 시작되기 전에 내가 아버지와 함께 누리던 그 영광을 아버지 앞에서 다시 누릴 수 있게 내 영광을 드러내소서."
>
> ─ 요한복음 17:1~5

하나님과 영원부터 함께 있었던 예수는 하나님으로부터 보내심을 받고, 이제 하나님으로 다시 돌아갈 때를 인식하며 자신을 위해 기도한다. 십자가의 죽음을 통해 하나님을 영화롭게 할 뿐만 아니라 자신을 통해 모든 사람이 하나님만이 오직 참된 하나님임을 알고 영원한 삶을 보장받게 되기를 간구한다.

> 나는 아버지께서 내게 주신 이 세상의 선택된 사람들에게 아버지에 관한 모든 것을 알려 주었습니다. 사실 이들은 항상 아버지의 사람들이었지만 내게 주셨고, 또 이들은 아버지의 말씀을 잘 지켰습니다.
> 이제 이들은 내가 가진 모든 것이 아버지께서 주신 것임을 알고 있습니다.
> 나는 아버지께서 내게 주신 말씀을 이들에게 전하였습니다. 이들은 그 말씀을 받아들여 내가 아버지께로부터 이 땅에 내려왔으며 아버지께서 나를 보내셨다는 것을 믿게 되었습니다.
> 나는 이 세상을 위해서가 아니라 아버지께서 내게 주신 이 사람들을 위해서 간구합니다. 이들은 아버지의 사람들입니다.
> 이들 모두가 내 사람이 됐으니 아버지의 사람들입니다. 아버지께서 가지신 모든 것을 아낌없이 주시듯 이들을 내게 돌려주셨으므로 이들은 내 영광입니다.

이제 나는 세상을 떠나 이들을 뒤에 두고 아버지께로 갑니다. 거룩하신 아버지, 아버지께서 친히 이들을 돌보아 주소서. 아버지께서 내게 주신 모든 사람들을 돌보셔서 아버지와 내가 하나인 것같이 이들도 하나가 되게 하시고 잃어버리지 않게 하소서. 내가 세상에 있는 동안 나는 아버지께서 내게 주신 아버지의 이 모든 식구들을 안전하게 보호하였습니다. 나는 이들을 지켜서 성경의 예언대로 멸망의 자식 외에는 한 사람도 멸망하지 않게 하였습니다.

이제 나는 아버지께로 갑니다. 나는 이들에게 기쁨이 충만하게 하려고 이들과 같이 있는 동안 많은 것을 일러 주었습니다.

나는 이들에게 아버지의 말씀을 주었는데 세상은 이들을 미워하였습니다. 마치 내가 세상과 맞지 않은 것과 같이 이들도 세상과 맞지 않았기 때문입니다.

나는 아버지께 이들을 세상 밖으로 데려가시기를 구하지 않고 사단의 세력에서 지켜 주시기를 구합니다.

내가 세상에 속하지 않은 것같이 이들도 더 이상 세상에 속한 사람들이 아닙니다.

아버지의 진리의 말씀으로 이들을 가르치셔서 이들을 순결하고 거룩하게 하소서.

아버지께서 나를 세상에 보내신 것처럼 나도 이들을 세상에 보냈습니다.

내가 이들을 위하여 내 자신을 바치는 것은 이들도 진리를 위해 자신을 바칠 수 있도록 하려는 것입니다.

―요한복음 17:6~19

예수가 자신이 승천한 후 이 세상에 남아 있을 제자들을 위해 드린 기도이다. 먼저 자신과 하나님이 하나인 것처럼 제자들도 하나되기를 구하며, 자신이 이 세상에 온 것처럼 그들도 이 세상을 멀리 하지 말고, 그 속에서 기쁨을 맛보며 죄악으로부터 보호받으며, 진리의 말씀으로 성화시켜 이 세상에서 자신을 대변하는 사명을 감당할 수 있도록 간구한다.

나는 이 사람들뿐만 아니라 장차 이들의 증거를 듣고 내게 와서 나를 믿을 사람들을 위해서도 기도드립니다.

그 모든 사람들을 위한 나의 기도는 마치 아버지와 내가 하나인 것같이 이들도 하나가 되고, 아버지께서 내 안에 계시고 내가 아버지 안에 있는 것같이 이들도 우리 안에 있어 아버지께서 나를 보내셨다는 것을 세상이 믿도록 하려는 것입니다.

나는 아버지께서 내게 주신 영광을 이들에게 주었습니다. 그것은 아버지와 내가 본래 하나이듯이 이들도 하나가 되게 하려는 것입니다.

내가 이들 안에 있고 아버지께서 내 안에 계신 것은 모두가 완전히 하나가 되어서 아버지께서 나를 보내셨고 또 아버지께서 나를 사랑하신 것만큼 이들도 사랑하신다는 것을 세상이 깨닫도록 하려는 것입니다.

아버지, 아버지께서 내게 주신 이들을 나와 함께 있게 해 주소서. 그리하여 나를 사랑하셔서 이 세상이 있기 전부터 내게 주신 그 영광을 이들과 함께 볼 수 있도록 해 주소서.

오, 의로우신 아버지, 세상은 아버지를 알지 못하나 나는 아버지를 압니다. 그리고 이 제자들도 아버지께서 나를 보내셨다는 것을 알고 있습니다.

나는 이미 이들에게 아버지를 알려 주었고 앞으로 더 깊이 알려 줄 것입니다. 그리하여 나를 사랑하신 아버지의 그 크신 사랑이 이들 안에 있고 나도 이들 안에 있도록 하겠습니다."

― 요한복음 17:20~26

마지막으로 예수는 이 세상에 흩어져 있는 모든 믿는 자들을 위해 기도한다. 자신이 하나님 안에 거하는 것처럼 그들도 하나님 안에 거하며 사랑으로써 하나되고, 이 세상으로 하여금 하나님을 믿게 하는 소명을 완성할 수 있도록 간구한다.

6장 초대 교회 역사

신약시대의 교회

 복음서에서는 하나님께서 직접 인간의 모습으로 이 세상에 오셔서 그의 우주적인 계획인 모든 민족들과의 화해를 실현하셨다. 만일 복음서가 하나님 이야기의 절정이요, 그의 계획의 실현이라면 왜 성서는 복음서로 끝나지 않을까? 사도행전으로부터 요한계시록에 이르기까지 23권의 신약성서가 모두 하나님의 말씀으로 고백된다면, 이 책들이 하나님의 계획에서 하는 역할은 무엇인가? 왜 교회가 생겨나야 했으며, 무엇이 교회의 본질인가?

 근본적으로 이런 질문들은 예수의 재림이 기대보다 늦어졌음을 전제로 한다. 부활한 예수가 약속한 대로(사도행전 1:11) 이 세상으로 다시 왔다면 하나님의 이야기는 그것으로 대단원의 막을 내렸을 것이다. 이 세상은 하나님의 공의와 평화가 넘쳐나는 하나님의 나라로 변화되었을 것이다. 시기, 분쟁, 증오, 전쟁이 그치고, 고난과 슬픔, 눈물이 없는 세계, 의로우신 하나님이 통치하는 새 하늘과 새 땅이 되었을 것이다.

그러나 현실은 이와 상당히 다르다. 아직 하나님께서 예수를 통해 실현시킨 화해의 소식이 세상 구석구석까지 전달되지 않았다는 증거이리라. "이미 벌써, 그러나 아직도 아니다(already not yet)"라고 표현할 수 있겠다. 하나님의 계획은 예수의 사역과 죽음 그리고 부활을 통해서 이미 실현되었으며, 그 효력이 지속적으로 확장되어 예수의 재림의 때에 최종적으로 완성될 것이다. 마치 호수에 돌멩이를 던진 후 생기는 파장이 호수 전역에 미치는 것과 비슷하다.

또 다른 예로 촛불을 들어 보자. 칠흑 같은 어둠 속에 촛불 하나가 켜졌다. 근본적으로 초가 제아무리 멋지고, 향내 나고 거대하다 하더라도 스스로 불을 당길 수는 없다. 촛불의 불은 초가 아닌 다른 곳에서부터 와야 한다. 이제 당겨진 불로 인해서 촛불은 어둠을 밝힐 수 있다. 그러나 더 넓게 주변을 밝히려면 높은 곳에 초를 놓아야 하지 않겠는가? 또한 촛불이 계속해서 그 빛을 발휘하려면 초가 녹아야 한다. 마치 하나님의 계획이 피조물인 우주 스스로, 인간 스스로가 아니고 오직 하나님에 의해서만 실현 가능하며 그 실현으로 인해 이 세상 어둠 속에 참 빛이 밝혀진 것처럼 말이다.

이제 예수를 그리스도로 고백하는 자들에게 참 빛을 소유한 자들로 어두운 세상에 빛을 밝힐 소명이 주어졌다. 신앙인으로서 예수 그리스도가 세상 곳곳에 비춰질 수 있도록 그리스도인들은 자신들을 헌신하며 희생해야 한다. 하나님께서 인간의 모습으로 십자가라는 고통을 통하여 세상과의 화해를 실현한 것처럼, 신앙인도 겸손과 자비, 희생과 사랑을 통하여 실현된 화해를 이 세상에서 구체화해야 한다. 다른 말로 표현하자면, 예수 안에서 실현된 하나님의 나라는 그의 재림으로 인해 궁극적으로 완성될 것이며 그때까지 신앙인들은 이미 그들 속에 존재하는 하나님의 공의로운 통치를 이 세상에 신실하게 증거해야 한다. 따라서 현재란, 예수의 부활-승천이라는 과거의 사건과 예수 재림이라는 미래의 사건 사이의 중간 단계이기 때문에 이미 실현된 하나님과의 화해를 모든 세상이 알도록 전파해야 할 때이다.

지금은 예수 '재림'이라는 궁극적인 목표보다 당면한 목표인 예수 '증거'에 관심을 쏟아야 할 때다. 궁극적인 목표인 하나님 나라에서부터 중간 단계인 '교회(불완전함에도 불구하고 하나님 나라의 모형으로 인정되는)'에 주목해야 한다. '교회'란 하나님의 영에 힘입어 예수를 그리스도라 고백하며 이를 세상에 증거하는 공동체이다. 누가 기자는 그의 복음서에서 예수가 하나님의 영을 통해 하나님의 주권을 세상에 선포했다고 증거했다. 또한 그는 이 예수가 유대인과 이방인들 사이에 막혔던 담을 헐어 모든 인류를 향해 하나님과의 화해를 전파했다고 설파했다. 이 기자는 그의 두 번째 책인 사도행전에서 교회의 탄생과 성장을 하나님의 영의 활동으로 보고 있다. 그는 예수의 승천과 재림의 약속(1장)에 이어서 2장에서 성령의 임재를 보도함으로 초대 교회의 활동을 기술하고 있다. 하나님의 영이 임재하는가의 여부에 따라 교회의 본질을 규정할 수 있다는 지적이다.

> 예수께서 죽으셨다가 부활하신 지 일곱 주간이 지난 오순절이었다. 신도들이 한곳에 모여 있는데 갑자기 하늘에서 강한 바람이 휘몰아오는 듯한 소리가 그들이 모여 있는 온 집안으로 울려 퍼졌다. 그리고 불길이 혀처럼 갈라져 나타나서 각 사람 위에 머물렀다. 그러자 성령으로 충만함을 받은 그들은 자신도 알지 못하는 다른 나라 말을 하기 시작하였다. 성령께서 이런 능력을 그들에게 주신 것이다.
>
> ─사도행전 2:1~4

이 구절을 읽을 때마다 여러 질문이 생긴다. 왜 누가 기자는 하나님의 영(聖靈)이 '오순절'에 임했다고 보고하고 있는가? 역사적 사실의 여부를 떠나서 성령 강림 사건에서 '오순절'이 차지하는 중요성은 무엇인가? 예수에게 비둘기같이 온 유한 모습으로 성령이 임한 것과 비교해 보면, 다락방에 모인 예수의 제자들에게 내린 성령은 갑작스럽고도 파괴적인 불의 혀와 같은 형상의 모습이었다. 왜 사도행전에서는 성령 강림이 이처럼 파격적으로 묘사됐을까? 성령 강림의 효과로 그곳에 모인 모든 사람들이 제각기 다른 언어로 말을 할 수 있다는 것은 무엇을 의미하는가?

먼저 오순절은 원래 기독교의 절기가 아니라 이스라엘 백성들이 애굽에서 해방된 것을 기념하는 '유월절' 이후 50일째 되는 날에 지키는 유대교의 절기임을 기억해야 한다. 이 절기를 통해 이스라엘은 시내산에서 율법을 받음으로 하나님과의 계약 공동체가 된 것을 기념한다. 이런 중대한 사건을 기록한 출애굽기 19~24장을 보면 하나님께서 시내산에 나타나시는 모습을 천둥, 번개가 치는 무서운 것으로 묘사하고 있다. 한마디로 누가 기자는 구약에서 이스라엘이 하나님의 계약 공동체로 탄생했을 때의 정황을 사용하여 신약에서 하나님의 새로운 공동체인 교회의 탄생을 설명하고 있는 것이다. 이 세상과의 화해를 실현하고자 이스라엘이라는 한 민족을 선택하신 하나님께서, 이제는 실현된 화해의 소식을 세상 전역에 퍼뜨리기 위해 교회라는 공동체를 구성하신 것이다.

주목할 점은 교회가 이스라엘처럼 율법을 받음으로 인해 하나님의 도구로 부르심을 입은 것이 아니라 성령의 충만을 통해 결속되었다는 사실이다. 이것은 구약의 율법이 신약의 성령으로 대체되었음을 뜻하는 것은 결코 아니다. 율법이 완전함에도 불구하고 그것을 지킬 수 없었던 이스라엘 공동체가 율법을 완성시킨 예수를 본받아 성령을 통해 율법에 나타난 하나님의 참 의도를 지키려는 교회 공동체로 바뀌어졌다는 의미다.

성령의 역사로 예수가 그리스도임을 고백하고, 성령의 힘으로 예수 그리스도의 증인 역할을 예수 그리스도께서 이 세상에 다시 오실 때까지 하는 것이 교회이다. 하나님께로부터 오는 영을 받은 무리들은 서로 제각기 다른 언어를 구사했으며, 다른 지방에서 온 신실한 유대인들이 자기 고유의 언어로 하나님의 놀라운 역사를 들을 수 있게 되었다.

> 그때 예루살렘에는 많은 경건한 유대인들이 명절을 지키려고 여러 나라에서 건너와 머물고 있었다.
> 하늘로부터 큰소리가 그 집 위에 들리자 많은 사람이 무슨 일이 일어났는가 보려고 달려왔다. 그들은 각각 자기네 나라 말이 제자들의 입에서 흘러 나오는 것을 듣고 어리둥절하였다.
> "어떻게 이런 일이 있을 수 있을까?" 그들이 소리쳤다. "이 사람

들은 모두 갈릴리 사람들이 아닌가?

그런데 지금 이들의 말이 우리가 태어난 곳의 말로 들리다니!

우리 가운데는 바대 사람, 메대 사람, 엘람 사람, 메소포타미아, 유대, 가바도기아, 본도, 아시아, 브루기아, 밤빌리아, 애굽 태생의 사람들이 있고, 구레네에 가까운 리비야 지방 사람들, 로마에서 찾아온 유대인들과 유대교로 개종한 이방인들, 거기다가 그레데 사람과 아라비아 사람들까지 있지 않은가! 그런데 우리가 각기 자기 나라 말로 하나님의 크신 이적에 대해 말하는 것을 듣고 있다니!"

—사도행전 2:5~11

성령 강림의 효과가 단절된 대화의 회복이라는 사실은 창세기 11장의 바벨탑 사건을 회상시킨다.

처음에는 온 세상 사람들이 쓰는 말이 하나였다. 똑같은 말을 썼기 때문에 서로 의사소통을 하는 데 아무런 지장이 없었다.

사람들은 동쪽으로 이동하다가 시날 땅에 있는 한 평야에 이르러 거기서 집을 짓고 살기로 하였다.

그러고서는 서로 이런 말을 주고받았다. '자, 우리가 여기에서 벽돌을 만들어 단단하게 굽자.' 그리하여 이들은 돌 대신에 벽돌을 쓰고, 벽돌 사이를 단단하게 굳게 하기 위하여 진흙 대신에 역청을 사용하였다.

또 이런 말도 하였다. '자, 함께 도시를 건설하자. 또 하늘까지 닿는 망대를 세우자. 그래서 우리 이름을 좀 날리고 서로 흩어지지 않도록 하자.'

여호와께서는 내려오셔서 사람들이 건설한 도시와 쌓아 올린 망대를 바라보시고 이렇게 말씀하셨다. '도대체 어쩌려고 인간들이 이러는가? 이들이 모두 한 민족인 데다가 또 말도 똑같이 쓰고 있구나. 인간들이 이런 것을 만들어내는 것을 보니 이제 마음만 먹으면 못할 것이 없겠구나. 자, 그러니 이제 우리가 내려가서 저 인간들이 쓰는 언어를 섞어 놓자. 그래서 서로 뜻이 통하지 못하도록 하자.' 여호와께서는 인간들을 땅 위 곳곳으로 흩어지게 하셨다. 결국 그들은 도시를 건설하던 일을 중단할 수밖에 없었다.

— 창세기 11:1~9

흔히 사람들은 '바벨'을 언어의 혼란으로 야기된 혼돈의 총체로 생각한다. 이것은 단순히 '말'의 혼돈을 넘어서, 이로 인해 생기는 사람과 사람 사이의 거리감, 도덕적·윤리적 가치관의 다변성, 사상적·이념적 애매모호성 등 현실의 혼란의 근원이 되는 것이다. 서로 동일한 언어를 사용하지 않기 때문에 의사소통이 불가능하고, 따라서 함께 일할 수도 없으며 종국에 가서는 함께 살 수도 없는 것이다. 이런 배경에 비추어 많은 학자들은 신약의 오순절 사건이 구약의 바벨탑 사건을 상징적으로 번복(reversal)한 것이라고 규정한다. 오순절의 성령 강림으로 바벨탑의 심판이 번복되었으며, 하나님은 바벨탑의 혼돈을 오순절 사건에서 무효화하여 새롭게 의사 소통을 가능케 하셨다는 것이다.

그러나 이런 상징적인 도식에는 문제점이 많다. '대화의 단절로부터 대화로의 회복'이라는 거시적 구조가 유사한 것은 인정할 수 있지만, 오순절 사건이 바벨탑 사건을 번복한 것은 결코 아니기 때문이다. 오순절 사건이 바벨탑 사건으로 생겨난 많은 언어들을 또 다른 하나의 공통된 언어로 번복한 것은 아니지 않은가? 오순절 사건에서는 모든 사람들이 제 나라의 언어로 하나님의 능력의 역사를 듣게 되었다고 전한다.

즉, 이 사건은 언어의 혼돈을 무효화한 것이 아니라 그것을 인정하되, 더 나아가서 그 여러 언어들을 새롭게 이용한 것이다. 누가 기자는 하나의 새로운 영적 언어를 주장한 것이 아니라, 오히려 각기 다른 언어로도 하나님의 역사가 전달될 수 있음을 알려 준 것이다. 따라서 오순절 사건은 구약에서 하나님께서 바벨탑 사건을 통해 언어를 혼돈시킨 일을 신약에 와서 번복한 것이 아니라 오히려 그때의 혼돈을 인정하셨다는 증거인 것이다.

더 나아가, 이 오순절 사건은 혼돈 속에서도 일관된 하나님의 메시지를 교통할 수 있다는 소식이다. 보다 보편적으로 표현하자면, 다양성(diversity)을 희생해 가면서 획일성(conformity)을 구성하기보다는, 다양성을 최대한 활용한 일관성(coherence)을 찾는 것이다. 다양성을 너무 강조하다 보면 구심점이 없이 전체가 파편화되어 진정한 의미의 '관계성(relationship)'이 없는 개체주의, 혹은 개별주의로 빠질 위험이 있다. 반면에 통일성(unity)을 너무 강조하다 보면 어느 한 특정한 면으로 모든 양상들을 구겨 넣으려는 위험, 혹은 통합이라는 명목 하에 여러 면의 독특한(unique) 성향을 희생시킬 위험이 있다.

바람직한 것은 다양성과 개체성을 존중하면서 각 개체의 상호 연관성(inter-relationship)을 통해 구성된 통전성(wholistic)을 추구하는 것이다. 마치 모자이크를 보는 것처럼 말이다. 모자이크를 구성하는 각 부분 부분은 그 나름대로 독특한 면을 지니고 있으면서도 전체 의미를 표출하는 데 한몫을 한다. 이 모자이크가 바로 성령이 충만한 교회의 참 모습은 아닐까? 남녀노소를 불문하고, 유대인과 이방인이라는 구약시대의 벽을 넘어서서, 사회 계층이나 신분의 차이를 상관하지 않고, 모두가 그 일원이 될 수 있는 곳이 교회이다.

> 이제 더 이상 우리에게는 유대인과 헬라인, 노예와 자유인, 남
> 자와 여자의 구별이 없습니다. 우리는 다 같은 그리스도인이며
> 그리스도 예수 안에서 하나입니다.
>
> — 갈라디아서 3:28

　예수의 공동체가 이런 진정한 교회의 모습을 단적으로 보여 준 예이다. 로마의 압제에서 시름하는 같은 유대 민족에게서 집권자를 위해서 세금을 걷던 마태와, 로마에 항거하는 열성당원인 시몬이 한자리에서 예수의 말씀을 듣는다. 폭풍의 아들로 불릴 정도로 급한 성격으로 충동심이 강한 야고보와 요한 형제가, 의심 많고 사색적이며 주저하는 도마와 함께 예수를 따른다. 앞장서 열심으로 모든 일에 분주한 마르다와 조용하며 말씀 듣기를 선택한 마리아도 함께 예수의 사역에 동참한다. 불 같은 성미로 실수를 거듭하는 베드로와 항상 뒷전에서 은근히 예수를 다른 이들에게 소개하는 그의 형제 안드레도 역시 한 주를 섬기는 예수의 제자들이었다.

　요점은 타고난 성격과 개성, 주어진 사회 정황, 심지어 눈에 거슬리는 단점들까지도 하나님께서 예수 그리스도를 통해 이 세상과 화해하는 데 나름대로 사용한다는 사실이다. 그 어느 누구에게든지 하나님의 새로운 공동체인 '교회'의 일원이 될 수 있는 기회가 이제 주어졌다. 구약에서 모든 민족

들 중에서 선택된 '이스라엘'이라는 공동체가 신약시대에 와서는 모든 이들이 참여할 수 있는 '교회'라는 새로운 하나님의 공동체로 대체된 것이다.

한걸음 더 나아가서, 구약성서의 한 문학단원인 '이스라엘의 역사'가 이스라엘이 하나님의 우주적 계획을 실행하는 데 실패했음을 보도했다면, 신약성서의 '초대교회사'는 교회공동체가 하나님이 예수의 삶과 죽음 그리고 부활을 통해 이 세상과 깨어진 관계를 회복하셨다는 복음의 소식을 성공적으로 선포하고 있음을 기록한다.

> 사람마다 하나님을 경외하는 마음이 생겨났고 사도들은 많은 기적을 베풀었다. 신도들은 함께 모여 살면서 모든 것을 공동으로 소유하였으며, 재산과 물건을 팔아서 필요한 사람에게 나누어 주었다. 그리고 날마다 정해진 시간에 성전에 모여 예배를 드리고 서로의 집에 번갈아 모여서 기쁨과 감사에 넘쳐 음식을 나누며 하나님을 찬양하였다. 이를 본 예루살렘의 모든 시민들이 그들에게 호감을 가졌으며 하나님께서는 구원받는 사람이 날마다 더 늘어나게 하셨다.
>
> ─사도행전 2:43~47

오순절 성령강림 사건 이후의 사도행전은 이런 초대교회

의 성공역사를 일목요연(一目瞭然)하게 보도한다. 베드로와 바울을 비롯한 많은 사도(使徒, apostles)들이 지중해 연안을 비롯하여 소아시아 전역, 심지어 그 당시 세계의 중심부라 불렸던 로마에까지 복음의 소식을 전파하였다. 이들의 '설교'는 지역과 상황에 따라 조금씩 차이는 있어도 공통적으로 포함하는 요소들이 있음에 주목하자.

-예수는 이스라엘 통일왕국을 건설한 다윗왕의 후손이다.
-예수는 하나님의 영에 힘입어 능력 있고 놀라운 활동을 하였다.
-예수의 죽음은 구약성서의 예언을 성취한 것이다.
-하나님이 예수를 죽음에서 부활시켰으며, 그를 메시아요, 만인의 주로 높이셨다.
-하나님이 예수의 복음을 전파하기 위하여 성령을 보내셨다.
-모든 민족은 자신의 잘못을 뉘우치고 모든 민족의 심판자인 예수를 통해 새로운 삶을 시작할 수 있게 됐다.

이와 같은 구체적인 복음의 소식이 두 가지 대표적 방향을 통해 성공적으로 전파됐다. 먼저 복음이 예루살렘을 기점으로 해서 유대 전역과 그 범위를 넘어선 사마리아 땅과 더 나아가서 전 세계로 확산되었다.

> 그러나 성령이 너희에게 오시면 너희는 권능을 받게 될 것이다. 그래서 예루살렘과 온 유대와 사마리아와 땅 끝까지 이르러 내 죽음과 부활을 증거하는 증인이 될 것이다.
> ―사도행전 1:8

유대인들에게 예수의 복음을 전하다 순교한 스데반의 행적(6:8~8:1)에 이어, 이디오피아의 내시(內侍)가 빌립 사도를 통해서 세례 받고(8:30~40), 베드로가 환상을 통한 하나님의 계시로 로마 백부장인 고넬료와 그의 전 가족에게 세례를 주므로(10:1~48), 복음이 비로소 이방인에게 전파되었다. 이방인 선교의 핵심을 차지하는 바울의 표현을 빌리자면, 하나님의 말씀이 유대인에게 먼저 선포되었지만, 그들이 거절했기 때문에 영원한 생명에 이르는 복을 누리지 못했으며, 그 결과로 이방인에게 복음을 전할 수밖에 없었다는 것이다. 이런 방향 전환은 제2이사야가 미리 벌써 예언한 하나님의 말씀을 성취하는 것이다.

> 이미 주께서는 '나는 너를 세계 만민의 빛으로 세워서 온 세상의 어둠과 혼란을 없애고 땅 끝까지 이르는 세계 만민이 너를

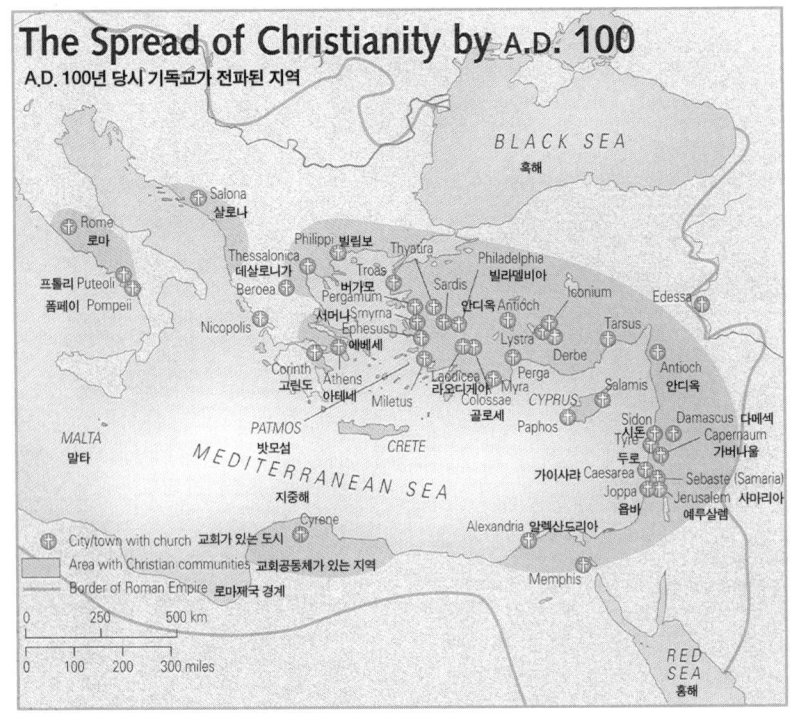

통하여 나의 구원과 해방이 무엇인지 분명히 알게 하겠다' 하고 말씀하셨으니 주님의 말씀대로 된 것이오.

이 말을 들은 이방 사람들은 기뻐 어쩔 줄 모르며 하나님의 말씀을 찬양하였다. 그리고 영원한 생명을 얻기 원하는 사람들은 다 신도가 되었다.

―사도행전 13:47~48

따라서 사도행전은 바울이 세계의 심장부라 할 수 있는 로마에서 하나님의 나라와 예수의 복음을 거침없이 힘있게 전파하는 것으로 마지막을 장식한다.

> 이러한 까닭에 하나님의 구원이 이방인들에게도 주어졌으며 그들이 이 구원을 받아들이게 될 것이라는 사실을 여러분은 알아야 합니다.
> 바울은 셋집에서 만 2년을 지내며 찾아오는 사람을 친절히 맞아 하나님 나라와 주 예수 그리스도를 담대히 전하였다. 그것을 방해하는 사람은 아무도 없었다.
>
> ─사도행전 28:28~31

마치 예수가 하나님의 소식을 유대의 변방인 갈릴리에서부터 중심부인 예루살렘성까지 전파한 것처럼, 바울은 예수를 통한 하나님의 행동하심을 이방 민족의 핵심부인 로마까지 전파했다. 예수와 비슷하게, 바울은 유대 집권층의 모임인 산헤드린에서 자신을 변론했고 로마 정부로부터 심문도 받았다. 예수가 당한 것처럼, 바울은 신성 모독죄와 성전 비방죄로 고발당하기도 했다. 이런 사실들을 연이어 볼 때, 복음서와 사도행전은 하나님이 예수를 통해 보여 주신 혁신적 사랑이 나사렛이라는 이름 없는 곳에서 시작해서 세계를 움직이는 로마에까지 전파됐음을 보여 준다. 이제 예수의 복음은 유대 민족이라는 틀을 넘어서서 세계 전 지역에 참 진리의 소식으로 선포된 것이다.

둘째로, 복음서와 사도행전은 예수의 복음이 '성전'에서 시작해서 '가정'으로 확산됐음을 가르쳐 준다. 특히 누가복음서는 사가랴 제사장이 세례 요한의 탄생 예보를 성전에서 듣는 것으로(누가복음 1:8~20) 시작해서 예수의 제자들이 그의 승천을 보고 난 후 성전에 모여 계속해서 하나님을 찬양하는(누가복음 24:50~53) 모습으로 끝을 맺고 있다. 반면에 사도행전은 120명의 제자들이 한 다락방에서(사도행전 1:12~14) 기도하던 중에 성령이 임하는 경험으로부터 출발해서 바울이 로

성전	가정
예루살렘이란 거룩한 도시에 위치함	시골이든 도시든 어디에나 산재해 있음
하나의 조직체로 경건함을 규정함	다수의 조직체로 친밀감을 규정함
정치적 권력이 집중되어 있음	인간적 애정이 풍부함
제사장, 서기관 등 집권층이 집결되어 있음	가족구성원과 이웃, 친구, 손님들이 모여듦
로마의 통치를 대신하는 관료체제임	전통적 윤리와 도덕이 지배하는 공동체임
공평성과 법이 기준이 됨	이해, 양보, 사랑, 용서가 기본이 됨
기계적이고 제도적임	유동적이고 융통성이 있음
유대교의 제의 형식과 제사장 중심주의임	하나님의 영이 자유자재로 행동하심

마의 한 셋방에서 예수의 복음을 전파하는 것으로 마감하고 있다. 성전에서부터 가정으로의 이동은 무엇을 의미하나 살펴보자. 이 두 조직체가 주는 대조적인 의미를 살펴보자.

이 두 조직체의 성격을 감안한다면 복음이 가정을 통해서 선포된다는 것은 예수를 통한 하나님의 활동이 신약시대의 교회 공동체를 통해서 구약시대보다 획기적으로 변화됐음을 암시한다. 성전이 처음에는 이스라엘을 통한 하나님의 세계 구원 역사를 성취하기 위한 장소였지만, 율법주의로 무장되어 새롭게 일하시는 하나님을 바로 대변할 수 없게 됐다. 반면에 가정이란 원래 힘없고, 변두리에 서서 묵묵히 하루하루를 영위해 나가는 백성들의 안식처였지만, 이젠 하나님의 영이 살아 수시로 융통성 있게 움직일 수 있는 공간으로 변화되었고, 하나님의 영을 받은 자들이 서로 나누어 주며, 이해하며, 용서하는 친밀한 관계로 세상의 모든 백성들을 한 하나님의 가족으로 만들어 가는 데 모범적 역할을 하게 됐다.

다시 말하면, 신약시대의 교회 공동체는 하나님의 복음을 한 특정 민족의 범위를 넘어서 모든 민족에게 전파해야 하며, 이를 감당하기 위해서 성전이란 기존의 조직체보다 세상 곳곳에 산재해 있는 가정의 모습으로 탈바꿈했다. 교회란 물이 한 곳에 모여 정지된 상태에서 서서히 썩어 들어가는 작은 웅덩이나 커다란 호수가 아니라, 항상 움직이며 주변의 다른 물

줄기와 합류하여 부패되고 오염된 것들을 정화시키며 드넓은 바다를 향해 치닫는 역동적인 것이다. 사도행전은 이처럼 교회가 하나님의 살아 움직이는 영에 힘입어 예수의 복음의 소식을 성공적으로 방방곡곡에 전파했음을 보도한다.

7장

서신서

교회의 사명

 서신서는 신약성서 27권의 책들 중에서 무려 21권을 차지하는 문학단원이다. 방대한 분량 때문에 학계에서는 2~3개의 범주로 구분해서 연구하고 있다. 우선 13권의 서신서(로마서, 고린도전·후서, 갈라디아서, 에베소서, 빌립보서, 골로새서, 데살로니가전·후서, 디도서, 빌레몬서)들이 직·간접으로 바울과 관련되어 있고, 이 서신들은 공통적으로 한 특정한 공동체나 개인에게 그들이 당면한 구체적 문제들에 대한 바울의 충고와 권면을 적고 있다. 그 중에서 3권(디모데전·후서, 디도서)은 소위 '목회서신서'로 세분화되며, 서로 비슷한 수사체로 거짓 지도자들을 경계하며 참살이(well-being)의 교회 공동체를 형성해 나가라는 메시지로 일관한다.

바울 서신들과는 상이하게, 나머지 7권(야고보서, 베드로 전·후서, 요한 1·2·3서, 유다)은 특정한 교회나 개인들이 아니라 모든 그리스도인들에게 보편적으로 전해진 신앙의 지침서들로서 '일반 서신들(general letters)'이라고 부른다. 나머지 한 권의 서신서인 히브리서는 특이하게도 저자 미상의 서신일 뿐 아니라 선포하는 메시지도 사뭇 혁신적이다. 하나님이 이 세상과 맺은 '새로운' 계약의 중재자로 예수를 묘사함으로 그가 구약시대에 활동했던 모든 중재자들(천사, 예언자, 모세)보다 훨씬 더 권위 있고, 월등한 위치에 있음을 강조한다.

뿐만 아니라 혈통적으로는 유다 지파의 자손인 예수가 레위지파 자손만이 감당할 수 있는 제사장직을 모든 면에서 더 효과적으로 수행했기 때문에 새로운 대제사장이 됐고, 이로 인해 과거 아론 계통의 제사장 제도도 무용지물이 되어 버렸다. 이전의 대제사장은 아론의 후손으로 자동적으로 임명된 반면에, 예수는 하나님이 직접 개입하셨기에 전무후무(前無後無)한 대제사장으로 그의 대제사장직은 영원하다. 또한 예수의 희생제사는 다른 제사들과는 질적인 면에서 근본적으로 다르다. 예를 들어, 아론의 제사는 법의 요구와 절차에 따라 짐승의 생명을 정해진 때에 맞추어 반복해서 희생시키므로 매우 제한되고 한정된 효과를 거두는 반면에, 예수의 제사는 예수 스스로가 자원해서 그의 생명을 만인을 위해 하늘의 성소에서 단번에 희생함으로 그 효과가 영원하며 지속적이다.

이런 차이로 인해서 히브리서는 예수의 제사가 아론의 제사를 능가하는 것일 뿐 아니라 더 이상 아론의 제사가 필요치 않음을 선언한다. 어쩌면 이 같은 혁신적 메시지는 히브리서의 저자 미상이란 사실과 연관이 있는 듯하다. 특히 예수 공동체를 유대교의 큰 줄기의 연장선에서 이해하려 했던 초대 교회의 사회적·이념적 배경에서 보면 말이다.

바울 서신, 일반 서신, 저자 미상의 서신이란 분류를 막론하고 대부분의 서신서들이 지니는 공통된 양식이 존재한다. 이는 '서신'이란 명칭이 지적하듯 편지쓰기 양식이다.

> I. 머리말
>   A. 발신자   B. 수신자   C. 인사의 말
> II. 감사와 축복의 기도
> III. 본론(주로 신학적이고 목회적인 내용)
> IV. 격려의 조언
> V. 맺음말(축복의 기도)

이 양식은 초대 교회가 속해 있었던 헬라 문화권에서 흔히 일반적으로 통용됐던 것으로 받는 사람 모두에게 친숙한 것이었다. 따라서 받는 사람은 무엇이 초점이고, 어떤 의미로

해석해야 되고, 어떻게 실생활에 옮겨야 할 것인가를 쉽게 파악할 수 있었을 것이다. 그럼에도 불구하고 서신서들이 가지고 있는 독특한 면도 있는데, 그것은 대부분의 서신서들이 감사와 축복이 기도와 격려의 조언으로 본론을 감싸고 있다는 사실이다. 이 점은 본론이 단순히 형이상학적인 신학 논쟁이나 강압적인 지시나 명령이라기보다는 한 목자가 양떼를 돌보는 심정에서 이해해야 한다는 점을 암시한다. 아무리 심한 질책과 엄한 경고의 내용이더라도 이들은 마치 방황하는 자녀를 품에 안고 꾸짖음으로 그를 바른 길로 인도하려는 부모의 깊은 사랑의 표현으로 받아들여야 한다.

따라서 한마디로 서신서는 예수의 부활과 승천이라는 과거의 사건에 믿음의 근거를 둔 예수 공동체가 하나님 나라의 완성이라는 미래를 고대하며 오늘의 현실을 예수의 복음으로 성화(聖化)시켜 나가는 행적이다. 이 노력은 2,000여 년 교회 역사를 통해 계속되어 왔으며 아직도 진행되고 있다. 전체 성서의 맥락에서 이해하면 구약성서의 '성문서'가 하나님의 법이 완전하며 선민으로서 실패한 삶을 긍정적으로 영위하는 데 초점을 맞춘 반면에, 신약성서의 서신서는 교회 공동체가 예수의 복음을 세상 구석구석에 성공적으로 전파하는 과정에서 생겨나는, 신앙인으로서 세상과 부딪치며 야기되는 산재한 문제들을 해결하는 지침서의 역할을 한다.

이제 21권의 서신서들을 교회 공동체의 근본적인 사명이 무엇인가라고 하는 물음에 기초하여 설명해 보도록 하자.

교회의 사명은 예배(worship)이다. 일반적으로 통용되는 것처럼, 예배를 신앙인들이 일정한 시간에 한 장소에 모여 찬양, 기도, 말씀 등으로 구성된 예식을 이행하는 것으로만 생각해서는 안 된다. 성서적인 의미의 예배는 최소한 4가지 요소를 기본적으로 포함한다.

선포 (케리그마)

교회의 제일의 사명은 하나님께서 예수의 십자가상에서의 죽음과 부활을 통해 이 세상과 화해하셨음을 선포하는 것이다. 눈에 보이는 교회의 모든 활동들(경배, 찬양, 말씀공부, 지역사회 봉사, 선교 등)은 하나님과의 화해 실현에 그 근원과 동기를 둔다. 이 활동들이 제각기 독특한 방식으로 진행된다 하더라도 그들의 궁극적인 목적은 예수 그리스도를 통한 하나님과의 화해의 소식을 전파하는 데 있다.

> 나는 그리스도의 복음을 부끄럽게 여기지 않습니다. 이 복음은 믿는 사람이면 누구나 가리지 않고 하늘나라로 인도하는 하나님의 능력입니다. 이 소식이 처음에는 유대인에게만 전해졌습

니다. 하지만 지금은 모든 사람이 똑같이 하나님께 나아갈 수 있도록 초청받고 있습니다.

이 복음은 우리를 구원하시는 그리스도를 믿고 따를 때만 하나님께서 우리를 하늘나라에 들어가기에 합당한 자, 곧 하나님 보시기에 의롭다고 인정해 줄 자로 만드신다는 것을 우리에게 가르치고 있습니다. 이것은 처음부터 끝까지 믿음으로 성취되는 것입니다. '의로운 사람은 진실하게 나를 의지하기 때문에 살 수 있다' 라고 성경에 기록된 대로입니다.

— 로마서 1:16~17

문제는 그렇다면 왜 이 세상이 하나님과 '화해' 할 필요가 있는가 하는 것이다. 왜 모든 사람들에게 '구원'이 필요한가? 온 인류가 구원이나 하나님과의 화해 등의 필요를 못 느낀다면, 성서에서 고백하는 하나님 이야기는 근본적으로 이 세상과 아무런 연관이 없는 것이 아닌가? 바울은 이런 중요한 질문을 다음과 같이 이해한다.

첫째, 하나님께서는 이 세상 만물의 질서, 조화, 아름다움 등을 통해서 모든 인류가 하나님을 알 수 있도록 계시해 주셨다. 다시 말하면, 인류는 하나님이라는 존재와 그의 의지와 의도를 우주 삼라만상을 통해서 발견할 수 있는 것이다. 따라서 모든 인류는 하나님과 바른 관계를 맺을 수 있다. 구체적으로 말하면, 유대인은 계시된 율법(토라)을 통해서, 이방인은 그들 마음에 새겨진 법(양심)을 통해서 하나님을 인정하며 그와 의로운 관계를 맺을 수 있다.

> 인간은 하나님에 관한 진리를 본능적으로 알고 있기 때문입니다. 세상이 창조된 이래 인간들은 땅과 하늘과 하나님이 만드신 모든 것을 보고 그분이 어떠한 분이며 또 얼마나 위대하고 능력이 영원한 분인가를 알고 있습니다. 그러므로 심판날에 하나님 앞에 설 때 인간은 변명할 여지가 없는 것입니다.
> ─ 로마서 1:19~20a

둘째, 그럼에도 불구하고 인류는 창조주인 하나님이 아닌 창조된 세계와 자연을 숭배하였다. 피조물에 계시된 자연 질서 자체를 경배함으로 우상 숭배에 빠졌고, 문화에 계시된 바른 행위의 규범을 변형시켜 살인으로부터 부모를 거역하는 행위에 이르는 악한 행위를 자행했다. 이런 우상 숭배와 악한 행위에 있어서는 유대인이든 이방인이든 모두가 한 가지라고 바울은 주장한다.

> 하나님께서는 어떠한 죄라도 벌하십니다. 이방인들이 죄를 범했을 때도 하나님께서는 그들을 벌하셨습니다. 비록 그들이 글

로 씌어진 하나님의 율법은 알지 못한다 하더라도 그들의 마음 속에는 옳고 그른 일을 분별할 수 있는 하나님의 율법이 있기 때문입니다.

그들이 양심의 가책을 받거나 위로를 받는 것은 다 그 때문입니다. 유대인들이 죄를 범했을 때도 하나님께서는 그들을 벌하셨습니다. 그들이 율법을 가지고 있으면서도 순종하지 않았기 때문입니다. 그들은 무엇이 옳은 일인 줄을 잘 알면서도 실천하지 않았습니다. 해야 할 일을 알면서도 행하지 않는 사람은 구원받지 못합니다.

하나님의 명령에 따라 예수 그리스도께서 모든 사람의 비밀스런 생활과 그들의 가장 깊은 생각과 동기를 심판하실 날이 반드시 옵니다. 이것은 내가 선포하는 하나님의 큰 계획 속에 들어 있는 것입니다.

— 로마서 2:12~16

셋째, 인류로 인해 깨어진 하나님과의 관계를 하나님께서는 예수 그리스도를 통해 다시 회복시키셨다.

그러나 이제 하나님께서는 하늘나라로 가는 다른 길을 보여 주셨습니다. 이 길은 선한 사람이 된다든가 하나님의 율법을 지키려고 노력하는 그런 길이 아니라 새로운 길입니다.

그렇다고는 해도 이미 오래 전에 성경을 통해서 일러주신 것이니 사실 새로운 길이라고 할 수도 없습니다. 그 길은 만일 우리가 죄를 벗어 버리고 예수 그리스도를 믿기만 하면, 하나님께서 우리를 받아들여 무죄 선고를 해 주시겠다고 하신 바로 그 말씀입니다. 누구를 막론하고 그의 과거가 어떠하든지 예수 그리스도께 나아가기만 하면 우리는 모두 구원을 받습니다.

그렇습니다. 비록 모든 사람이 죄를 범하고 하나님의 영광스러운 이상과는 먼 거리에 있을지라도 만일 예수 그리스도를 믿기만 하면, 하나님께서는 우리를 죄 없다고 선고해 주십니다. 예수 그리스도께서 은총으로 값 없이 우리 죄를 없애 주셨기 때문입니다.

하나님께서는 그리스도 예수를 보내 우리가 지은 죄를 대신해서 벌받게 하심으로써 우리에게 내릴 진노를 멈추셨습니다. 그리스도의 피와 우리가 가진 믿음으로 진노를 거두고 우리를 구원하신 것입니다. 우리를 위해 그리스도께서 화목제물이 되셨다는 말입니다. 이전 시대에 죄지은 자들을 벌하지 않았던 것도 실은 그리스도께서 오셔서 그들의 죄를 없애 주실 때를 기다리신 때문입니다. 하나님은 완전히 공정하신 분입니다.

그리고 오늘날에도 하나님께서는 예수께서 그들의 죄를 제거해 주셨기 때문에 같은 방법으로 죄인을 받아들여 주십니다. 이와 같이 하나님께서 죄 지은 자를 용서하시고 무죄를 선고하신 것이 불공평한 일일까요? 결코 그렇지 않습니다. 사람들이 그들의 죄를 제거하여 주신 예수를 믿은 그 사실에 근거해서 한 일이기 때문입니다.

―로마서 3:21~26

어느 누구도 법을 지킴으로써 하나님과의 깨어진 관계를 회복할 수 없기 때문에, 하나님께서 친히 예수 그리스도를 믿는 믿음을 통해서 화해를 실현시키셨다. 따라서 하나님과 의로운 관계로 회복된다는 것은 인간의 노력의 대가로 된 것이 아니라 그의 은혜로 값없이 주시는 선물인 것이다. 하나님께서 인류의 죄를 대신하여 예수를 십자가에서 '화목케 하는 제물'로 받으심으로 인해 인류에게는 하나님과 바른 관계를 회복할 수 있는 길이 주어졌다. 하나님께서는 예수를 십자가의 희생 제물로 삼음으로 인류의 죄를 심판하셨고, 예수 그리스도를 믿는 믿음을 통해서 죄인들을 용서하신 것이다.

이렇기 때문에 하나님께서는 공의로우시고 동시에 자비로우신 분이시다. 따라서 이방인이든지 유대인이든지 그 어느 누구도 자신의 구원을 자랑할 수 없다. 왜냐하면 그것은 하나님께서 전적으로 다 하신 일이기 때문이다. 교회 공동체의 사명은 이처럼 모든 세상이 예수 그리스도를 믿는 믿음 안에서 하나님께로 다시 돌아갈 수 있음을 선포하는 것이다. 교회는 이 구원이 인간의 의지와 노력의 결과가 아니라 오직 믿음으로만 의롭게 될 수 있음을 선포해야 한다.

가르침(디다케)

교회 공동체의 두 번째 사명은 선포된 복음의 소식이 신앙인 각 개인에게 어떤 의미가 있는지를 가르쳐 내면화시키는 것이다. 이러한 내면화를 통해 신앙인들은 단순히 들음으로 해서 지식을 습득한다거나 믿음을 현학적으로 받아들이기보다는 지(知)·정(情)·의(意)를 다 동원해서 통전적(通典的)으로 복음을 알고 믿는 것을 배운다.

가령 우리는 선포된 복음에 대해 여러 질문을 할 수 있다. 예수 그리스도를 믿는 믿음으로 의롭게 될 수 있는 길이 열렸다면 과연 하나님의 법은 무용지물인가? 법을 떠나서 믿음으로 '구원'을 받는다면 믿음이 법을 대체한 것인가? 바울의 대답을 들어 보자. 바울은 하나님의 법이 거룩하다고 단언한다. 법이 문제가 아니라 육체 안에 거하는 인간 본성에 깊이 뿌리 박힌 '죄'가 문제라는 것이다. 죄는 인간으로 하여금 선을 행하거나 법을 실천하는 것을 방해하며 종국에 가서는 인간을 무능력하게 만든다. 그것이 인간의 현 주소요, 적나라한 현실이다.

> 율법은 선한 것입니다. 그러므로 문제는 율법에 있는 것이 아니

라 내 속에 있습니다. 나는 죄라는 주인에게 노예로 팔렸기 때문입니다.

나는 나를 도무지 모르겠습니다. 속으로는 올바른 일을 해야지 하면서도 그렇게 되지 않습니다. 그러고는 내가 원하지 않는 짓, 내가 미워하는 짓만 저지르고 있습니다.

나는 내 행실이 잘못되었다는 것도, 내가 어기고 있는 율법이 선하다는 것도 잘 알고 있습니다.

그러면서도 이러는 나를 어찌 해볼 도리가 없는 것입니다. 이런 나는 이미 내가 아니기 때문입니다. 내게 이런 악한 일을 시키는 것은 내 속에 들어 있는 나보다 더 힘이 센 죄입니다.

나는 내 육신 안에 올바른 것이 하나도 없다는 사실을 알고 있습니다. 아무리 몸부림쳐도 나는 나에게 올바른 일을 하게 할 수 없습니다. 나는 그렇게 하고 싶어도 되지 않습니다.

선한 일을 하고 싶어도 되지 않고 악한 일을 하지 않으려고 애를 써도 되지 않습니다.

이제 내가 원하지 않는 일을 하고 있는 게 사실이라면 문제는 분명해집니다. 죄가 아직도 나를 사로잡고 있다는 사실입니다.

나 스스로는 늘 올바른 일을 원하나 어쩔 수 없이 잘못된 일을 해 버리는 이것이 인생의 현실인 것 같습니다. 속으로 하나님의 뜻을 따라서 살고 싶어하면서도 내 속 깊은 곳에 어떤 다른 것이 있어서 그것이 내 마음에 분란을 일으켜 나를 누르고 아직도 내 속에 도사리고 있는 죄의 노예로 만들어 버립니다. 나는 마음으로는 늘 기쁨으로 하나님 섬기는 종이 되기를 원하면서도 실제로는 여전히 죄의 노예가 되어 있는 자신을 봅니다. 이제 여러분은 내 형편이 어떠하다는 것을 아셨을 것입니다. 아, 나는 얼마나 비참한 처지에 놓인 인간입니까! 누가 이 죽을 수밖에 없는 노예 상태에서 나를 해방시켜 줄 것입니까?

— 로마서 7:14~25a

하나님의 은혜로, 주어진 믿음을 받았을 때 인간은 죄와 죽음으로부터 해방되었으며 법을 지키기 위해 노력하기보다는 인간 안에 거하는 하나님의 영의 인도하심에 따라 성화할 수 있게 되었다. 예수 그리스도를 믿는 믿음은 새로운 삶, 즉 육체의 욕망에 따라 사는 것이 아니라 하나님의 영에 따라 의로운 삶을 사는 것을 의미한다. 하나님의 영은 인간으로 하여금 현재 상태가 본래 하나님께서 의도하신 것이 아닌 고통과 악과 부패로 가득 찬 삶임을 깨달을 수 있게 하며, 그럼에도 불구하고 예수와 함께 죽고 예수와 함께 부활하는 미래의 소망을 가질 수 있게 한다. 이렇듯 하나님의 영을 따라 사는 신앙인은 그리스도의 사랑에서 떨어질 수 없다.

그러면 누가 우리를 그리스도의 사랑에서 떼어놓을 수 있겠습니까? 우리가 어려움이나 재난을 당할 때, 또 박해받고 죽임을 당한다고 할 때, 과연 그것이 그리스도께서 더 이상 우리를 사랑하지 않기 때문이겠습니까? 굶주리고 헐벗고 위험을 당하고 죽음에 직면한다고 해서 그것이 하나님께서 우리를 버리신 것이겠습니까?

성경에는 다음과 같이 기록되어 있습니다. '우리가 주님 때문에 종일토록 죽임을 당하고 도살당할 양처럼 취급당하며 살아갑니다.' 그러나 우리는 결국 목숨을 버리면서까지 우리를 사랑하신 그리스도를 통해 큰 승리를 거두고야 말 것입니다. 나는 하나님의 사랑에서 우리를 떼어놓을 수 있는 것은 아무 것도 없다고 확신합니다. 죽음도 그렇게 할 수 없고, 생명도 그렇게 할 수 없습니다. 천사들도 그렇게 하지 못하고 지옥의 모든 세력을 다 합친다 해도 하나님의 사랑에서 우리를 멀리 떼어놓을 수 없습니다. 오늘에 대한 우리의 염려도 내일에 대한 우리의 공포도 또는 하늘 높이 올라가거나 바다 깊은 곳에 들어가거나 우리가 어디에 있든지 간에 우리 주 그리스도께서 우리를 위해 죽으실 때 나타난 하나님의 사랑에서 우리를 떼어놓을 수 있는 것은 아무 것도 없습니다.

— 로마서 8:35~39

예수 그리스도를 믿는 것은 현실의 고통으로부터 면제를

받는 것이 아니다. 그것은 이 세상과 등져 사는 것이 아니라 이 세상에서 하나님의 사랑을 확신하며 사는 것이다. 진정한 신앙인의 삶은 현실을 도피하면서 미래를 맹목적으로 염원하는 그런 것이 아니다. 예수의 십자가와 부활로 사망의 올무에서 해방되었다는 믿음을 바탕으로, 앞으로 도래할 평화와 공의의 때, 예수의 재림의 때에 힘입어 오늘의 절망과 불공평함을 극복하는 것이다. 신앙인들은 그 자신의 삶을 통해 선포된 메시지를 내면화시켜야 하며, 경험을 통해서 얻은 실질적 지혜로 예수 그리스도의 증인의 역할을 감당해야 한다.

그리스도와 함께 죽었고 그와 함께 다시 살아난 비밀을 내 것으로 만든 신앙인의 참된 삶을 바울은 명료하게 선언한다.

> 그리스도께서 죽은 자 가운데서 다시 살아나셨을 때 여러분도 함께 다시 살아났습니다. 그러니 하늘에 있는 풍부한 보화와 기쁨에 눈을 돌리십시오. 그곳에는 그리스도께서 영예와 능력을 가지고 하나님 우편에 앉아 계십니다.
> 하늘나라의 것으로 여러분의 생각을 채우십시오. 이 세상 일을 염려하느라고 시간을 보내지 마십시오.
> 마치 죽은 사람이 이 세상에 미련을 두지 않는 것처럼 여러분도

이 세상에 조금도 미련을 두지 마십시오. 여러분의 참 생명은 그리스도와 함께 하나님 안에 있습니다.

우리들의 참 생명이신 그리스도께서 다시 오실 때 여러분도 그분과 함께 빛나며 그분의 모든 영광을 함께 나누게 될 것입니다. 그러므로 죄에 가득 찬 세속적 욕망을 버리십시오. 여러분 속에 파고드는 악한 욕망을 죽이십시오. 성적인 죄, 부정, 정욕, 수치스러운 욕망을 끊어 버리십시오. 이 세상의 금전과 쾌락을 흠모하지 마십시오. 그것은 우상숭배이기 때문입니다.

하나님의 무서운 진노가 그런 일을 하는 사람들에게 내릴 것입니다.

여러분이 이 세상에 속해 있을 때는 여러분도 그런 생활을 해왔습니다.

그러나 지금은 분노와 증오와 저주와 더러운 말과 같은 때묻은 옷을 벗어 버릴 때입니다.

거짓말로 서로 속이지 마십시오. 거짓말은 모든 악행만을 일삼던 여러분의 대명사였습니다. 그러나 지금 그 옛사람은 죽었습니다.

여러분은 완전히 새사람으로 살고 있습니다. 새사람은 계속해서 옳은 일을 더욱더 배우려 하고 여러분 속에서 새 생명을 창조하여 주신 그리스도를 닮은 자가 되려고 부단히 노력하고 있습니다.

이 새 생명으로 사는 사람에게는 국적이나 인종이나 교육이나 사회적 신분의 차이 같은 것은 중요하지 않습니다. 그런 것은 아무런 의미도 없습니다. 그리스도를 소유하고 있느냐, 있지 않느냐 하는 것만이 중요합니다. 그리스도를 받아들일 기회는 누구에게나 평등하게 주어져 있습니다.

여러분은 하나님의 선택을 받고 새 생명을 얻었으며 하나님의 깊은 사랑과 배려를 입고 있는 사람들입니다. 그러니 다른 사람에게 따뜻하고 친절하게 대하십시오. 겸손하게 온유와 인내로 관용을 베풀어 언제나 남을 용서하고 원한을 품지 마십시오. 주께서 여러분을 용서하신 것을 기억하고 여러분도 다른 사람을 용서하십시오.

무엇보다도 중요한 것은 사랑에 넘치는 생활을 하는 일입니다. 사랑은 모두를 완전하게 하나로 묶어 주는 띠입니다.

그리스도께 받은 평화가 항상 여러분의 마음과 생활에 깃들이도록 하십시오. 이것은 그리스도의 몸의 지체가 된 여러분의 책임이며 특권입니다. 그리고 항상 감사하는 생활을 하십시오.

그리스도의 교훈을 마음에 간직해 그분의 말씀이 여러분의 삶을 풍부하게 하도록 하십시오. 그리고 그 말씀으로 지혜롭게 되어 서로 가르치고 충고하고 시와 찬미와 신령한 노래를 부르며 감사에 넘치는 마음으로 주님을 찬양하십시오.

무슨 일을 하든지 무슨 말을 하든지 주 예수의 대리인으로 행동하고 주 예수와 함께 아버지 하나님 앞에 나아가 감사를 드리십시오.

― 골로새서 3:1~17

나눔(코이노니아)

아무리 신앙이 든든하고 배움의 연륜이 높다 해도 한 개인이 하나님의 우주적 역사를 다 내면화할 수는 없다. 만일 혼자서 하나님의 비밀을 다 터득했다면 더 이상 하나님을 믿을 필요가 없지 않은가? 하나님께서는 우주를 창조하셨지만 우주는 하나님을 다 포함할 수 없고, 심지어 이 세계는 더욱더 부족한 것이 사실인데, 하물며 인간의 좁은 생각과 한정된 삶으로 창조와 우주를 감당할 수 없음은 당연하다.

따라서 선포된 말씀을 듣고 그것을 각자의 삶 속에 내면화한 신앙인들에게는 서로 도와주고 도움을 받는 연대적 참여가 필요하다. 한 공동체의 일원으로서 그리스도를 닮아가도록 함께 노력해야 하는 것이다. 진정한 교제는 한 신앙인이 그리스도와 깊은 영적 교제(그리스도의 고난과 부활에 동참함으로 얻어진 영적 열매)를 다른 신앙인들과 서로 나누는 데서 이루어진다. 그리스도가 바탕이 될 뿐만 아니라 중심이 되고 나아가서는 목적이 되는 사귐과 나눔이 성서적 의미의 나눔인 것이다.

여러분은 그리스도인으로서 서로 격려해 줄 마음가짐이 되어 있습니까? 여러분은 나를 도울 마음이 우러날 만큼 나에 대한 사랑이 있습니까? 우리가 함께 성령을 받았고 주님 안에서 형제가 되어 있다는 참다운 의미를 알고 있습니까? 여러분의 마음에 애정이 있고 동정심이 있습니까?

그렇다면 서로 사랑하고 서로 마음을 열어 화합하십시오. 한 마음과 한 생각과 한 목적을 가지고 함께 일하여 내 마음을 기쁘게 해 주십시오.

자기 본위가 되거나 남에게 과장된 행동을 하지 말고 겸손하게 남을 존중해 주십시오.

자기 이익만을 추구하지 말고 남에게도 눈을 돌려 그들이 하는 일에 관심을 가지십시오.

그리스도 예수께서 여러분에게 보여 주신 자세를 본받으십시오. 그리스도께서는 하나님이면서도 하나님으로서의 권리를 요구하거나 거기에 집착하지 않으셨습니다.

오히려 그 큰 능력과 영광을 버리고 종의 형상을 취하여 우리와 똑같은 인간이 되셨습니다.

아니, 훨씬 더 자기를 낮추어 죄인처럼 십자가에서 죽으셨습니다.

이 때문에 하나님께서는 그리스도를 하늘 높이 올리시고 모든 이름 위에 뛰어난 이름을 주셨습니다.

그리하여 하늘과 땅 위와 땅 아래 있는 모든 것이 예수의 이름 앞에 무릎을 꿇고 입을 모아 "예수 그리스도는 주님이십니다" 하고 고백하여 아버지 하나님께 영광을 돌리게 된 것입니다.

— 빌립보서 2:1~11

바울은 신앙인들에게 서로를 대할 때 예수 그리스도가 실천에 옮겼던 겸손과 순종을 본받으라고 권고한다. 하나님이셨지만 자신을 비워, 이사야 선지자가 예언한 수난의 종으로 오셨고, 겸손을 보이시되 끝까지 하나님의 뜻에 순종한, 심지어 십자가의 죽음까지도 감당한 희생의 예수를 본받으라. 하나님의 희생적 사랑의 화신인 예수를 닮으라. 이런 사랑을 바울은 쉽고 간결하게 다음과 같이 정의한다.

사랑은 오래 참습니다.
사랑은 친절합니다.
사랑은 결코 시기하지 않습니다.
사랑은 자랑하지 않습니다.
사랑은 교만하지 않습니다.
사랑은 무례히 행동하지 않습니다.
사랑은 자신만 생각지 않습니다.
사랑은 성내지 않습니다.

사랑은 나쁜 마음을 먹지 않습니다.

사랑은 불의를 기뻐하지 않습니다.

사랑은 진실만을 보고 기뻐합니다.

사랑은 모든 것을 덮어 줍니다.

사랑은 모든 것을 믿습니다.

사랑은 모든 것을 바랍니다.

사랑은 모든 것을 견딥니다.

─고린도전서 13:4~7

여기에서 바울은 추상적이거나 일반적 의미의 사랑을 말하고 있는 것이 아니다. 이 사랑은 한 교회 공동체 안에서 하나님의 영을 통하여 믿는 이들에게 같은 믿음의 형제, 자매를 대하는 태도를 의미하기 때문에 아주 구체적이고 실질적인 것이다. 이 사랑은 궁극적으로 하나님께서 예수에게 보여 주신 사랑에 기인한다. 이런 사랑이 최고의 영적 선물인 것이다.

나 비록 지금까지 배운 일 없는 다른 나라의 언어로 말하고 또 하늘과 땅의 모든 언어를 다 말할 수 있다 하더라도 사랑이 없다면 소리나는 시끄러운 꽹과리, 울리는 징일 뿐.

나 비록 예언하는 은사를 받아서 장래에 일어난 일을 모두 다 알고 모든 일에 통달하였다 하더라도 사랑이 없다면 무슨 소용 있을까요? 나 비록 산을 옮길 만한 믿음이 있더라도 사랑이 없다면 무슨 소용 있을까요?

나 비록 가진 것 모두 다 가난한 이에게 나누어 준다 하더라도 또 복음을 전하다가 화형을 당한다 하더라도 사랑이 없다면 무슨 소용 있을까요?

― 고린도전서 13:1~3

섬김(디아코노이아)

섬김이란 앞에서 언급된 예배의 세 요소를 바탕으로 나오는 예배의 네 번째 요소이다. 선포된 복음을 듣고, 말씀을 연구하여 삶 속에서 의미를 찾고, 성도(聖徒)로서 사랑의 나눔을 통해 다져진 신앙이, 이 세상을 향하여 구체적이고도 통전적으로 실천되는 것, 그것이 섬김이기 때문이다. '가르침'과 '나눔'이 주로 신앙인들을 중심으로 이해될 수 있다면, '선포'와 '섬김'은 비신앙인을 향한 행위이다. '선포'는 말로 하나님의 화해 복음을 세상에 전하는 것이고, '섬김'은 행동으로 그 선포된 복음의 실체를 보여 주는 것이다. 따라서 '섬김'은 신앙의 열매일 뿐만 아니라 구원의 핵심에 없어서는 안 될 중요한 요소이다.

말하자면 '선포'와 '섬김'은 동전의 양면이라 할 수 있다.

동전이 그 가치를 발휘하려면 양면이 동시에 있어야 하는 것처럼, 하나님과의 화해의 복음이 제 기능을 하려면 '선포'의 말씀이 있어야 함은 물론이고 동시에 '섬김'의 삶이 있어야 한다.

> 사랑하는 형제들이여, 여러분이 믿음이 깊은 그리스도인이라고 주장하면서 남 돕는 일을 행동으로 옮기지 못한다면 무슨 소용이 있습니까? 그런 신앙으로는 아무도 구원받을 수 없습니다.
> 여러분의 친구 한 사람이 먹을 것도 입을 것도 없는 빈털터리가 되었다고 합시다.
> 그런 사람에게 여러분이 '참 안됐구려. 따뜻하게 지내고 배불리 먹으시오.' 하는 말만 하고 아무런 도움을 주지 않는다면 그 따위 신앙이 무슨 소용이 있습니까?
> 이것으로 알 수 있듯이 믿음을 가지는 것만으로는 충분하지 않습니다. 믿음을 선한 행실로 증명해 보이십시오. 증명해 내지 못하는 믿음은 믿음이 아닙니다. 그런 믿음은 아무짝에도 소용 없는 죽은 것입니다.
>
> ― 야고보서 2:14~17

'섬김'이 결여된 '선포'는 공허한 메아리일 수밖에 없고, '선포'가 부재한 '섬김'은 연민을 기초로 한 자선(慈善)에 그칠 수밖에 없다. 성서가 의미하는 '섬김'은 예수의 가르침인

"······주 너의 하나님을 사랑하고 또한 네 이웃을 네 몸과 같이 사랑하라······"(누가복음 10:27)에 근거한다. 하나님을 사랑하는 것과 이웃(옆에 있는 자)을 사랑하는 것은 항상 병행되어야 한다. 보이는 이웃을 사랑하지 못하면서 어떻게 보이지 않는 하나님을 사랑할 수 있겠는가? 예수의 가르침을 들어 보자.

> 인자가 영광에 싸여 모든 천사를 거느리고 와서 영광스러운 보좌에 앉을 때에 모든 민족이 불려 나와 인자 앞에 모일 것이다. 그때 내가 마치 목자가 양과 염소를 갈라놓듯이 사람들을 갈라서 양은 오른편에, 염소는 왼편에 둘 것이다.
>
> 그리고 왕인 나는 내 오른편에 있는 사람들에게 이렇게 말할 것이다. '내 아버지께 복받을 사람들아, 와서 천지창조 때부터 너희를 위하여 준비한 이 나라에 들어가라.
>
> 너희는 내가 배고플 때에 먹을 것을 주었고, 목말랐을 때에 마실 것을 주었으며, 내가 나그네 되었을 때에 너희 집으로 따뜻하게 맞아들였다. 또 헐벗었을 때에 입을 것을 주었고, 병들었을 때와 감옥에 갇혔을 때에 찾아와 주었다.'
>
> 그때 그 의로운 사람들은 이렇게 대답할 것이다. '주님, 저희가 언제 주님이 배고프신 것을 보고 잡수실 것을 드렸으며, 목마르신 것을 보고 마실 것을 드렸습니까? 또 언제 주님이 나그네 되

신 것을 보고 도와드렸으며, 헐벗으신 것을 보고 입을 것을 드렸습니까? 언제 주님이 병드셨거나 감옥에 갇히신 것을 보고 찾아가 뵈었습니까?'

그러면 왕은 이렇게 말할 것이다. '내가 진정으로 말한다. 너희가 여기 있는 내 형제 중에 가장 보잘 것 없는 사람 하나에게 해 준 것이 곧 내게 해 준 것이다!'

그리고 나는 왼편에 있는 사람들을 향해서 이렇게 말할 것이다. '너희 저주받은 자들아, 내게서 물러가 마귀와 그 부하들을 가두려고 준비한 영원한 불 속으로 들어가라.

너희는 내가 배고플 때에 먹을 것을 주지 않았고, 목마를 때에 마실 것을 주지 않았으며, 나그네 되었을 때에 따뜻하게 맞아들이지 않았다. 또 헐벗었을 때에 입을 것을 주지 않았고 병들었을 때나 감옥에 갇혔을 때에도 찾아와 주지 않았다.'

그러면 그들도 대답할 것이다. '주님, 주님이 언제 배고프고 목마르셨으며, 나그네 되고 헐벗으셨으며, 병들고 감옥에 갇히셨던 일이 있었기에 저희가 보고도 돌보아 드리지 않았다 하십니까?'

그때 왕이 말할 것이다. '내가 진정으로 말한다. 여기 있는 내 형제 중에 가장 보잘 것 없는 사람 하나에게 해 주지 않은 것이 곧 내게 해 주지 않은 것이다.'

그리하여 그들은 영원히 벌받을 곳으로 쫓겨날 것이고 바르게 산 사람들은 영원한 생명으로 들어갈 것이다."

─마태복음 25:31~46

이 본문에서 몇 가지 점에 주목해 보자.

첫째, "내 형제 중에 지극히 작은 자"의 예로 마태 기자는 굶주린 자, 목마른 자, 헤매는 자, 헐벗은 자, 병든 자, 옥에 갇힌 자 등을 열거하고 있다. 이는 마치 구약성서에 나오는 과부, 고아, 가난한 사람, 나그네, 이방인들처럼 예수 당시 사회 제도에서 없어도 그만인 부류의 사람들(expendable)을 지칭한다. 이들은 약자의 총체이다. '섬김'의 대상이 개인적인 차원을 넘어서서 경제적으로 궁핍하고, 사회적으로 외면당하고, 도덕적으로 의심받고, 정치적으로 핍박받는 자까지를 포함하는 것이다.

둘째, 지극히 작은 자에게 필요한 것이 제공되었다. 즉 '섬김'에서는 섬김의 대상이 주역이 되어야 한다. 섬기는 자가 무엇인가를 줄 수 있다거나, 시간적으로 여유가 있다거나, 도움이 필요한 사람을 도울 수 있는 최상의 방법을 알고 있다 하더라도, 이런 것들이 '섬김'의 주체가 될 수는 없다. 섬기는 자의 자기 중심적인 태도는 '섬김'의 바른 자세가 아니다. 하나님과 동등한 예수가 그 위치를 버리고 자기를 비어 종의 형체를 가져 사람과 같이 된 것을 믿는 신앙인들은, 예수처럼 자기를 낮추어 이웃을 섬겨야 한다.

셋째, 지극히 작은 자를 섬긴 것이 바로 예수에게 한 것이라는 구절에 주목하자. 어떤 사람들은 이 구절을 기초로, 지극히 작은 자가 '작은' 예수라는 공식을 만드는데, 이것은 본문의 의도에도 벗어난 지나친 이해이다. 왜냐하면 여기서 예수와 지극히 작은 자는 동일시된 것이 아니기 때문이다. 요점은 예수가 섬김을 받듯이 '지극히 작은 자'가 섬김을 받는 것이다. 예수가 하나님과 세상과의 깨어진 관계를 화해한 그리스도로서 섬김을 받는다면, 지극히 작은 자는 하나님의 형상으로 지음받은 하나님의 사람으로서 섬김을 받는다.

하나님의 입장에서는 섬기는 사람과 섬김을 받는 사람 사이에 본질적인 차이가 없다. 모두 다 같은 하나님의 피조물이며, 그의 사랑과 용서와 자비가 필요한 대상이다. 구체적으로 예를 들자면, 굶주린 자를 위해 자신이 먹을 음식을 준비하듯이 모든 정성과 노력을 기울이며, 자신이 만족할 만한 질과 맛을 갖춘 음식으로 섬겨야 한다. 헐벗은 자에게 자신이 입기에 불편하고 거추장스러운 옷으로 입혀서는 안 된다. 자신에게 쓸모가 없기에, 남아서 처치하기가 곤란하기에 구제품으로 내놓는다면 그것은 여느 일반 자선 행위와 다를 것이 없다. 옥에 갇힌 자에게는 그의 아픔과 고통, 심지어 억울함까지도 자신의 피부로 느끼는 태도로 방문해야 한다. 만일 이들을 섬기는 것이 예수를 섬기는 것과 동일하다면 말이다. 따라서 '섬김'은 '지극히 작은 자'도 하나님의 은혜의 대상이며 하나님의 주권과 공평, 정의와 평화의 나라에 속한 한 일원임을 밝혀 준다. 먼저 '선포'를 듣고, '배우고', '나눔'의 삶을 경험한 신앙인은 '지극히 작은 자'의 종으로서 '섬김'을 자청하고 나서야 한다. 마치 초가 녹으면서 불빛을 더 환하게 밝힐 수 있듯이, 희생과 낮아짐의 섬김을 통해서 하나님의 화해의 복음이 사회 모든 계층의 약자들에게 실질적으로 전달되어야 한다.

위에서 논의된 선포, 가르침, 나눔, 섬김의 4가지 요소가 시시때때로 함께 이루어질 때, 우리는 성서적 의미의 "예배가 드려졌다"고 말할 수 있을 것이다. 일요일에 드려지는 예식은 한 신앙 공동체가 4가지 요소의 예배를 재확인하는 행위이다. 예수 그리스도의 이름으로 '모인' 공동체는 또한 주어진 사명을 새로이 다짐하고, 잘못된 방향과 그릇된 실행을 반성하며, 새로운 도전과 동기를 얻어 '흩어지는' 공동체이다. 한 특정한 시간이나 날에 국한된 예배가 아니고 깨어 있는 모든 순간과 결합되어 있는, 전체적 삶을 통한 예배를 드리는 것이 교회 공동체의 사명이다.

# 8장
묵시록: 요한계시록

예언의 책

 구약·신약 성서는 묵시록인 요한계시록으로 끝을 맺고 있다. 이 책은 묵시문학에서 흔히 사용되는 상징들(기이한 형상의 동물들, 비밀스러운 숫자들, 사탄, 천상의 여인, 사람의 아들, 상상을 초월한 우주적 현상 등)로 가득 차 있기 때문에 해석하는 데 많은 어려움이 있다. 왜 하필 다른 책에 비해서 잘못 해석할 위험이 농후한 이 책이 성서의 마지막을 장식할까? 요한계시록이 선포하는 메시지는 지금까지 논의되어 왔던 하나님 이야기와 어떤 연관이 있을까? 이 질문에 대답하기 위해서는 우선 먼저 계시록을 이해하는 데 필요한 몇 가지 기본 방향이 필요하다.

 첫째로, 저자 요한이 기록한 상징적 환상들을 있는 그대로, 문자적으로(literally) 해석하는 것은 지양되어야 한다. 예를 들면, 학계에서는 계시록 20장에 기록된 1,000년이란 숫자를 중심으로 '천년왕국설'이란 가설을 주장한다. 이는 천년이란 기간의 지상 낙원(소위 밀레니엄)이 짐승들과 그의 형상에 절하지 않은 소수의 신실한 순교자들의 부활로 시작되며, 이 기간에 평화와 정의로운 지배가 현 역사 속에 진행되고 (20:1~6), 이 천년이 끝난 후에 사탄이 그의 감옥에서 풀려나와 이 세상에 대환란을 일으킬 것이며(20:7~10), 그 후에 모든 이들이 행한 대로 정리받는 마지막 심판이 있을 것(20:11~15)이라고 주장한다.

이런 일련의 사건들이 문자 그대로 인류가 사용하는 '시

진노의 큰 날(The Great Day of His Wrath). 존 마틴(John Martin, 1789~1854) 作. 런던 테이트 갤러리 소장.

간'으로 구성됐다는 것이다. 이 가설의 근본적 취약점은 본문을 계시록 전체를 감싸고 있는 묵시문학적 틀에서 이탈시켜 인류 역사의 지평으로 꾸겨 넣었다는 점이다. 1,000년이란 숫자를 단순히 달력에 의거한 시간으로 해석하기보다는 묵시문학적인 표현으로 '시간' 자체의 충만함을 일컫는 것으로 이해하는 것이 바람직하다. 다시 말하면, 20장의 내용을 문학적(literarily)으로 이해해서 천년이란 시간은 하나님 나라의 시간, 즉 하나님이 세상을 완벽하게 통치하기 때문에 모든 것이 꽉찬 시대를 상징한다.

이 시간은 하나님 우편에 등극한 예수 그리스도가 전 세상을 사탄의 올무에서 해방시키려 열심히 일하는 때로 현 시대에 이미 벌써 개입된 것이다. 시간이란 개념을 시계바늘의 움직임에 따라, 또는 역사를 한 장면에서 또 다른 장면으로 연속해서 발전하는 과정으로 이해하기보다는, 이들을 희생의 죽음과 부활의 승리로 높임을 받은 예수 그리스도의 통치라는 관점으로 재해석한 것이다. 초점은 계시록을 연구할 때 이 책의 묵시문학적 특성을 충분히 감안해야 한다는 것이다.

둘째, 그러면 '묵시문학'이란 무엇인가? '묵시(apocalypse)'란 단어는 헬라어 'apokalypsis'에서 유래된 것으로 '드러내 보임', '발가벗김' 또는 '계시'란 의미를 갖고 있다. 이에 비추어 정리하면, 묵시문학이란 기원전 250년부터 서기 100여 년까지 유행했던 유대교와 기독교의 문학작품들로서 주로 현 세상에 대해 부정적 시각을 갖고 다가올 새 세상, 미래의 또 다른 세상이 가져다 줄 구원을 대망한다. 따라서 이들은 현재 어려움과 고통을 당하는 신실한 성도들을 위로하는 기능을 한다.

요한계시록을 포함해서 신약에서는 마가복음 13장(마태복음 24장, 누가복음 12장), 이사야 24~27장, 에스겔 38~39장, 요엘 2장, 스가랴 9~14장 등이 대표적인 묵시문학에 속한다. 이 외에도 정경으로 채택되지 못한 문헌들 중에서도 다수가 이 장르에 포함된다. 묵시문학 작품들은 절박한 상황 속에서 도움이 필요한 이들을 위해서 생겨났으며, 이해하기 어려운 질문들과 씨름한다. 가령 왜 선한 사람이나 의로운 사람이 고통받아야 하는가? 왜 하나님의 나라는 아직도 실현되지 않는가? 예수의 재림을 언제까지나 막연히 기다리고만 있어야 하는가? 왜 믿는 성도에게 말할 수 없는 핍박과 환난이 거듭되는가? 이런 질문들에 대해서 묵시문학은 공통적으로 현 세상에 만연하는 악은 인간의 죄나 회개란 범주를 넘어서 발생하며 인간의 행동으로는 감당할 수 없을 정도로 그 뿌리가 깊고, 그 범위가 우주적인 것으로 이해한다.

오직 초월적 능력을 지닌 하나님의 직접적인 개입으로만 악을 제거할 수 있기 때문에 현재 일어나는 사건들은 하나님과 악의 권세가 서로 싸우는 표증으로 여긴다. 현 시대는 그

마지막을 향해 달려가고 있으며, 새로운 시대, 즉 모든 것이 완전히 변화된 새 하늘과 새 땅이 곧 도래하리라 믿는다. 따라서 묵시문학은 현재의 문제들을 '미래'의 측면에서 해결하려 한다. 초점은 요한계시록을 이와 같은 사고의 틀 안에서 연구해야 한다는 것이다.

셋째, 한걸음 더 나아가서 요한계시록이 묵시문학의 특성들을 공유하고 있으면서도 그 나름대로 특이한 요소들이 있음에 주목해야 한다. 세가지를 들어 보자.

a) 저자 요한은 자신의 책을 '예언'으로 간주하고 있다. 제1장의 서언(prologue, 1:1~3)뿐만 아니라 마지막 22장의 후기(epilogue, 22:6~21)에서 요한 저자는 이렇게 권면한다.

> 만일 여러분이 이 예언을 교회에서 낭독한다면 여러분은 주께서 주시는 특별한 복을 받을 것입니다. 이 예언의 말씀을 듣고 지키는 사람들 또한 복을 받을 것입니다. 이 예언이 실현될 때가 가까웠기 때문입니다.
>
> ─요한계시록 1:3

> '보라! 내가 속히 오겠다'고 하신 주님의 말씀은 확실하고 참되다. 이 일을 믿고 이 두루마리에 기록된 예언을 지키는 사람

은 행복하다.'

―요한계시록 22:6(비교 22:10, 18, 19)

그러므로 계시록에 적혀진 내용들은 '예언적'인 성격이 있다. 이 점은 계시록의 상징적 환상들을 구약성서에 나타난 상징들(prophetic symbolism)과 연관해서 이해해야 함을 암시한다. 통계적으로 살펴봐도, 404절로 구성된 계시록의 절반이 넘는 275절이 구약성서의 내용이나 사건들을 직접·간접으로 언급하고 있는 사실이 이 점을 신빙성 있게 한다.

b) 묵시문학이 핍박받는 하나님의 사람들을 위로하고 격려해 주는 것에 초점을 맞춘 반면에, 예언서는 그들에게서 진정한 회개를 요구하는 것에 초점을 둔다. 특이하게도 요한계시록은 이 두 가지 면을 동시에 포함하고 있다. 전 교회에 회개의 촉구와 하나님의 심판을 설파함으로 예언서의 기능을 감당할 뿐 아니라, 환난 중에 있는 성도들에게 하나님의 보호하심과 인내를 권면함으로 묵시문학의 역할도 수행한다. 어쩌면 이런 이중적 기능이 한편으로는 계시록으로 하여금 구약성서의 예언서와 수직적으로 상응하는 관계에 있음을 밝혀 주고, 또 한편으로는 계시록이 신약성서의 마지막이란 위치

가 합당함을 보여 준다.

c) 요한계시록이 이해하는 '역사'란 개념은 다른 묵시문학 작품이 이해하는 그것과는 근본적인 차이가 있다. 대다수의 묵시문학이 현재를 비관적으로 바라보며 악의 세력이 완전히 지배하는 회복의 가능성을 상실한 시대로 보는 반면에, 요한계시록은 현시대의 내적 상태는 부활로 죽음의 권세를 물리친 예수가 개입하여 점령했고, 이젠 모든 것을 새롭게 하여 선을 이루어 가는 과정으로 이해한다. 계시록이 '묵시록'으로 불리는 이유는 이 책이 죄악과 고통으로 가득찬 현 역사의 뒷장에서 실재적으로 일어나고 있는 그리스도의 통치를 드러내 보이기 때문이다.

이제 위 세 가지 기본 방향을 토대로 해서 계시록의 중심 메시지를 살펴보자. 이는 예수의 죽음과 부활을 통해 하나님의 나라가 이 세상에 새로운 시대를 열었고, 성도는 현재의 고난과 핍박과 환난을 새 시대의 주인인 예수 그리스도의 왕적 권위 행사란 맥락에서 재해석함으로 감내할 수 있다는 것이다. 하나님 이야기의 절정인 복음서처럼, 이 책은 예수를 통해 완성된 하나님과 이 세상과의 관계회복을 상징하는 새 시대가 이미 벌써 현 시대에 도래했음을 선포한다. 저자는 현 역사로부터 눈을 돌려 회피하기보다는 현 역사를 새로운 시각으로 보고자 한다. 현 시대가 어떠한 사건들로 가득 찼든지간에 저자는 그 내면에서 일어나는 그리스도 예수의 왕적 통치를 분별하고자 한다. 따라서 계시록은 인류 역사가 어떤 방향으로 움직이고, 다가올 미래에 무슨 일이 발생할 것인가를 예측하지 않는다. 그보다는 현 역사의 깊은 내면의 상태, 하나님의 예수 그리스도를 통한 완전한 통치를 드러내 보인다. 이 중심 메시지는 계시록의 문학적 구조에서도 발견할 수 있다.

7교회에게 보낸 편지들	2:1~3:22
7번의 예언들	4:1~5:14
7개의 봉인들	6:1~7:17
7번째 봉인: 7개의 나팔들	8:1~11:14
7번째 나팔: 7마리 용의 환상들	11:15~13:18
사람의 아들의 7번 환상들	14:1~20
하나님의 분노의 7개 대접	15:1~16:21
바벨론 패망의 7번 환상들	17:1~19:10
예언 성취의 7번 환상들	19:11~21:5a

성서가 7일 창조로 시작해서 7이란 숫자가 기본된 구조를 가진 계시록으로 끝을 맺음은 우연의 일치일까? 아무튼 계시록이 7이란 숫자를 사용한 데는 이 세상의 모든 사건들이 하

나님의 계획과 경륜 안에서 일어남을 확신하는 저자의 태도가 반영된 것이다. 그 어떤 일도 우연의 일치나, 운에 달려 있는 것이 아니라 한 가지 한 가지 사건들이, 심지어 말로 표현하기조차 어려운 무시무시한 사건들도 하나님의 신성한 질서 안에 포함되어 있으며, 그의 영원한 섭리 가운데 진행된다는 것이다. 그러므로 성도들은 현 세태의 고난뿐 아니라 세상의 종말을 의심과 불안으로 바라보기보다는 그 속에서 모든 일들을 새롭게 변화시키는 하나님의 능력을 감지해야 한다. 알파와 오메가며, 처음이요 나중인 하나님이 모든 것을 새롭게 만드신다고 선언한다.

> 보좌에 앉으신 분이 또 말씀하셨습니다. '보라, 내가 만물을 새롭게 하겠다. 내가 네게 일러주는 것은 신실하고 참되니 모두 다 기록하라.'
>
> ─요한계시록 21:5a

이 새 하늘과 새 땅은 현 시대가 끝난 후에 이루어지는 것이 아니라 이미 벌써 현재 시대 속으로 파고 들어온 것이다. 복음서에서 예수의 초자연적인 기적행사는 새 하늘과 새 땅에 대한 예고이며, 특히 예수의 죽음과 부활은 죽음과 눈물이 없는 새 창조를 선언한 것이다.

그때 나는 보좌에서 들려 오는 큰 음성을 들었습니다. '보라, 이제 하나님의 집은 사람들이 사는 곳에 있다. 하나님께서 사람들과 함께 계시고 그들은 하나님의 백성이 될 것이다. 그렇다. 하나님께서 친히 그들 가운데 계셔서 그들의 하나님이 되시며 그들의 눈에서 모든 눈물을 씻어 주실 것이다. 이제 다시는 죽음도 슬픔도 울부짖음도 고통도 없을 것이다. 그 모든 것은 영원히 다 사라져 버렸다.'

― 요한계시록 21:3~4

한마디로 계시록은 계속되는 고통과 핍박의 현재 상태를 하나님의 주권행사의 현장으로 이해하며 죽음의 권세를 깨뜨리고 영원히 살아서 고난의 현 시대에 동참한 예수 그리스도가 모든 악을 능히 제어하고도 남을 권세를 지닌 참 주(主)임을 선포한다. 그러므로 구약성서의 마지막 문학단원인 예언서가 하나님 왕국 건설을 위한 메시아의 도래를 희망했던 것처럼, 요한 저자는 신약성서의 마지막 단원인 계시록을 예수의 재림약속과 이를 갈망하는 기도로 끝을 맺는다.

이 모든 것들을 계시하신 분께서 분명히 선언하십니다. '그렇다, 내가 속히 가겠다.' 아멘. 주 예수여, 오시옵소서!

― 요한계시록 22:20

3부 관련서 Biblia

현재 성서 연구의 동향은 마치 강둑에 봇물이 터진 것처럼 활발하다. 성서 사본에 관한 연구로부터 시작해서 문자적·역사적·문학적·영적 해석 등 다양한 방법들의 연구가 진행되고 있다. 매순간 수많은 책들과 논문들이 쏟아져 나오는 것은 물론이다. 이들 중에서 이 책의 목차에 맞게 엄격히 선별한 책들을 소개하고자 한다.

관련서

개론

현대어 성경(많은 성경 번역들 중에서 이 책은 현대적인 어법을 따른 현대어 성경을 사용했다).

Brevard S. Child. *Biblical Theology of the Old and New Testaments: Theological Reflection on the Christian Bible*. Minneapolis: Fortress, 1992.

H. Koester. *Introduction to the New Testament*. I. *History, Culture, and Religion of the Hellenistic Age*. II. *History and Literature of Early Christianity*. English translations.

Philadelphia: Fortress, 1982.

James R. Beasley, Clyde E. Fant, E. Earl Joiner, Donald W. Musser, Mitchell G. Reddish. *An Introduction to the Bible*. Nashville: Abingdon, 1991.

Marshall D. Johnson. *Making sense of the Bible: literary type as an approach to understanding*. Grand Rapids: Eerdmans, 2002.

Richard Elliott Friedman. *Who Wrote the Bible?* New York: Summit Books, 1987.

Robert Alter. *The Art of Biblical Narrative*. New York: Basic Books, 1981.

Walter Brueggemann. *An Introduction to the Old Testament: The Canon and Christian Imagination*. Louisville: Westminster John Knox, 2003.

The Anchor Bible Dictionary. Vol. 1-6. Edited by David Noel Freedman et al. New York: Doubleday, 1992.

The New Interpreter's Bible. Vol. I-XII. Edited by Leander E. Keck et al. Nashville: Abingdon, 1998.

토라 (율법)

- D. J. A. Clines. *The Theme of the Pentateuch*. JSOTSup 10. Sheffield: JSOT, 1978.
- E. Blum. *Studien zur Komposition des Pentateuch*. BZAW 189. Berlin: de Gruyter, 1990.
- G. W. Coats. *Moses: Heroic Man, Man of God*. JSOTSup 57. Sheffield: Sheffield Academic, 1988.
- J. W. Watts. *Reading Law: The Rhetorical Shaping of the Pentateuch*. Biblical Seminar 59. Sheffield: Sheffield Academic, 1999.
- Thomas W. Mann. *The Book of the Torah: The Narrative Integrity of the Pentateuch*. Atlanta: John Knox, 1988.

이스라엘의 역사

- J. Maxwell Miller & John H. Hayes. *A History of Ancient Israel and Judah*. Philadelphia: Westminster, 1986.
- Richard D. Nelson. *The Historical Books*. Nashville: Abingdon, 1998.
- Robert Alter. *The David Story*. New York: London: W. W.

Norton & Company, 1999.

성문서

Bruce Zuckerman. *Job The Silent: A Study in Historical Counterpoint*. New York: Oxford: Oxford University, 1991.

Gerhard von Rad. *Wisdom in Israel*. Nashville: Abingdon, 1972.

Jacques Ellul. *Reason for Being: A Meditation on Ecclesiastes*. Grand Rapids: Eerdmans, 1990.

John J. Collins. *Jewish Wisdom in the Hellenistic Age*. Old Testament Library. Louisville: Westminster John Knox, 1997.

Walter Brueggemann. *The Message of the Psalms: A Theological Commentary*. Augsburg Old Testament Studies. Minneapolis: Augsburg Publishing House, 1984.

예언서

Abraham J. Heschel. *The Prophets*. Vol. I & II. New York: Harper Torchbooks, 1969, 1975.

Klaus Koch. *The Prophets*. I. The Assyrian Period. II. The Babylonian and Persian Periods. English translations. Philadelphia: Fortress, 1982.

Walter Brueggemann. *The Prophetic Imagination*. Philadelphia: Fortress, 1978.

복음서

Marcus J. Borg. *The Meaning of Jesus: Two Visions*. San Francisco: Harper, 1999.

Marshall I. Howard. *New Testament Theology: Many Witnesses, One Gosepl*. Downers Grove: InterVarsity, 2004.

R. Bultmann. *The History of the Synoptic Tradition*. English translation. Oxford: Basil Blackwell, 1972.

초대교회의 역사

Howard C. Kee. *Good News to the Ends of the Earth: The Theology of Acts*. Philadelphia: Trinity Press International/ London: SCM, 1990.

서신서

James, D. G. Dunn. *The Theology of Paul the Apostle*. Grand Rapids: Eerdmans, 1998.

Richard B. Hays. *The Moral Vision of the New Testament: A Contemporary Introduction to the New Testament Ethics*. New York: HarperCollins, 1996.

N. T. Wright. *Paul for everyone: Romans*. Louisville: Westminster John Knox, 2004.

묵시록

Michael Gilbertson. *God and History in the Book of Revelation: New Testament Studies in dialogue with Pannenberg and Moltmann*. Cambridge: Cambridge University, 2003.

성서 거룩한 글들의 도서관

펴낸날	초판 1쇄 2005년 7월 20일
	초판 4쇄 2016년 2월 19일

지은이	이원우
펴낸이	심만수
펴낸곳	(주)살림출판사
출판등록	1989년 11월 1일 제9-210호

주소	경기도 파주시 광인사길 30
전화	031-955-1350 팩스 031-624-1356
홈페이지	http://www.sallimbooks.com
이메일	book@sallimbooks.com

ISBN 978-89-522-0381-6 04080
ISBN 978-89-522-0314-3 04080 (세트)

※ 값은 뒤표지에 있습니다.
※ 잘못 만들어진 책은 구입하신 서점에서 바꾸어 드립니다.